貨幣金融學基礎

主　編○廖旗平、劉良煒、王　祺
副主編○陳倩媚、陳莉鑾、張乖利

前言

本書的主要內容包括認識金融和貨幣，運用信用基本理論，學會計算利息的方法，走進銀行等金融機構，掌握其基本業務，初識證券，學會證券交易，能理解風險的含義及管理方法，學會使用保險，能基本理解和使用外匯，瞭解貨幣運行規律，理解通貨膨脹現象和貨幣政策。

本教材具有以下三個特點：

第一，強調基礎。從金融專業看，金融學基礎教材必須包括金融學科的基礎內容；從金融職業看，金融學基礎教材必須包含金融職業的基礎內容。這兩方面的知識、能力和素養在本教材中均有所體現，融匯在每一章內容當中。例如，在第一章中加入了認識金融和金融職業特點的內容；又如，思考題、案例導入等都體現了知識、能力和素養的基礎作用。

第二，結構嚴謹、形式活潑。本教材結合教育人才以工學結合為主要模式的特點，聯繫金融教育的實際，採用案例導入，並以案例作為學習任務啟發學生思維，調動學生學習興趣。本教材還設計了案例、練習題等，加強學生對知識的瞭解和運用能力。本教材在每一章結尾設置了本章小結，進行知識、能力的歸納和提煉。每一章還設計了關鍵概念、思考題以及練習題、案例分析題，便於學生復習和鞏固。

第三，知識性、能力可操作性和素養的養成性相互交融。金融學基礎作為一門專業基礎課，對知識、理論的傳授必不可少，對計算能力、規劃能力、分析能力的培養也相當重要，需要將專業素養融於知識、能力的訓練中。本教材提出了知識、能力和素養的培養目標，也相應設計了知識、能力和素養的考核題，相信教材的使用者能夠認識到知識、能力和素養融合的重要性，並能夠在實際學習中做到更好。

本教材由廖旗平教授（中山大學博士、高級理財規劃師）任第一主編,負責擬定全書大綱和編寫樣章、對稿件進行修改和統稿；劉梁煒、王祺任第二主編和第三主編,對初稿進行了審查和修改；陳倩媚副教授、陳莉鑾和張乖利博士任副主編, 對部分章節進行了審查和修改。全書各章由下列同志執筆：第一章、第三章,王祺；第二章、第五章,廖旗平、陳倩媚、陳漢平；第四章、第六章,劉梁煒、肖本海；第七章,張乖利；第八章、第九章,陳莉鑾。

本教材在編寫過程中參閱了國內外各種有關文獻,在此對文獻的作者表示感謝。

由於我們的水準有限,謬誤之處在所難免,敬請廣大讀者批評指正。

編者

目錄

第一章 認識金融與貨幣 ……………………………………………………（1）
   第一節 金融概述 ……………………………………………………（2）
   第二節 貨幣和貨幣制度的演變 …………………………………（11）
   第三節 貨幣的本質、職能與衡量 ………………………………（17）

第二章 理解信用與計算利息 …………………………………………（29）
   第一節 信用概述 …………………………………………………（31）
   第二節 利息與利率 ………………………………………………（40）
   第三節 貨幣時間價值 ……………………………………………（43）

第三章 熟悉商業銀行業務 ……………………………………………（57）
   第一節 商業銀行概述 ……………………………………………（58）
   第二節 商業銀行的業務 …………………………………………（62）
   第三節 商業銀行的管理 …………………………………………（67）
   第四節 貨幣市場 …………………………………………………（72）

第四章 學會證券交易 …………………………………………………（87）
   第一節 證券公司、證券市場、證券交易所與證券登記結算公司 …（88）
   第二節 股票交易 …………………………………………………（98）
   第三節 債券交易和基金交易 ……………………………………（107）

第五章 掌握風險管理 …………………………………………………（128）
   第一節 風險與不確定性 …………………………………………（128）
   第二節 金融風險管理 ……………………………………………（136）

第六章　善於應用保險 …………………………………………（150）
　　第一節　保險公司 ……………………………………………（151）
　　第二節　商業保險 ……………………………………………（159）
　　第三節　社會保險 ……………………………………………（172）

第七章　巧妙使用外匯 …………………………………………（193）
　　第一節　認識外匯 ……………………………………………（195）
　　第二節　理解匯率 ……………………………………………（201）
　　第三節　外匯市場 ……………………………………………（207）

第八章　看懂通貨膨脹 …………………………………………（217）
　　第一節　通貨膨脹概述 ………………………………………（218）
　　第二節　通貨膨脹的影響與治理 ……………………………（220）

第九章　明白中央銀行與貨幣政策 ……………………………（227）
　　第一節　中央銀行的性質和職能 ……………………………（228）
　　第二節　貨幣政策及其目標 …………………………………（231）
　　第三節　貨幣政策工具 ………………………………………（239）

第一章　認識金融與貨幣

學習目標

知識目標
1. 明確中國各類金融機構的性質和職能
2. 熟悉金融體系的概念、構成要素及功能
3. 判斷貨幣統計口徑的變動對經濟的影響

能力目標
1. 能為企業融資方式的選擇出謀劃策
2. 能運用貨幣職能分析貨幣的本質

素養目標
1. 初步養成識別金融機構的職業素養
2. 培養結合中國金融現狀分析和發展經濟的職業素養

引導案例

[案例1-1] 算一算，開個餐館需要多少資金？

假定你計劃開設一個面積為200平方米左右的餐館，請以你所在的地區現在的物價水準為依據，測算房租、水電、設備購置、人員工資、流動資金等所需總費用，再提出一個費用解決方案。

問題：
(1) 自有資金不足時該如何籌集資金？
(2) 在你的經營過程中你會和哪些金融機構打交道？
(3) 假設有個好朋友想加入你的餐館計劃，你們該如何商談合作？
(4) 假設你的餐館順利開業了，6個月後出現了週轉性資金困難，你將如何解決呢？
(5) 1年過去了，假設餐館經營得非常成功，你的好朋友問你他能分享多少利潤呢？

第一節　金融概述

一、金融與金融職業道德

(一) 金融的概念、構成要素與本質

「金融」這一名詞從字意的角度來看，「金」是指資金，「融」是指融通，因此在過去相當長的一段時期內，金融被狹義地理解為資金的融通。融通的主要對象是貨幣和貨幣資金，各類資金主要以信用貨幣的形式存在，包括各種現金、票據、有價證券等。資金融通的方式是有借有還的信用形式，進行資金融通需要借助於金融市場，包括信貸市場和證券市場。組織這種融通的機構則為銀行以及證券公司、保險公司、信託公司、租賃公司等非銀行金融機構。因此，金融涉及貨幣、信用和銀行三個範疇，三者相互依存、相互促進，共同構成金融活動的整體。

然而，在現代經濟條件下，金融不僅僅是貨幣資金的融通，其含義已有很大的擴展，包括資金的籌集、分配、融通、運用和管理。金融具體包括：貨幣的流通及其管理，貨幣資金的籌集（含銀行和非銀行金融機構及企業、個人的有償籌集，財政的無償籌集），財政、銀行的資金分配，企業內部的資金分配，資金的間接融通和直接融通，國內融通和國際融通，資金的配置和調度，信貸資金結構的調整和管理，資金週轉速度及資金運用效率的管理等。可見，金融存在於整個社會的經濟活動之中。

1. 金融的概念

金融的概念處在一個不斷演進的過程中，它與商品貨幣經濟的發展是密不可分的。

(1) 金融的萌芽。在商品貨幣發展的初期，貨幣以實物形態和鑄幣形態存在時，貨幣不是信用產品，不依賴於信用的創造。不過，信用的產生和發展對貨幣流通起了強大的推動作用。信用以實物借貸和貨幣借貸兩種形式並存。貨幣借貸使貯藏的貨幣具備了流動性，加快了貨幣流通速度。而基於信用的匯兌業務便利了貨幣在更大的地域內流通，這些都使得作為財富凝結的貨幣在借貸中日益重要。與此同時，大量的實物借貸仍然十分旺盛。因此，在很長一段時間，貨幣範疇的發展與信用範疇的發展保持著相互獨立的形態，而聯結二者的金融僅僅處於萌芽階段，表現為從事貨幣兌換、保管、匯兌與借貸的貨幣經營業。

(2) 金融的形成。隨著新的生產方式的確立，現代銀行業誕生了，銀行券開始代替鑄幣執行流通手段和支付手段職能，從可兌現的銀行券到不兌現的銀行券，貨幣制度與信用制度的聯繫越來越密切，最終使得貨幣流通與信用行為變為同一過程。任何貨幣的運動都是在信用的基礎上組織起來的，完全獨立於信用活動之外的貨幣制度已經不復存在。例

如，基於銀行信用的銀行券是日常小額支付的手段，轉帳結算中的存款貨幣是大額支付的主要形式。任何信用活動同時都是貨幣的運動：信用擴張意味著貨幣供給的增加，信用緊縮意味著貨幣供給的減少，信用資金的調劑影響著貨幣流通速度和貨幣供給在部門間、地區間的微觀經濟主體間分佈。當貨幣範疇和信用範疇相互滲透並結合到一起時，就形成了金融範疇。其表現為作為融資仲介的銀行業及其相應活動：資金盈餘者把錢存入銀行，再由銀行貸放給資金短缺者。這種以金融機構為媒介的資金融通是間接金融形式。

（3）金融的擴展。伴隨著貨幣與信用相互滲透的過程，金融範疇也同時向更大的領域擴展，逐漸覆蓋了投資、保險、信託和租賃等多個方面。

這裡的投資是指以股票和債券交易為特徵的資本市場的投資。由於間接融資方式不能完全滿足經濟發展的需要，資金短缺者以發行有價證券的方式直接到金融市場籌資；資金盈餘者也不一定要將其資金存入銀行，可以直接在金融市場上買各種金融商品。這種資金供求雙方通過金融市場進行資金融通的形式是直接金融方式，其存在要以比較健全的發達金融市場為前提，使信用關係得到進一步發展和完善。

保險發展到現在，已經成為保險與個人儲蓄、保險與投資結合的一種信用形式，其集中的貨幣資金主要投放於金融市場，金融市場上保險資金所占的份額有舉足輕重的地位，保單等保險合約也成為金融市場上交易的重要工具之一。

金融信託和金融租賃是傳統的信託與租賃方式在金融領域的發展變化，也同樣成為重要的融資方式。

2. 金融的構成要素

金融體系是一個普遍的、一般的概念，在不同的國家、不同的經濟制度下金融體系的表現形式也不盡相同。但世界各國現代金融體系的構成是基本一致的，主要包括金融機構、金融市場和金融工具三方面內容。

（1）金融機構。金融機構又叫金融組織，是現代金融活動的基本載體，是經營貨幣或貨幣資本的企業，是在經濟生活中充當信用仲介、媒介以及從事種種金融服務的組織。金融機構種類繁多，通常分為銀行和非銀行金融機構。

（2）金融市場。金融市場是金融活動開展的場所，是金融工具發行和交易的場所。金融市場是依照一個國家的有關法規建立起來的。由於金融交易的對象、方式、條件和期限等要素不同，人們可以從不同角度對金融市場進行分類。例如，金融市場按照交易期限不同劃分，分為貨幣市場（短期資金市場）和資本市場（長期資金市場）；按照交易程序不同劃分，分為發行市場（一級市場）和流通市場（二級市場）；按照交易場地不同劃分，分為有形市場和無形市場；按照交割時間不同劃分，分為現貨市場和期貨市場。通常談論較多的主要是資本市場、貨幣市場、外匯市場、黃金市場、保險市場、金融衍生工具市場等。

（3）金融工具。金融工具是將資金從盈餘者轉移給短缺者的載體，是一種載明資金供求雙方權利、義務關係的合約。金融工具是用標明信用關係的書面證明、債權債務的契約

書表現出來的，以一定的要式具體規定了資金轉移的金額和期限等。金融工具是金融機構在金融市場上交易的對象。在金融體系中，金融機構和金融市場利用金融工具實現資金在個人、家庭、企業和政府部門之間的融通。金融工具種類很多，針對不同的金融交易，通常有商業票據、銀行票據、存款、貸款、保單、債券、股票以及期貨、期權等衍生金融工具。

金融體系的三大構成要素——金融機構、金融市場和金融工具之間有著不可分割的聯繫。金融工具發行和交易的場所是金融市場，金融市場最重要的參與者是金融機構，金融機構作為媒介使得金融工具的出售與轉讓順利進行。沒有脫離金融市場和金融機構的金融工具；也沒有不存在金融工具的金融市場和金融機構。

3. 金融的本質

金融的不斷擴展，使得金融的本質不再是單純的銀行借貸關係，而發展成為複雜的、多種多樣的債權債務關係和所有權關係。直接金融方式與間接金融方式的不斷完善，使得金融活動更加豐富多彩，銀行和其他金融機構更加進步，金融市場的類型更加健全。由此帶來了金融宏觀調控和金融監管問題。順應這一客觀需要，各國中央銀行和其他金融監管機構逐步建立與發展起來，以促進金融的健康發展。

(二) 金融職業道德

1. 金融職業道德的重要性

金融業是社會經濟運行的貨幣性基礎行業，其行業的特殊性要求從業人員誠實守信的高度自覺性遠超一般服務業的要求，因為金融行業本身是從事貨幣服務的行業，從業人員違規舞弊、弄虛作假的行為可能對整個行業乃至社會經濟造成重大影響。同時，金融業從業人員還必須具有自覺防範金融風險的意識，這種根植於深厚道德修養的意識有助於在千變萬化的金融形勢中迅速找到職業道德的落腳點，以道德標準判斷大是大非，將金融風險防患於未然。另外，由於金融業是專業性、綜合性很強的行業，業務操作往往具有不可重複、不可撤銷的特點，要求從業人員必須具備完全的職業勝任能力，避免任何可能發生的業務差錯。

2. 金融職業的特點

當前中國金融業主要包括銀行業、保險業、證券業以及期貨業。金融危機的教訓表明，在金融體系中加強職業道德建設是從業者遵守法律法規正常開展金融工作的重要保證，也是中國金融業未來持續穩定發展的必然要求。金融危機後，金融職業道德的要求進一步擴展和延伸，可以總結為自覺防範金融風險、自覺遵守法律法規和自覺培養專業勝任能力。

金融行業的特殊性要求金融人才必須養成高度的誠實守信自覺性。新形勢下，中國金融行業正在經歷重大轉變，金融行業在整個國民經濟中的地位越來越重要，金融對實體經濟發展的貢獻越來越大。服務經濟發展，服務人民生活，推動社會經濟和諧發展，是新時

期金融行業的根本任務。在全球化不斷發展的今天，在社會經濟增長方式創新突破的今天，傳統行業的經營思想理念和文化都在發生著重大變化，服務成為一個行業存在的價值所在，成為一個行業發展壯大的重要基礎。只有更好地服務，才能更好地生存和發展，唯有不斷拓展自己的服務面，提升服務質量，才能贏得更多的客戶和市場，方能在競爭日益激烈的市場中獲得相應的生存和發展機遇。尤其是在互聯網金融快速發展的今天，傳統金融行業面臨重大衝擊，需要進行更多的轉變和創新突破，利他主義成為新時期經濟發展的新思維，金融行業需要為他人和社會提供更多的優質服務，以更為全面的高效服務來爭取更多更優質的客戶，以此來實現自身的發展。

　　3. 金融職業道德的內容

　　金融職業必須有良好的職業操守。當前，中國市場經濟的信用制度還不盡完善，唯利是圖、自私自利、損人利己的行為隨處可見。在金融領域則更多的是金融職務犯罪，目前有很多金融高級管理人員出現違規操作、違法受賄，職業道德意識淡薄，為了金錢不計法律後果而鋌而走險。這就對金融從業人員的思想道德教育和法制教育提高了要求，提醒金融工作者在金錢誘惑下保持清醒的頭腦。

　　廣大金融工作者的素質高低，直接決定了一個國家金融業發展水準的高低；廣大金融工作者的道德水準，直接決定了一個國家金融體系的安全性與穩定性。建設金融強國宏偉目標的實現，有賴於國家金融體系長期健康穩定的運行。而金融危機的經驗教訓告訴我們，恪守道德標準，加強對金融行業人員的道德教育，是保障金融機構平穩運行的堅實內部保障，是防範與化解金融危機的內部堅強堡壘。相反地，金融危機中倒閉的外國銀行與其他金融機構，其倒閉或多或少與員工長期忽視職業道德、盲目從事多種高風險金融衍生交易有關，這無疑是對中國金融行業的一大警示。

　　（1）嚴守信用，維護形象。誠實守信是良好的道德品質，也是道德規範的普遍要求。在金融職業道德中，誠實守信佔有非常重要的地位，無論是中國人民銀行對金融系統的職業道德要求還是各金融機構自身提出的職業道德規範，都把信用放在首位。

　　在市場經濟條件下，任何一個國家經濟的發展，都離不開信用的支持。從這一意義上來說，現代經濟基本上是一種信用經濟。金融機構能否堅持信譽第一，不僅對其自身的存在與發展至關重要，對全社會的經濟活動都是至關重要的。俗話說：「誠招天下客，信牽萬人心。」因此，作為金融機構必須在群眾的心目中樹立起信得過、靠得住的形象，才能取得客戶的信任和支持，才能得以進一步發展。隨著金融業的不斷發展，競爭的日益激烈，客戶選擇餘地日益增大，信譽對於金融機構的發展將越來越重要。

　　嚴守信用的基本要求主要表現在：

　　首先，金融工作者必須牢固樹立「信譽至上」的金融道德觀念。金融工作者必須自覺地按照「信譽至上」的職業道德規範約束自己的行為，用講信譽、守信用的原則指導自己的工作，努力在自己從事的各項具體活動中去實踐它、維護它。例如，在銀行信貸業務

中，銀行工作者必須信守合同，堅持信貸原則，對貸款用途不當、單位資金信譽差、經濟效益不好等不符合貸款條件的，應拒絕發放貸款，從而保證貸款按照合同規定的用途正確使用。因此，這就要求銀行工作者必須把正確貫徹貸款償還原則作為自己的重要職責，這樣才能既有利於維護金融機構自身的利益，又有利於維護金融機構的信譽。

其次，金融工作者必須堅持公開、公正、公平的原則。金融工作本身具有較強的專業性，許多具體細節並不為群眾所熟悉和瞭解，金融工作者在工作中應主動宣傳有關金融政策和法規，實事求是，不蒙蔽、不欺騙群眾，樹立誠信第一、童叟無欺的職業道德意識，處理問題要公正客觀，不偏不倚，以客觀事實為依據，以高度負責的精神贏得顧客的信任和支持。

最後，金融工作者要養成嚴謹的工作作風。作為信用機構的一員，金融工作者必須努力防止金融差錯，保證工作質量，取信於顧客；要認真執行規章制度和操作規程，養成嚴謹的工作作風，認真細緻，精力集中。例如，銀行的收、支、存、放、匯等業務活動，都直接關係到國家、集體和個人的切身利益，關係到資金的使用和安全，關係到銀行在人民群眾中的聲譽。因此，這就要求金融工作者必須做到不輕率、不鬆弛、不懶散，給服務對象樹立嚴謹、規範、緊張、有序的職業形象。

(2) 優化服務，提高素質。優質的服務是金融職業道德的核心內容，是金融行業職業責任和義務的集中體現，也是金融工作者必須具備的道德意識和必須履行的職業責任。金融行業作為專門經營貨幣這一特殊的商品的服務行業，每天都與客戶和群眾保持著密切的聯繫。服務質量的優劣，直接關係到金融行業的前途與發展，關係到社會經濟的穩定。如果金融工作者不能為社會提供優質高效的服務，金融行業就失去了信譽，就失去了賴以生存的基礎。

優質的服務除了要有高標準的服務質量、快捷的服務效率之外，最重要的就是要有良好的服務態度。熱情周到、親切自然的服務態度不僅能夠很好地維護金融機構的信譽，加深顧客對金融機構的感情，密切雙方的關係，進一步發展金融業務，而且也體現出金融工作者對自己從事的職業的熱愛和自身的尊重，體現出良好的職業修養和道德風範。因此，這就要求金融工作者必須做到：

一是要文明禮貌待人，熱情周到服務。金融工作者對顧客要主動接待，和氣禮貌，有問必答，百問不厭，要想顧客之所想，急顧客之所急，幫助顧客解決各種具體問題，以自己的良好服務態度贏得顧客與群眾的信賴和支持。

二是要鑽研業務，提高技能。高質量的服務來源於高超的業務技能。因此，鑽研業務、提高技能是優質服務的前提和基本要求。熟悉業務，對技術精益求精，在此基礎上提高服務質量，是金融職業道德的重要內容。隨著改革開放的不斷深入以及社會主義市場經濟體制的建立和不斷完善，金融業務的範圍不斷擴大，業務量不斷增加，金融業內部的競爭也越來越激烈。如果沒有精湛熟練的業務技能，就不可能有上乘的服務質量，不可能圓

滿地完成任務，也就難以在競爭中取勝。因此，金融工作者必須做到努力鑽研業務，提高技能，要認真學習國家的經濟建設方針、政策、金融政策法規和金融管理知識；掌握業務的操作程序，具有一定的計算機技術、核算技術以及與金融有關的生產、流通、市場、保險、外事、外語、國際金融等方面的知識，不斷研究新情況，解決新問題。

實踐證明，金融工作者只有刻苦學習文化科學知識，努力鑽研業務知識，才能真正為顧客提供優質服務，為經濟發展做出貢獻。

（3）熱愛本職，盡職盡責。熱愛金融事業，努力做好本職工作是每一位金融工作者從各方面遵守金融道德的基礎。金融工作者只有深刻認識自己所從事職業的重要性，並將個人對事業的理想寓於這一職業中，才能自覺地從各方面遵守職業道德，做好本職工作。

熱愛金融事業是與整個金融工作在現代經濟中的核心地位分不開的。金融工作在中國國民經濟建設中發揮著籌集資金、融通資金、調節貨幣流通、提高資金使用效益以及加強國際經濟交流等重要作用。金融工作者只有深刻認識這種地位和作用，才能產生出對金融事業的熱愛，具有一種職業榮譽感，從而形成一種巨大的推動力，促使金融工作者去完成自己承擔的工作。改革開放以來，中國金融戰線廣大幹部職工正是靠著這種對金融事業重要意義的正確認識，大膽改革，辛勤工作，熱情服務，從而有效地促進國民經濟的順利發展。

做好本職工作是熱愛金融工作的具體體現。金融工作者只有將自己的職業理想、職業榮譽感同具體的工作崗位結合起來，這種榮譽感才不會是虛幻的，才能夠堅持長久。金融系統的業務種類繁多，分為各個不同的崗位，而所有崗位的一個共同的特點就是工作過程都離不開金錢，工作結果容不得半點差錯。每一項工作都是具體的、細緻的，有著實實在在的工作內容。因此，熱愛金融工作就要體現在這些具體的實際工作中。離開了日常的具體工作，熱愛本職就會成為一句空話，職業理想和職業榮譽感也就無從談起。熱愛本職，盡職盡責就要求每個金融工作者必須做到：

第一，培養熱愛本職的道德情感。列寧說過，沒有人的感情，就從來沒有也不可能有對於真理的追求。一個人對於本職工作抱著積極的態度，就會產生濃厚的興趣，就會優先把自己的注意力集中於本職工作上來，就會從這種工作中體驗到某種濃厚的、積極的情感，並且會全身心地做好本職工作，一個人對事業的追求，必須以真摯的情感和強烈的熱愛作為動力。因此，不論是金融工作者還是金融專業的大學生，都應注重在工作實踐中培養熱愛金融事業的道德情感，正確處理好本職工作與個人的愛好、志趣之間的關係，處理好國家需要與個人利益之間的關係。由於金融業在國民經濟中所處的重要地位，使金融行業一度成為熱門行業，金融工作者在社會上受到人們的青睞，少數金融工作者也沾沾自喜，覺得比別人優越。隨著中國市場經濟的發展及金融體制的逐步完善，對金融行業人員的要求將越來越高。因此，金融工作者必須加強自身的職業道德修養，努力提高道德素質，克服思想上的優越感，增強危機感，在新形勢下培養自己熱愛金融事業的道德情感，以高度的事業心和責任感，去完成自己承擔的各項工作。

第二，培養對工作極端負責的精神和誠實勞動的工作態度。對金融工作的熱愛體現在實際工作中，就要求金融工作者必須具備對工作極端負責的精神和誠實勞動的工作態度。金融工作者在工作中要做到態度認真，一絲不苟，盡職盡責。無論是銀行信貸員、出納、會計或儲蓄員，都要嚴格按規章制度辦事，認真履行自己的義務。同時，金融工作者要有誠實勞動的工作態度，工作中要勇於吃苦，不怕困難，牢固樹立愛崗敬業、忠於職守的主人翁精神。金融行業，特別是基層行、社，點多、面廣、人員分散，工作任務重、難度大、要求高。廣大金融工作者如果沒有以行為家、熱愛事業、誠實勞動的思想，缺乏主人翁的責任感和使命感，不去做艱苦紮實的工作，就會損害銀行的形象，損害銀行事業的發展。因此，金融工作者要充分認識到自己在金融事業中的主人翁地位，以自己的辛勤勞動為金融事業做出貢獻。

（4）遵紀守法，嚴守秘密。金融工作者既是國家金融法律法規的具體執行者，又是財經紀律的監督者，國家的許多經濟政策、金融法律法規都要通過金融工作者去執行。金融業本身又是直接經營貨幣業務的，因此遵紀守法有著特殊的重要意義。

金融政策、法規和金融職業道德，在內容與要求上都是一致的。一般說來，金融政策所要求的內容，也是金融工作應該貫徹執行的內容；金融法規所禁止的行為，也是違背金融道德的行為。嚴格遵守金融法律法規是金融職業道德的最低要求。

金融工作者必須嚴守法紀，堅持原則，百折不撓地貫徹執行黨和國家的路線、方針、政策，嚴格遵守金融紀律和金融法律法規。具體要做到以下幾個方面：

第一，認真學習，深刻領會國家有關金融的方針、政策、法律法規，增強執法、守法的自覺性。金融工作者要嚴格按照有關規定辦事，做到不貪污受賄，不越權貸款，更不允許挪用或冒領用戶存款。金融工作者要堅決杜絕一切有法不依、有章不循、隨意「變通」的違規行為，努力使自己成為遵紀守法的模範。金融工作者要堅持秉公辦事，以維護國家、人民利益為最高原則，做到辦理業務、處理問題公正無私。

第二，清正廉潔，不謀私利。金融行業掌握著一定的權力，金融工作者每天與金錢接觸，時時受到金錢的誘惑。在這種環境下，能否保持清醒的頭腦，保持清正廉潔就顯得格外重要，稍有放鬆，就會給國家造成巨大損失，自己也將受到法律的制裁。因此，清正廉潔，不謀私利就成為金融工作者頭腦中的第一道防線。為了使這道防線不被衝垮，就要求金融工作者充分認識清正廉潔的重要意義，提高自我約束、自我控制的能力，時刻保持清醒的頭腦，徹底摒棄「金錢萬能」和「金錢至上」等拜金主義、利己主義價值觀，自覺抵制各種不正之風的侵蝕，愛惜自己作為金融管理人員的身分，愛惜自己的品格和榮譽，當一名真正的金融戰線的「衛士」。

第三，提高對金融安全重要性的認識，增強保密意識。這是對金融工作者的特殊要求。各類金融機構集中收付，保管著大量的貨幣，國家重要經濟、金融的機密情況都能夠通過各類金融機構得以反應出來。金融機構一旦出現重大問題，將使國家的經濟發展及人

民群眾生活遭受巨大損失，甚至影響社會的穩定。因此，金融工作者必須嚴格現金管理制度，嚴守操作規程，嚴格執行保密原則，勇敢捍衛金融機構安全，加強自身職業道德修養。這既是廣大金融工作者的特殊職能，也是必須承擔的法律責任。

總之，熱愛本職、盡職盡責，遵紀守法，嚴守秘密，是金融道德規範的重要內容，也是金融工作者義不容辭的道德責任。上述要求又必須通過金融工作者職業道德素質的提高來體現。金融工作者要在工作中嚴格要求自己，錘煉自己的品格，陶冶自己的情操，不斷培養良好的道德品質。

二、金融的分類

（一）直接金融與間接金融

金融可以按照不同標準進行分類，如按照金融活動是否通過媒介體劃分，金融可分為直接金融和間接金融。直接金融是指資金供求雙方直接進行融資。在直接金融市場上，籌資者發行債務憑證或所有權憑證，投資者出資購買這些憑證，資金就從投資者手中直接轉到籌資者手中，而不需要通過信用仲介機構。間接金融是指以銀行等金融機構作為信用仲介進行融資。在間接金融市場上，是由資金供給者首先把資金以存款等形式借給銀行等金融機構，兩者之間形成債權債務關係；再由銀行等金融機構把資金提供給需求者，銀行等金融機構與需求者形成債權債務關係，通過信用仲介的傳遞，資金供給者的資金間接地轉到資金需求者手中（見圖1-1）。

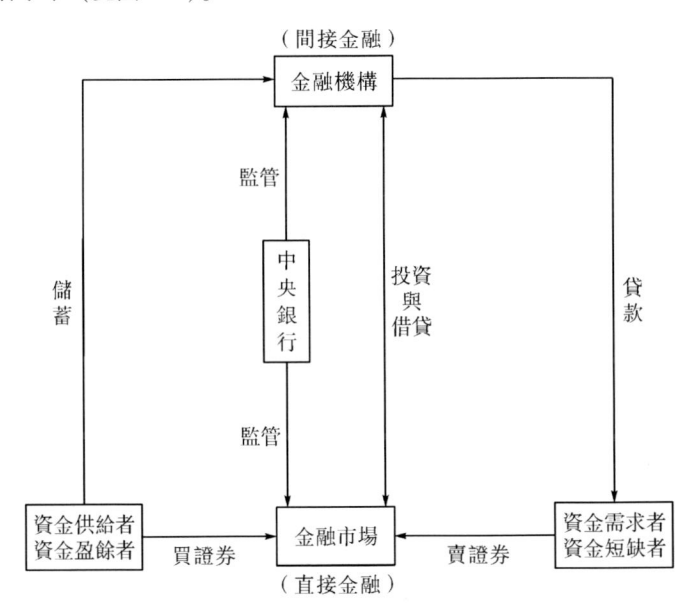

圖1-1　直接金融和間接金融

（二）宏觀金融與微觀金融

按照金融活動的運行機制劃分，金融可分為微觀金融和宏觀金融。微觀金融是指金融市場的主體（工商企業、政府、金融仲介機構和個人）的投資融資行為及其金融市場價格的決定等微觀層次的金融活動。宏觀金融是指金融體系各構成部分作為整體的行為及其相互影響以及金融與經濟的相互作用，包括貨幣供求、物價變動、貨幣政策和財政政策以及國際收支等。

（三）政策性金融、商業性金融與合作性金融

按照金融活動的目的劃分，金融可分為政策性金融、商業性金融和合作性金融。政策性金融是政府為實施一定的社會經濟政策或意圖，設立專門的金融機構，在特定的領域內直接或間接從事的政策性融資活動。其主要特點是不以營利為目的。商業性金融是金融企業按照市場經濟原則以商業利益為經營目標的金融活動。其以利潤最大化為目的。商業銀行、保險公司、證券公司和信託投資公司等的融資活動都是商業性金融。合作性金融是互助合作組織在成員之間進行的金融活動。其不以營利為目的，主要是為了解決成員的融資需求。

（四）官方金融與民間金融

按照金融活動是否接受政府監管劃分，金融可分為官方金融和民間金融。官方金融又稱正規金融，是由政府批准的金融活動，是屬於正式金融體制範圍內的，即納入中國金融監管機關管理的金融活動。民間金融是與官方金融相對而言的，民間金融主要是指在中國銀行保險系統、證券市場、農村信用社以外的經濟主體從事的融資活動，屬於非正規金融範疇。其主要包括民間借貸、民間集資、地下錢莊等。因為這些民間金融行為往往是非法存在的，所以常被稱為「地下金融」。

（五）國內金融與國際金融

按照金融活動的地理範圍劃分，金融可分為國內金融和國際金融。國內金融是由一國的資金供求雙方直接或間接進行的融資活動。其參與者都是本國的政府、金融機構、企業和個人，運作的對象是本國貨幣。國際金融是跨越國界的貨幣流通和資金融通活動。其參與者為不同國家的政府、金融機構、企業、個人和國際金融機構，運作的對象既可以是本國貨幣，也可以是外幣。

（六）政府金融、公司金融與個人金融

按照金融活動的主體劃分，金融可分為政府金融、公司金融與個人金融。政府是金融市場上的重要主體，一方面政府是資金的需求者，通過發行國債籌集資金；另一方面政府又是市場的協調者，通過貨幣政策的制定和執行監管並控制金融市場上的系統性風險。公司在金融市場上主要是資金的需求者，可通過票據、向商業銀行申請貸款等途徑籌集資金，也可通過發行股票或債券在資本市場上籌集長期資金。隨著經濟的發展及人民生活水

準的提高，個人金融在金融市場上的主體性逐年增加，投資理財業務日益成為民眾關心的話題，金融市場為個人投資者帶來越來越多的選擇，增加投資收益的同時也帶來了不同程度的金融風險。

第二節　貨幣和貨幣制度的演變

一、貨幣的產生與發展

(一) 貨幣的產生

貨幣不是人類社會一開始就有的，是商品生產和商品交換發展到一定階段的必然產物。在商品交換中，人們必須衡量商品的價值，而商品價值的實體——人類的一般勞動耗費看不見也摸不到，只能通過交換表現在另一種商品上。這種價值表現形式隨著商品交換的不斷發展而演變，貨幣也應運而生。這一過程大致經歷了幾個發展階段：第一，簡單或偶然的價值形式，如 1 只羊＝1 擔稻穀。第二，擴大的價值形式，如 1 只羊＝1 擔稻穀＝2 千克茶葉＝20 尺棉布。第三，貨幣價值形式，如 1 只羊＝1 擔稻穀＝2 千克茶葉＝20 尺棉布＝1 克黃金。

可見，貨幣是商品經濟發展的必然產物，它源於商品，並伴隨著商品經濟的發展而自發的產生。貨幣產生以後，以物易物的直接交換就轉變成以貨幣為媒介的商品流通，從而大大地促進了商品經濟的發展。

(二) 貨幣的發展

1. 實物貨幣

早期的實物貨幣一般都是由普通的、大家樂意接受的商品來充當，它本身既作為商品，同時又作為貨幣充當媒介。歷史上，貝殼、絲綢、牲畜都充當過貨幣。這些實物基本上保持原來的自然形態，其典型特徵是能代表財富，是普通的供求對象，但體積大、不易分割、不易攜帶、缺乏統一的價值衡量標準，不是理想的貨幣材料。

2. 金屬貨幣

隨著經濟的發展，實物貨幣發展到它的高級階段——金屬貨幣階段。金屬貨幣是指以金、銀、銅、鐵作為貨幣材料的貨幣。金屬貨幣經歷了從賤金屬到貴金屬，從金屬稱量制到金屬鑄幣制的發展過程。其中，以黃金、白銀作為貨幣，幾乎是所有國家共同的歷史。這主要是因為黃金和白銀幣值穩定、價值較高、易於分割、便於保存和攜帶。金屬貨幣雖有很多優點，但缺點也隨著商品流通的不斷擴大而日漸暴露出來，即鑑別成色和稱量麻煩；攜帶運輸成本高且有相當風險；因磨損而減輕分量，使鑄幣面值與實際價值不相符；等等。於是，金屬貨幣逐漸被其他貨幣形式所取代。

3. 信用貨幣

信用貨幣是以信用為保證，通過一定信用程序發行的，獨立行使貨幣職能的現代貨幣形態。信用貨幣不以任何貴金屬為基礎，不能與貴金屬相兌換，其後盾是國家權力，依存的是信用關係。目前世界各國都採用這一貨幣形態。例如，現金，即通常說的鈔票，包括紙幣和金屬輔幣。在日常經濟生活中，現金主要服務於居民個人用於消費品購置、支付工資等，同時也用於企業單位的小額零星購置與支付。銀行存款也是信用貨幣的主要組成部分。在日常經濟生活中，存款貨幣主要服務於企業單位之間的經濟往來以及稅款上繳、財政經費下撥、銀行貸款的發放與收回等活動。銀行存款的種類很多，並且隨著信用關係的發展，其應用範圍也越來越廣，居民個人的日常貨幣收付也越來越多地採用存款貨幣形式。因此，銀行存款在信用貨幣中所占的比重越來越高。

4. 電子貨幣

電子貨幣是指用電子計算機系統存儲和處理的存款，表現為各種各樣的價值貯藏卡。例如，目前應用最為廣泛的信用卡等，其顯著特徵是貨幣形態無紙化。在日常生活中，人們購買商品、享受服務或進行支付時，只需在銀行安裝的終端機上刷卡，電子計算機便會自動將交易金額分別記入收付雙方的銀行帳戶，體現出貨幣流通網絡化的特徵，但是沒有網絡的地區、地點和部門無法實現電子貨幣的流通。電子貨幣具有轉移迅速，相對安全和節約費用的優點，目前呈現出蓬勃發展的勢頭。

二、貨幣制度的演變

(一) 貨幣制度的形成及內容

1. 貨幣制度的形成

貨幣制度簡稱幣制，是一個國家以法律形式確定的該國貨幣流通的結構、體系與組織形式。換句話說，貨幣制度是國家為保障貨幣流通的正常進行而制定的貨幣和貨幣運動的準則與規範。

2. 貨幣制度的內容

(1) 貨幣材料。貨幣材料是確定用何種材料充當貨幣。確定的貨幣材料不同，就有不同的貨幣制度。例如，以白銀作為貨幣材料就是銀本位制，以黃金作為貨幣材料就是金本位制，以紙幣作為貨幣材料就是紙幣本位制等。「本位」是貨幣制度的一個術語，源於國家規定何種幣材作為法償貨幣。

(2) 貨幣單位（價格標準）。貨幣材料確定後，就要進一步確立貨幣單位，包括規定貨幣單位的名稱和單位貨幣價值量，如在金屬本位制下，要確定單位貨幣包含的貨幣金屬重量。例如，英國的貨幣單位為「英鎊」（Pound Sterling）貨幣符號「£」。1816年5月，美國的金幣本位制法案規定，1英鎊含成色11/12的黃金123.744,7格令，合7.97克。美國的貨幣單位是「美元」（USDollar）貨幣符號「＄」。根據美國1934年1月的法令規定，

1美元含金量為0.888,867,1克。在中國歷史上,1914年,北洋政府頒布的《國幣條例》規定貨幣單位為「圓」,1圓含純銀0.648兩,合23.977克。

(3) 本位幣和輔幣的鑄造、發行與流通程序。本位幣是國家法律規定的標準貨幣。在金屬貨幣制度條件下,本位幣亦稱「主幣」,是一國計價、結算唯一合法的貨幣單位。金屬本位幣是用一定貨幣金屬按照國家規定的貨幣單位鑄造的鑄幣。起初,鑄幣在民間鑄造,其信譽和流通範圍受到一定限制,後來逐步改由國家鑄造,因為擁有政府權力的國家最具權威,國家鑄造一定形狀、一定重量和成色,並打上印記的貨幣,能夠起到穩定價值尺度、統一流通手段的作用。

金屬本位幣在流通上具有三大特徵:其一,自由鑄造,即每個公民都有權把貨幣金屬送到造幣廠鑄成本位幣。其二,無限法償,即國家規定本位幣擁有無限制的支付能力,不論每次支付的數量多麼巨大,如果用本位幣支付償債,商品出賣者和債權人都不能拒絕接受或要求改用其他貨幣。其三,規定磨損公差。由於技術原因,有時會出現鑄幣的實際重量與法定標準不符或在流通中因逐漸磨損而使重量減輕。為了避免因此而導致的本位幣貶值,貨幣制度規定了每枚鑄幣實際重量不足法定重量的限度,稱為磨損公差,超過磨損公差的鑄幣不能流通使用。

輔幣是本位幣以下的小額通貨,供日常交易和找零之用。其流通特點恰恰與本位幣相反:其一,限制鑄造。由於輔幣通常由賤金屬鑄造,其名義價值往往高於實際價值,因此輔幣僅限於國家壟斷鑄造。其二,有限法償,即法律規定輔幣在一次支付中具有最高限額,超過限額,受款人和債權人有權拒收。

隨著經濟的發展,金屬貨幣遠不能適應生產和流通擴大的需要,於是出現了信用貨幣價值符號的流通。在當代不兌現的信用貨幣制度下,國家授權中央銀行集中貨幣(紙幣)發行,並授予這類價值符號無限法償的能力。

(4) 黃金準備制度。黃金準備制度是指一國貨幣發行的物質基礎。從歷史上看,黃金準備制度長期以來一直是準備制度的主要內容。黃金準備制度是指國家集中儲備黃金,作為穩定貨幣和匯率的平準基金以及發行貨幣的準備金。

黃金準備的用途有作為國際支付的準備金,作為調節國內金屬貨幣流通的準備金,作為支付存款和兌換銀行券的準備金。

在目前貴金屬貨幣停止流通的條件下,貨幣金屬準備的第二個用途、第三個用途已經消失,只有第一個用途依然存在,因為黃金仍然是國際支付和結算的最後手段。

目前,世界各國建立了以特定自由兌換的外匯,如美元、歐元、日元,還有這些貨幣的債權等作為準備金的制度,以便用於國際支付結算。需要指出的是,在現代信用貨幣制度下,保障貨幣發行和流通正常的準備制度的主要內容已經不再是黃金和外匯,而是國內的商品保有量和未來的產出量。商品的價值總量是發行和流通信用貨幣的最重要和最主要依據之一。外匯和黃金只是用於國際支付,起著保持本國貨幣對外兌換比率穩定的平準基

金作用。

（5）規定貨幣的對外關係。規定貨幣的對外關係是指規定本國法定貨幣同外國貨幣是自由兌換貨幣，還是不自由兌換貨幣，即管制貨幣。貨幣的對外關係是由一國的政治、經濟、文化和歷史傳統等諸多因素決定的。

（二）貨幣制度的類型

縱觀世界各國貨幣制度的演變過程，大體上經歷了銀本位制、金銀復本位制、金本位制、紙幣本位制幾種類型（見圖1-2）。

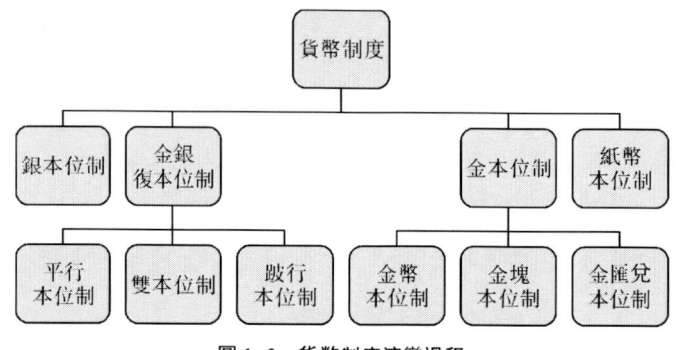

圖1-2　貨幣制度演變過程

1. 銀本位制

銀本位制是以白銀作為本位幣的一種貨幣制度。其基本內容是：本位幣的幣材是白銀，銀幣可以自由鑄造、自由熔化，銀行券可以自由兌換成銀幣，白銀與銀幣可以自由輸入輸出，銀幣具有無限法償能力。

銀本位制是歷史上最早的貨幣制度，16世紀以後開始盛行，如墨西哥、日本、印度等國都實行過銀本位制。銀本位制分銀兩本位制和銀幣本位制。中國自宋代開始銀銅並行，直至1910年4月清政府頒布了《幣制則例》，正式確定中國實行銀本位制。而中國銀本位制的健全則是在1933年，國民政府宣布「廢兩改元」，公布《銀本位鑄造條例》，但1935年11月又宣布實行「法幣改革」，廢止了銀本位制。

2. 金銀復本位制

金銀復本位制是指同時以金、銀兩種金屬作為本位貨幣的貨幣制度。其基本內容是：金、銀兩種金屬同時作為幣材；金幣和銀幣都可以自由鑄造、自由熔化，自由輸入輸出；金幣和銀幣都具有無限法償能力。實行金銀復本位制，必須確定金幣和銀幣的比價。按比價的確定方式不同，金銀復本位制又分為以下三種：

（1）平行本位制。平行本位制是指金幣和銀幣間的比價由金銀本身的市場價值決定。例如，英國1663年鑄造的金幣「基尼」與銀幣「先令」並用，兩種通貨按金銀的市場實際價值比價流通。

（2）雙本位制。雙本位制是指金幣和銀幣間的比價由國家及貨幣管理當局規定。例如，美國在1792年規定，金幣與銀幣的法定比價是1：15。

（3）跛行本位制。這是從復本位制向金本位制過渡時出現的一種特殊的貨幣制度。由於法定使用銀幣向金幣過渡中，先是銀幣多、金幣少，後是金幣多、銀幣少，類似跛行者的一足短、一足長的現象。

金銀復本位制在理論和實踐上都存在重大缺陷。從理論上看，貨幣是市場上價值衡量的準繩，具有排他性和獨占性，一個市場只能有一個價值尺度，市場上也只認一個衡量權威。復本位制的雙重標準，必然在實踐中引起商品流通的混亂。當金幣和銀幣都按照其本身所含的價值流通時，商品就出現兩種價格，這兩種價格又會隨著金銀本身的市場價格變化而變化。如果由官方硬性規定金與銀的法定比價（即雙本位制），隨著金銀本身比價變化會出現「劣幣驅逐良幣」現象，又稱「格雷欣法則」。兩種實際價值不同而法定價值固定的通貨同時流通時，實際價值較高的通貨（良幣），會被人們收藏，退出流通；而實際價值較低的通貨（劣幣）則會充斥市場，最終將良幣完全逐出市場。

任何社會形態的產生和發展，都要求有一個相對穩定的貨幣制度。英國率先從復本位制過渡到金本位制，其後歐洲諸國相繼效仿，到19世紀末，世界主要工業化國家都實行了金本位制。

3. 金本位制

金本位制是指以黃金為本位幣的貨幣制度。其具體形式先後經歷了金幣本位制、金塊本位制和金匯兌本位制。

（1）金幣本位制。金幣本位制又稱金鑄幣本位制。是典型的金本位制，其基本內容是：黃金是本位幣的幣材，金幣可以自由鑄造、自由熔化，黃金和金幣可以自由輸入輸出，銀行券可以自由兌換成金幣，金幣具有無限法償能力。

上述特徵決定了金幣本位制是獨具穩定性的貨幣制度。這種穩定性突出的表現在自發調節貨幣流通量、通貨的幣值對黃金的不貶值、外匯市場的相對穩定等方面。

英國是最早實行金幣本位制的國家，於1816年宣布實行，從1819年正式實施。其後，19世紀70年代先後有德國、丹麥、瑞典、挪威、法國等歐洲工業化國家相繼由金銀復本位制過渡到金幣本位制。到20世紀初，世界各國已經廣泛實行金幣本位制。

金幣本位制這一穩定的貨幣制度，極大地推動了資本主義經濟的發展。人們把金幣本位制下的金幣流通稱為「貨幣的黃金時代」。第一次世界大戰以後，由於各資本主義國家經濟發展不平衡與黃金存量不平衡的加劇，英國、法國等國家的黃金存量減少，資本主義國家要恢復第一次世界大戰前那種典型的金本位制已經不可能了，於是建立了變相的金本位制，即金塊本位制和金匯兌本位制。

（2）金塊本位制。金塊本位制又稱生金本位制，是指國內不鑄造、不流通金幣，而流通代表一定重量黃金的紙幣，黃金由國家集中儲存，紙幣可以按照一定條件向中央銀行兌

換成金塊。其特點是：紙幣單位規定含金量，在一定數額、一定用途內兌換黃金。例如，英國於 1925 年規定，1,700 英鎊（合 400 盎司純金）以上才能兌換黃金；法國於 1928 年規定兌換黃金的最低限額為 21,500 法郎。其間實行金塊本位制的國家還有荷蘭、比利時等國。

（3）金匯兌本位制。金匯兌本位制又稱虛金本位制，是實行紙幣流通，但只準以外匯間接兌換黃金的貨幣制度。其特點是：貨幣規定單位含金量，但不能直接兌換黃金，只能兌換外匯，以外匯間接兌換黃金；中央銀行將黃金外匯存於另一個實行金本位制的國家，規定本國貨幣與該國貨幣的法定比率；以固定價買賣外匯，穩定幣值和匯率。

實行金匯兌本位制的國家，實際上是使本國貨幣依附於經濟實力雄厚的外國貨幣，如英鎊、美元等，但會在經濟上和貨幣政策上受這些國家的左右乃至控制。

資本主義週期性危機，特別是 1929—1933 年的世界經濟危機，使資本主義經濟遭受重創。嚴重的經濟危機衝擊了貨幣制度，各國紛紛放棄金本位制，轉而實行不兌現的信用貨幣制度。

4. 紙幣本位制

紙幣本位制是指以紙幣為本位幣的貨幣制度，屬於不兌現和信用貨幣制度。紙幣是由國家強制發行和流通的、不兌換金銀的貨幣符號。紙幣本位制取代金屬貨幣本位制，是貨幣制度演進的質的飛躍，突破了商品形態的桎梏，而以本身沒有價值的信用貨幣作為流通中的一般等價物。不兌現的信用貨幣制度有以下特點：

（1）流通中的貨幣都是信用貨幣，金銀不再作為貨幣進入流通。

（2）信用貨幣由中央銀行壟斷發行，並由國家法律賦予無限法償能力。

（3）信用貨幣的發行量不受黃金準備的限制，而取決於貨幣管理當局實施貨幣政策的需要。

（4）信用貨幣都是通過銀行信用程序投入到流通領域的，通過銀行信用的擴張或收縮可以調節貨幣流通量。

（5）中央銀行對貨幣流通的調節日益成為國家對宏觀經濟調控的一個重要手段。

不兌現的信用貨幣制度僅有很短的歷史，這種貨幣制度創造了貨幣對經濟調節的「彈性」作用，適應商品生產和交換的發展，顯示出較為優越的特性，成為當今世界各國普遍採用的貨幣制度。但是其核心內容是幣值穩定，促進經濟增長。而紙幣幣值穩定與否主要取決於銀行的信用、社會資源的保證程度以及社會公眾的信心。

第三節　貨幣的本質、職能與衡量

一、貨幣的本質

在日常生活中，我們幾乎天天都要和錢打交道。中國的錢叫「人民幣」，美國的錢叫「美元」，日本的錢叫「日元」，英國的錢叫「英鎊」，大多數歐盟國家的錢叫「歐元」，看來這個世界上的每個國家都有自己的貨幣。貨幣的本質到底是什麼呢？我們可以從三方面來理解。

（一）貨幣是商品

早期的實物貨幣一般都是由普通的、大家樂意接受的商品來充當，其本身既作為商品，同時又作為貨幣充當媒介。從貨幣的發展史來看，牲畜、貝殼等都充當過貨幣。在中國的殷商到西周時期（約公元前 1562 年至公元前 771 年）就用貝殼作為貨幣。中國古代的鑄幣曾鑄成刀、鏟、斧、環等形狀，說明在古代的交換中也有農具充當過貨幣。

（二）貨幣是特殊商品

貨幣是固定充當一般等價物的特殊商品。這種特殊商品有以下兩個顯著特徵：

第一，它是衡量和表現一切商品價值的材料，通過貨幣「標價」，表明各個商品含有價值及價值量的大小。但是貨幣能表現一切商品的價值，那麼其自身的價值，即幣值又是什麼呢？在黃金貨幣本位制下，貨幣的幣值，即黃金本身的價值；在現代信用貨幣制度（紙幣制度）下，貨幣的價值是由貨幣的購買力來表現的。

第二，它可以購買任何商品，貨幣具有同一切其他商品直接交換的權利，其地位是獨特的。貨幣是價值的直接體現者，是社會財富的代表，是一切購買力的代表，因此貨幣成為每個商品生產者追求的對象。

（三）貨幣體現了一定的社會生產關係

在商品貨幣關係中，具體勞動、個別勞動向抽象勞動、社會勞動的轉化，或者說凝結於商品價值中的私人勞動，能否為社會所承認，取決於能否換回貨幣（賣出去）和換回多少貨幣（賣什麼價格）。這一切是在市場競爭中進行的。貨幣像一只看不見的手，自發地核算著商品生產者的勞動。商品生產者的投入成本和產出效益是盈是虧，是通過貨幣顯示出來的。貨幣在核算社會勞動的同時，還具有調節資源配置的作用。

因此，貨幣作為社會公認的一般等價物，集中體現了社會生產關係，即人們之間的經濟利益關係。

二、貨幣的職能

貨幣作為一般等價物，在現代經濟中具有以下五項職能。

(一) 價值尺度

價值尺度是指貨幣具有表現商品和勞務的價值，並能衡量其價值量大小的功能，即貨幣在衡量並表示商品價值量的大小時，執行價值尺度職能。商品的價值用貨幣表現出來後，即成為商品的價格，所以說價格是商品價值的貨幣表現。由於各種商品的價值量不同，表現為貨幣的數量和價格的高低也不同。例如，1輛自行車的價格是500元，1輛小汽車的價格是15萬元。作為價值尺度的貨幣只是觀念形態，不需要現實的貨幣。

(二) 流通手段

流通手段是指貨幣在商品交換中充當交易媒介的功能，即貨幣在商品交換中起媒介作用，執行流通手段職能。貨幣出現後，商品交換不再是物與物的直接交換，而是商品所有者先把商品換成貨幣，即「賣出」，然後再用貨幣換取所需商品，即「買進」。這種以貨幣為媒介的商品交換，即商品流通。貨幣充當商品交換的媒介，執行流通手段的職能，降低了買賣的難度，縮短了交易時間，節省了交易成本，大大提高了交換的效率，並確保了商品流通的鏈條連續運轉。與貨幣的價值尺度職能不同的是，充當流通手段的貨幣不能是觀念上的貨幣，而必須是現實的貨幣。當然由於貨幣只是交換的手段，不是目的，因此這裡所說的現實的貨幣不需要有足值的貨幣本體，可以用貨幣符號來代替，如實際價值低於名義價值的不足值的鑄幣、用紙印製的鈔票等。

(三) 貯藏手段

當貨幣暫時退出流通，被人們當成社會財富保存起來時，貨幣就執行了貯藏手段職能。在金屬貨幣流通的條件下，貯藏金銀是積蓄和保存價值的典型形式，其作用顯而易見，即調節流通中的貨幣量。當流通中需要的貨幣減少時，多餘的金屬貨幣就會退出流通領域被貯藏起來；反之，當流通中需要的貨幣較多時，貯藏的金屬貨幣又會重新進入流通領域以滿足商品流通的需要。如果說貯藏貨幣是「蓄水池」，那麼貯藏手段就是「排水溝」和「引水渠」。在現代信用貨幣流通的條件下，人們除了以金銀及其他資產，如房產、珠寶等貯藏價值外，更為普遍的還是採用銀行存款的形式。對價值儲藏者來說，只要不發生通貨膨脹，幣值穩定，信用貨幣的貯藏同樣具有積蓄和儲存價值的意義，但從全社會來看，這並不意味著有相應數量的貨幣退出流通，因為銀行等機構可以通過貸款等方式將其重新投入流通領域，而不像金屬貨幣貯藏那樣退出流通，暫時處於靜止狀態。因此，在信用貨幣流通的條件下，需要貨幣管理當局加以調控，方能實現貨幣流通的穩定。

(四) 支付手段

支付手段是指貨幣作為價值的獨立形態進行單方面的轉移時，用以清償債務或進行付款的功能。貨幣支付手段的職能最初是由商品賒銷引起的。商品的買方在償還賒銷款項時，貨幣已經不是作為商品交易的媒介，而是作為價值的獨立形態單方面轉移到賣方。隨著商品交換及信用關係的發展，貨幣支付手段職能的領域不斷擴大，除了貨幣借貸及商品流通領域之外，繳納稅賦、交付租金、支付工資等，都是貨幣在執行支付手段的職能。

執行支付手段職能的貨幣與執行流通手段職能的貨幣一樣，都是現實的貨幣，流通中的每一枚貨幣，常常是交替執行這兩種職能。因此，流通中需要的貨幣數量不僅取決於商品價格總額，即執行流通手段職能所需要的貨幣數量，同時還受貨幣執行支付手段職能的影響。

（五）世界貨幣

隨著國際貿易及其他對外經濟往來的發展，貨幣超越國界在國際市場上發揮一般等價物的作用，執行價值尺度、流通手段、支付手段、貯藏手段職能時，貨幣便成為世界貨幣。

三、貨幣層次劃分

隨著貨幣與經濟關係日益密切，客觀上要求政府對現金的發行及信用的擴張加以控制，使貨幣的供給適應經濟發展的需要，避免產生經濟的波動和危機。因此，貨幣供應量的概念及對貨幣供應量層次的劃分也就應運而生了。

中國對貨幣層次的研究起步較晚，但發展迅速。劃分貨幣層次必須按照以下原則：劃分貨幣層次應把金融資產的流動性作為基本標準；劃分貨幣層次要考慮中央銀行宏觀調控的要求，應把列入中央銀行帳戶的存款同專業銀行的存款區別開來；劃分貨幣層次要能反應出經濟情況的變化，考慮貨幣層次與商品層次的對應關係，並在操作和運用上有可行性；劃分貨幣層次宜粗不宜細。

（一）以貨幣職能作為標準劃分

現金貨幣、存款貨幣和各種有價證券均屬於貨幣範疇，隨時都可以轉化為現實的購買力，但不等於現金，存款貨幣、有價證券的流動性相同，貨幣性一樣。比如現金和活期存款是直接的購買手段和支付手段，隨時可以形成現實的購買力，貨幣性或流動性最強。而儲蓄存款一般要轉化為現金才能用於購買，定期存款到期方能用於支付，如要提前支付，還要蒙受一定損失，因而流動性較差。票據、債券、股票等有價證券要轉化為現實購買力，必須在金融市場出售之後還原為現金或活期存款。

由於上述各種貨幣轉化為現實購買力的能力不同，從而對商品流通和經濟活動的影響有區別。因此，有必要把這些貨幣形式進行科學的分類，以便中央銀行分層次區別對待，提高宏觀調控的計劃性和科學性。

貨幣按購買力的性質劃分如下：

M0＝現金。
M1＝M0+活期儲蓄+機關團體活期存款。
M2＝M1+定期儲蓄。
M3＝M2+企業活期存款+專用基金存款+基本建設存款。
M4＝M3+財政存款+企業定期存款+國庫券。

（二）以資產與國民經濟之間的關係作為標準劃分

貨幣供應量（或貨幣供給）是指在一定時點上由政府和存款機構之外的經濟主體擁有的貨幣總量。在貨幣供應量的構成方面，大多數經濟學家認為貨幣應包括那些在商品交易及債務支付中作為交易媒介和支付手段而被普遍接受的東西，他們把貨幣定義為流通中的現金和支票存款，這就是狹義貨幣M1。有些經濟學家認為金融機構的儲蓄存款及其他短期流動資產是潛在的購買力，很容易變成現金，因此主張以流動性為標準，劃分更為廣義的貨幣概念層次，從而形成廣義的貨幣供應量指標M2、M3、M4等。這種觀點已經被大多數西方國家的政府接受，各國的中央銀行都用多層次或多口徑的方法來計算和定期公布貨幣供應量。

貨幣從供給管理的角度劃分如下：

M0＝流通中的現金。

M1＝M0+專業銀行的各項存款。

M2＝M1+財政金庫存款+基建存款+機關團體存款+郵政儲蓄存款。

（3）以資產流動性作為標準劃分

貨幣按金融資產的流動性劃分如下：

M0＝現金。

M1＝M0+企業活期存款+機關團體部隊存款+農村存款+個人持有的信用卡類存款。

M2＝M1+城鄉居民儲蓄存款+企業存款中具有定期性質的存款+信託類存款+其他存款。

M3＝M2+金融債券+商業票據+大額可轉讓定期存單等。

其中，M1是通常所說的狹義貨幣的供應量，M2是廣義貨幣的供應量，M2-M1是準貨幣，M3是考慮到金融不斷創新的現狀而增設的。

本章小結

金融機構的種類眾多，各不相同的金融機構構成金融機構體系。按照不同的標準，金融可以劃分為不同的種類。按照業務性質和功能不同，金融可分為政策性金融、商業性金融和合作性金融。在中國金融機構體系中，銀行業一直占據著主要地位，商業銀行是中國金融業的主體，以銀行信貸為主的間接融資在社會總融資中占主導地位。隨著直接金融比重的日益增加，建設一個穩健而富有活力的金融體系對於中國具有重要意義。

貨幣產生後，許多學者從理論上對貨幣進行論述。從幣材演變的角度看，貨幣形式經歷了從商品貨幣到信用貨幣的演變過程。推動貨幣形式演變的真正動力是商品生產、商品交換的發展對貨幣產生了更高的要求，不僅貨幣的數量要能夠伴隨著不斷增長的商品數量而保持同步的增長，而且還要使得交換更加便利、安全和快速。正是適應這種需求，貨幣

對自身的外在形式進行不斷的揚棄,從低級逐漸走向高級。

貨幣制度是指國家對貨幣的有關要素、貨幣流通的組織和管理等進行的一系列的規定。國家制定貨幣制度的目的是保證貨幣及貨幣流通的穩定,為經濟的正常運行提供一個穩定的貨幣環境。較為規範、完善的國家貨幣制度是在16世紀以後逐步建立起來的。沿著歷史的脈絡看,國家貨幣制度的類型大致經歷了銀本位制、金銀復本位制、金本位制和不兌現的信用貨幣制度。

本章的學習重點為理解金融的本質,掌握金融市場的基本含義,認識金融職業的含義和特點,明確金融職業的道德要求,掌握金融市場的構成要素,掌握金融市場的種類,區分直接融資和間接融資,區分宏觀金融與微觀金融,區分政策性金融、商業性金融與合作性金融,區分官方金融與民間金融,理解金融市場的功能,瞭解貨幣的起源,瞭解貨幣形式的演變歷史,理解貨幣的職能,瞭解貨幣制度的基本構成及國家貨幣制度的演變,掌握人民幣制度的主要內容,理解以不同標準劃分貨幣層次的意義。

本章的學習難點在於領會基本理論的同時,對現實的金融問題進行一定的分析;明確中國各類金融機構的性質和職能;熟悉金融體系的概念、構成要素以及功能;掌握常見的金融工具,能為企業融資方式的選擇出謀劃策;具備分析金融一般問題的能力;養成初步識別金融機構的職業素養;培養結合中國金融現狀分析和發展經濟的職業素養。

關鍵概念

1. 直接金融　2. 間接金融　3. 政策性金融　4. 信用貨幣　5. 銀本位制
6. 金銀復本位制　7. 金本位制　8. 價值尺度　9. 貨幣層次　10. 流動性

思考題

1. 金融的構成是怎樣的?
2. 甲企業因購買了乙企業價值300萬元的設備,成為乙企業的債務人;乙企業向甲企業購買了200萬元的服裝,成為甲企業的債務人。在清理債權債務時,總值500萬元的商品交易,雙方的債權債務部分抵消以後,最後由甲企業向乙企業支付100萬元的貨幣了結。這項交易體現了貨幣的什麼職能和作用?應注意什麼問題?
3. 請解釋物物交易及其局限性,並舉例說明物物交易為什麼一般存在於落後的傳統社會。
4. 請闡述貨幣的職能,並就貨幣的每一個職能舉例予以說明。

5. 在不兌現信用貨幣制度下，貨幣有哪些特點？
6. 說明人民幣制度的基本內容。

練習題

一、單項選擇題

1. 被看成中國最早的貨幣的是（　　）。
    A. 獸皮　　　　B. 貝殼　　　　C. 牲畜　　　　D. 糧食
2. 下列屬於足值貨幣的是（　　）。
    A. 紙幣　　　　B. 銀行券　　　C. 金屬貨幣　　D. 電子貨幣
3. 實物貨幣與金屬貨幣都屬於（　　）。
    A. 不定值貨幣　B. 商品貨幣　　C. 信用貨幣　　D. 電子貨幣
4. 迄今為止，貨幣的主要存在形式是（　　）。
    A. 實物貨幣　　B. 金屬貨幣　　C. 商品貨幣　　D. 信用貨幣
5. 在電子技術迅速發展的情況下，貨幣的主要形態呈現為（　　）。
    A. 不兌現信用貨幣　　　　　　B. 存款貨幣
    C. 銀行信用卡　　　　　　　　D. 電子貨幣
6. 推動貨幣形式演變的真正動力是（　　）。
    A. 國家對貨幣形式的強制性要求
    B. 發達國家的引領
    C. 經濟學家的設計
    D. 商品生產、交換的發展對貨幣產生的需求
7. 貨幣作為計價單位，是指用貨幣計量商品和勞務的（　　）。
    A. 價格　　　　B. 價值　　　　C. 單位　　　　D. 數量
8. 貨幣用來為商品標明價格時，執行（　　）。
    A. 計價單位職能　　　　　　　B. 交易媒介職能
    C. 財富貯藏職能　　　　　　　D. 支付手段職能
9. 在商品流通中，起媒介作用的貨幣被稱為（　　）。
    A. 交易媒介　　B. 交換媒介　　C. 支付媒介　　D. 流通媒介
10. 以貨幣形式貯藏財富的最大缺點是（　　）。
    A. 收益較高　　B. 風險較高　　C. 使用不方便　D. 收益較低
11. 貨幣作為補足交換的一個獨立環節時發揮的是（　　）。

A. 計價單位職能 B. 交易媒介職能
C. 支付手段職能 D. 財富貯藏職能

12. 在借貸、財政收支、工資發放、租金收取等活動中，貨幣執行（   ）。
A. 計價單位職能 B. 交易媒介職能
C. 支付手段職能 D. 財富貯藏職能

13. 金屬貨幣制度不包括（   ）。
A. 不兌現的信用貨幣制度 B. 金本位制
C. 銀本位制 D. 金銀復本位

14. 金銀復本位的典型形態是（   ）。
A. 雙本位制 B. 金幣本位制
C. 銀本位制 D. 金本位制

15. 在（   ）貨幣制度下，已經不再鑄造金幣，市場上流通的都是銀行券。
A. 金本位制 B. 金塊本位制
C. 虛金本位制 D. 金匯兌本位制

16. 金本位制的典型形態是（   ）。
A. 金幣本位制 B. 金塊本位制
C. 金匯兌本位制 D. 金條本位制

17. 下列哪一項不是貨幣的職能？（   ）
A. 交易媒介 B. 對易貨貿易的支持
C. 價值尺度 D. 記帳單位

18. 中國農業發展銀行屬於（   ）。
A. 國有專業銀行 B. 國有商業銀行
C. 國有投資銀行 D. 國有政策性銀行

19. 下列哪一項是典型的互助性組織？（   ）
A. 信用社 B. 股份有限公司
C. 商業銀行 D. 中央銀行

20. 貨幣的形態經歷的階段依次是（   ）。
A. 實物貨幣→信用貨幣→代用貨幣 B. 實物貨幣→代用貨幣→信用貨幣
C. 信用貨幣→金屬貨幣→代用貨幣 D. 金屬貨幣→代用貨幣→信用貨幣

21. 貨幣可以以觀念形態執行的職能是（   ）。
A. 價值尺度　　B. 流通手段　　C. 貯藏手段　　D. 支付手段

22. 在財政的收支、銀行吸收存款和發放貸款中，貨幣執行（   ）職能。
A. 價值尺度　　B. 流通手段　　C. 貯藏手段　　D. 支付手段

23. 貨幣層次中的 M0 是指（   ）。

A. 居民手持現金　　B. 流通中的現金　　C. 儲蓄存款　　D. 俠義貨幣

24. 貨幣層次的劃分國際上一般以貨幣的（　　）作為主要依據。

A. 安全性　　B. 穩定性　　C. 流動性　　D. 變現性

二、多項選擇題

1. 下列屬於非銀行金融機構的是（　　）。
   A. 中央銀行　　　　　　　　B. 保險公司
   C. 證券公司　　　　　　　　D. 信託投資公司
   E. 郵政儲蓄

2. 中國的商業銀行體系是由（　　）機構組成的。
   A. 國有或國有控股的商業銀行　　B. 股份制商業銀行
   C. 城市商業銀行　　　　　　　　D. 外資商業銀行
   E. 農村信用社

3. 中國現有政策性銀行包括（　　）。
   A. 中國農業銀行　　　　　　B. 中國農業發展銀行
   C. 國家開發銀行　　　　　　D. 中國進出口銀行
   E. 中國銀行

4. 貨幣最基本的職能包括（　　）。
   A. 價值尺度　　B. 流通手段　　C. 貯藏手段　　D. 支付手段

5. 中國流通中使用的法定貨幣是人民幣，其具體形態有（　　）。
   A. 現金　　B. 信用卡　　C. 支票　　D. 銀行存款

6. 下列關於人民幣的說法正確的是（　　）。
   A. 人民幣是一種貨幣符號　　　　B. 人民幣是由國家強制發行的
   C. 人民幣是一種信用貨幣　　　　D. 人民幣是一種可以兌現的貨幣

7. 中國人民銀行定期公布的貨幣層次是（　　）。
   A. M0　　B. M1　　C. M2　　D. M3

8. 目前國際收支和外匯市場交易中的主要貨幣是（　　）。
   A. 歐元　　B. 日元　　C. 美元　　D. 港幣

（練習題參考答案）

案例分析題

案例一　移動支付改變國民消費習慣　支付寶移動支付占比達82%[1]

2017年，電商平臺上「錢包」的搜索量首次下降，而支付寶平臺上移動支付筆數占比為82%，創下新高。與此同時，這一年，中國1/3的省份移動支付占比超過90%，4,000多萬收錢碼商家遍布全國……1月2日，螞蟻金服旗下支付寶發布2017年全民帳單，隨著移動支付的普及，中國人的生活方式正悄然巨變，只帶手機出門，掃碼、被掃碼已成為中國人的日常，這一年也被支付寶稱為中國的「碼年」。

支付寶方面表示，移動支付不僅為消費者提供了不帶錢包出門的便利，還能撬動社會的更大潛能。例如，移動支付能累積信用，讓更多用戶能借此獲得信貸、保險等更多金融服務，減少鴻溝。以移動支付為代表的互聯網技術，正前所未有地推動社會進步，並塑造著新的國民習慣。

10筆支付8筆用手機

支付寶全民帳單顯示，2017年全國5.2億支付寶用戶的移動支付占比為82%；移動支付占比超過90%的省份超過11個，貴州、山西以92%的移動支付占比並列第一，其餘省份幾乎均位於中西部地區，而這個數據在2016年僅有一個，是西藏自治區。

隨著移動支付的場景幾乎涵蓋各個方面，越來越多的人能不帶錢包出門。「阿里數據」發布的數據也證實了這一趨勢：過去3年，箱包類的搜索量和增長率均穩步上升，但「錢包」的搜索量在2017年首次呈下降趨勢。

支付寶的收錢碼在越來越多的消費場所普及，成為移動支付占比飆升的原因之一。2017年，遍布中國大街小巷的4,000多萬戶小商家靠二維碼貼紙實現了收銀環節的數字化。以北京為例，有超過百萬戶的北京小商戶開通了收錢碼，他們經營著一個烤紅薯攤，或者擁有三五個抓娃娃機，把小生意搬到了「碼」上，讓買賣雙方都更方便。現在，不管是在餐廳就餐、商場購物，還是路邊小攤，甚至街頭藝人，都能使用手機支付。

公交地鐵也移動支付化

公共交通是城市出行最重要的方式，但長期以來，因為對信號、時間的要求，一直是移動支付最難攻克的堡壘之一，國內外的慣例都是自備零錢或使用交通卡。隨著技術的突破，2017年，超過30個城市的公交車、地鐵都先後支持支付寶買票，不少網友感嘆「出門帶錢包的最後一個理由也沒了」。

---

[1] 李子晨. 移動支付改變國民消費習慣 [N]. 國際商報，2018-01-04 (8).

北京是最早「吃螃蟹」的城市之一。2017年9月，北京易通行應用軟件（app）率先在機場線開通掃碼過閘功能。地鐵乘客只需下載該 app，開通「二維碼乘車」後綁定支付寶，無須購買實體票就能坐地鐵。整個過程非常快，從掃碼到閘機門打開不到一秒鐘。

此外，各地公共服務部門通過在支付寶上開設「窗口」，讓市民不用出行，坐在家中也能繳費、辦事。2017年，2億多市民在支付寶的城市服務中辦理了包括社保、交通、民政等12大類的100多種項目。

繳費、購物、出行都能不用錢包的這一便利，也正延伸至更多國家和地區。2017年，支付寶加快了伴隨中國人走出去的腳步：累計接入了36個境外國家和地區的數十萬商戶，支付總筆數同比增長了306%。這一生活方式正在全球普及。

撬動社會更大潛能

移動支付帶來的不僅是個體不帶錢包的便利，還能對社會產生一系列的正向影響。

移動支付正在讓貧困地區獲得了更多機會，在832個國家級貧困縣和連片特困地區縣，螞蟻金服服務了795個，為其提供便捷的支付、信貸等服務。2017年，這些地方的平均移動支付比例為90%。

因移動支付而累積的信用，能讓社會資源更高效地運轉。例如，信用免押金，截至2017年年底，芝麻信用免已累計為4,150萬用戶免押金超過400億元。減免的押金，用戶可以用在更重要的地方，為社會創造更多價值。又如，公交出行，公交公司可以通過上下車的人流量，判斷是否新增直達公交車等，幫助解決城市擁堵問題。

減少碳排放則是移動支付為社會創造的又一福利。通過在線繳納水、電、煤氣費以及公共交通出行等低碳行為，截至2017年年底，2.8億螞蟻森林用戶累計「減碳排」205萬噸，累計「種樹」1,314萬棵。

思考一下你使用過的移動支付手段，在方便居民生活便利的同時，還有哪些需要改進的地方？

案例二 互聯網金融：監管過後或將迎來「黃金時代」[①]

剛剛過去的2017年，互聯網金融行業經歷了一輪「嚴監管」，監管過後，業內相信互聯網金融行業的春天即將到來。在近日舉行的2018金融科技競爭力高峰論壇上，中央財經大學中國互聯網經濟研究院副院長歐陽日輝表示，經過近兩年來的整治，互聯網金融行業迎來了轉折點，預計2018年互聯網金融將迎來「黃金時代」。

「嚴監管」之後 春天或將來臨

近年來，互聯網金融爆發式增長，但由於政策滯後、監管缺失，行業呈現野蠻增長，

---

① 崔彩鳳. 互聯網金融：監管過後或將迎來「黃金時代」[N]. 中國高新技術產業導報，2018-01-22 (3).

亂象頻生。鑒於此，自 2016 年開始，互聯網金融行業開啓了全面監管時代，尤其在 2017 年，監管層不斷加大整治力度，出抬了多項政策措施。

記者通過梳理發現，從 2017 年 2 月開始，監管層幾乎每個月都會出抬一項監管政策。因此，2017 年也被視為互聯網金融的整治年。這一年，從地方到中央，監管層陸續發布了關於互聯網金融行業存管、信息披露、備案登記、牌照審查等方面的指引或要求。在「嚴監管」下，互聯網金融行業走出了草莽時代，告別了野蠻生長——校園貸、金交所類業務相繼被禁，現金貸業務受到整頓，大額超標業務被要求清理。

整治過後，業內相信，互聯網金融行業的春天即將到來。在歐陽日輝看來，互聯網金融將經歷爆發階段、狂熱階段、協同階段和成熟階段四個發展階段。1999—2012 年是中國互聯網金融爆發階段，2013—2015 年是狂熱階段。2016 年以後，中國互聯網金融進入一個轉折點，監管層、業界和學術界都在反思和調整互聯網金融發展路線，通過制度建設、重組和創新，規範發展互聯網金融。「預計從 2018 年開始，中國互聯網金融將轉型到與實體經濟協同發展階段，迎來互聯網金融發展的『黃金時代』。」

歐陽日輝表示：「經過前面的冬天，一些生命力不強的公司和行業『害蟲』被凍死了，在春天來臨之後，這些留下來的公司將會茁壯成長，他們會與消費相結合，助力互聯網金融行業更好發展，同時也將推動新的金融生態的形成。」

守住底線 構建新生態

金融生態的形成對互聯網金融的發展至關重要。在歐陽日輝看來，現有金融體系是基於工業經濟的發展模式而建立的，未來將進入數字經濟時代，需要一套新的與數字經濟相匹配的新的金融生態。那麼，當互聯網金融的春天來臨之後，互聯網金融將如何構建新的金融生態？該朝哪個方向發展？

對此，歐陽日輝表示，不久前召開的中央經濟工作會議已經給出了明確答案。中央經濟工作會議提出，要更好為實體經濟服務，守住不發生系統性金融風險的底線。打好防範化解重大風險攻堅戰，重點是防控金融風險，要服務於供給側結構性改革這條主線，促進形成金融和實體經濟、金融和房地產、金融體系內部的良性循環，做好重點領域風險防範和處置，堅決打擊違法違規金融活動，加強薄弱環節監管制度建設。

「這是我們未來的發展方向。」歐陽日輝表示，服務實體經濟當是尤其值得注意的一點。「互聯網金融要為實體經濟賦能，助力小微企業發展。目前，互聯網金融在消費金融領域很賣力，不斷推出新的模式。但互聯網金融作為傳統金融的有效補充，更多的應是與產業相結合，解決小微企業融資難、融資貴問題。」

「這是一個大的方向。」歐陽日輝表示，第二個方向便是依託核心企業發展供應鏈金融，雖然目前該領域還存在一些問題，但是隨著監管的不斷深入，會有所改觀。再一個便是普惠金融推動居民消費。在這一塊，消費金融已經做了很多工作。未來能不能守住監管層要求的槓桿，是互聯網金融在消費領域需要追求的法則。另外，拓展海外市場，也是互

聯網金融未來的發展方向。

目前很多支付平臺在海外的市場拓展做得非常好。但是就目前來講，在海外市場的拓展還有一些困難，未來隨著智能金融的不斷發展和「一帶一路」倡議的深入實施，將會有更多的互聯網金融平臺走出去。

科技賦能 助力金融業升級

當前，隨著人工智能技術的發展，金融業已經被逐漸滲透，迎來「智能+金融」的跨界組合。在業內人士看來，未來金融行業與科技的融合將會更加緊密，互聯網金融將借助新的技術取得突破。

2017年7月，國務院印發《新一代人工智能發展規劃》，首次提出智能金融，並從四個方面對智能金融的發展做出具體規劃。政策的推動，無疑將會促進智能金融迎來極大發展。創新工場董事長李開復甚至預言，金融行業80%的從業者都敵不過人工智能，他們在未來10年都會被人工智能取代。進入2018年，業內認為，大數據也會成為互聯網金融的標配。

「經過整治以後，能夠活下來的互聯網金融平臺，都是經歷過『風浪』的，但是如果未來不運用大數據，其壽命也是短暫的。」歐陽日輝表示，互聯網金融與人工智能、大數據的結合，將對金融風險的控制掀起新的革命。金融風險控制在原有的方式之下，存在著很多難題。運用人工智能和大數據，能夠提供個性化的智能解決方案，金融機構用好人工智能和大數據這兩個技術，必然成為金融業的下一個經濟增長點。

目前，金融科技成為新的風口，已經吸引了眾多公司投入其中。2017年，百度、阿里巴巴、騰訊、京東四大互聯網巨頭分別與中國農業銀行、中國建設銀行、中國工商銀行達成合作，共謀金融科技發展。眾多網貸平臺也紛紛向中小型銀行輸出技術、風控模型，以圖獲得更大的市場。二三四五、奧馬電器、熊貓金控等多家上市公司佈局、轉型至金融領域。同時，商業銀行也在積極佈局金融科技。

業內人士表示，金融科技的發展將使金融服務更加個性化、智能化。金融科技將不再停留在單純的技術階段，如何利用金融科技提供更加智能化、人性化、有溫度的金融服務，將成為互聯網金融追求的終極目標。

思考一下你身邊互聯網金融如何改變了生活，未來的發展趨勢又會如何？

第二章　理解信用與計算利息

學習目標

知識目標
1. 掌握信用的不同含義，正確理解不同含義之間的關係
2. 掌握現代信用體系的構成
3. 掌握利息和利率的概念，瞭解利息的來源和本質，理解利息與收益資本化的關係
4. 掌握利率的兩種計算方法，瞭解利率的主要分類標準及其主要的種類
5. 瞭解利率的決定因素，瞭解利率變化的經濟、政治和制度等方面的影響因素，掌握中國利率的決定因素
6. 掌握利率的一般功能，瞭解利率在宏觀經濟活動和微觀經濟活動中的作用

能力目標
1. 能明白信用的含義，學會判斷信用形式
2. 能認識商業信用在企業經營中的作用
3. 能認識銀行信用在社會融資中的地位和作用
4. 能運用政府的融資形式學會債務管理和債券的投資
5. 能運用利息與利率的知識判斷利率高低，選擇投資融資方式
6. 能運用利息的計算方法進行投資和融資決策
7. 能運用利率的決定及其影響因素進行宏觀經濟分析

素養目標
1. 通過信用的學習，能養成誠實守信的品德
2. 通過利息方法的學習，能明白錢能生錢的道理，養成正確的理財觀念

引導案例

[案例2-1] 信用卡被盜刷

許先生最近新辦了一張信用卡,一位朋友因資金緊張,求助許先生,請求借用許先生的信用卡救急,並承諾一定按期還款。礙於情面,許先生答應將信用卡借給朋友。一段時間後,朋友按約歸還了信用卡,同時還清了刷卡消費金額,許先生因此也沒有太在意。

幾個月後,許先生收到信用卡消費短信,提示其信用卡在境外產生即時消費。許先生於是立即聯繫銀行客服,要求立即進行信用卡掛失止付,並及時做了報警處理。經警方調查顯示,許先生的信用卡係被犯罪分子偽造,並在境外盜刷。

(1) 按照相關規定,銀行卡僅限持卡人本人使用,不得出租或轉借。

(2) 妥善保管本人信用卡帳戶、密碼、有效期及 CVV2 碼(信用卡安全碼)等關鍵信息,切勿洩露給他人。

(3) 發現本人信用卡被盜刷後,應立即撥打銀行客服電話進行掛失止付或停卡處理,減少盜刷損失,同時立即向公安機關報案。

[案例2-2] 信用卡欠款0.6元 罰息竟超過9,000元

市民虞先生曾於2007年在常州讀大學,當時通過學校統一辦理了一張信用卡。上學時用信用卡透支了0.6元(2009年4月14日,虞先生最後一次使用信用卡透支了0.6元)。畢業後,虞先生前往外地工作,由於更換了手機號碼,他一直未收到銀行的催還通知,也一直沒有想起來這筆欠款。

直到最近虞先生想要貸款買房,才發現自己的信用報告上已經有了逾期記錄,當初0.6元的信用卡欠費,到2015年4月1日為止,逾期產生利息1,561.72元、滯納金7,547.94元、超限費7.03元、年費150元、消費透支0.6元,合計9,267.2元。

雖然虞先生最後一次使用信用卡透支了0.6元,並不意味著他當時的帳單只有0.6元,除了最後一次的消費外,在當期的帳單日內,虞先生有可能還做了其他消費,但是由於他沒有全額還款,就導致他無法享受免息期,需要從消費當天開始計收利息,而信用卡的利息是按日計息按月複利的,也就是說每個月都會把上個月沒還款的本金、利息、滯納金、年費等一起作為基數來計息,這就導致了6年後利息如此之高。

第一節　信用概述

　　信用，簡言之，就是人們之間的一種社會交往的關係。從字面上理解，信即信任，用即措施或行動，合起來即可理解為建立在信任基礎上的行為。信用是在商品貨幣關係的基礎上產生的。隨著信用的發展，經濟活動中出現了各種信用形式，如商業信用、銀行信用、國家信用、消費信用等。同時，在信用的發展過程中，逐漸產生了各種各樣的信用工具，一方面人們可以用其來證明信用關係的存在；另一方面人們可以通過信用工具的流通轉讓，來實現債權債務關係的轉移及資金的融通。本節主要內容包括信用的內涵，及其構成要素、信用的經濟功能、現代經濟中主要的信用形式和信用工具。

一、信用的內涵及構成要素

（一）信用的內涵

　　日常生活中經常講到的「信用」一詞，從不同角度有不同理解。經濟學中的信用是指商品和貨幣的所有者（即貸出者）把商品或貨幣的使用權暫時讓渡給商品或貨幣的使用者（即借入者），後者到期償還並支付一定利息的價值運動形式。要準確把握信用的內涵必須從以下三個方面來理解：

　　1. 信用是一種特殊的價值運動形式

　　商品或貨幣的借貸不同於一般的商品買賣關係，也不同於貨幣價值的贈予。在商品買賣中，賣者在賣出具有一定使用價值的商品時，取得了與自己商品等值的價值；而買者在付出一定價值時，取得了自己所需要的具有某種使用價值的商品，從而實現了等價交換。在信用交易中，商品或貨幣不是被賣出，而是被貸（借）出，讓渡的是商品或貨幣在一定時期的使用權，其所有權不發生變更和轉移，因此到期要償還貸出者同樣的商品或貨幣。

　　2. 信用是以支付利息為條件的借貸行為

　　信用交易的貸出者讓渡商品或貨幣的使用權，目的是獲得一定的報酬。在現代商品貨幣經濟中，貸出貨幣或商品的價格表現為利息，也就是說貸出者獲得的報酬以借入者到期支付的利息為條件。

　　3. 信用從屬於商品貨幣經濟的範疇

　　信用關係反應了社會經濟組織和個人之間的一種讓渡商品或貨幣的經濟關係。信用及信用形式是隨著商品貨幣關係的產生而產生和發展的。

　　信用活動與金融活動是兩個既有聯繫又有區別的範疇。在資本主義社會以前，信用和金融雖然也有密切的聯繫，但其主要方面是各自獨立發展的。信用產生於原始社會末期，而金融是在資本主義生產條件下，在信用不斷發展下才得以產生和發展的。隨著信用貨幣

取代金屬貨幣而成為流通中貨幣的基本形式,任何獨立於信用活動之外的貨幣制度已不存在,相應的信用活動也都和貨幣的運動相結合。信用活動和金融活動也表現為範圍上的區別。廣義的金融泛指一切與貨幣流通和資金運動有關的運動,包括貨幣的發行、保管、兌換和流通等,在內涵上包括貨幣信用和股票融資,而不包括實物信用。信用包括所有的信用活動,既包括貨幣信用,也包括實物信用。但在現代經濟關係中,兩者在一定條件下又具有同一性,信用活動即資金融通,金融活動包含信用關係。由於在現代經濟條件下,商品貨幣關係越來越發達,實物信用形式越來越少,同時由於現代金融市場已經相當發達,對投資者來說,可選擇的金融產品種類很多,一定程度上淡化了實物信用的形式,因此信用和金融這兩個範疇越來越趨於相同。

(二) 信用的構成要素

信用行為的發生一般需要有以下五個基本要素:

1. 信用主體

信用作為特定的經濟交易行為,要有行為的主體,即行為雙方當事人,其中轉移資產、服務的一方為授信人,而接受的一方則為受信人。授信人通過授信取得一定的權利,即在一定時間內向受信人收回一定量貨幣和其他資產與服務的權利,而受信人則有償還的義務。在有關商品或貨幣的信用交易過程中,信用主體常常既是授信人又是受信人;而在信用貸款中,授信人和受信人則是分離的、不統一的。

2. 信用客體

信用作為一種經濟交易行為,必定有被交易的對象,即信用客體。這種被交易的對象就是授信方的資產,可以是有形的(如以商品或貨幣形式存在),也可以是無形的(如以服務形式存在)。沒有這種信用客體,就不會產生經濟交易,因而不會有信用行為的發生。

3. 信用內容

授信人以自身的資產為依據授予對方信用,受信人則以自身的承諾為保證取得信用。因此,在信用交易行為發生的過程中,授信人取得一種權利(債權),受信人承擔一種義務(債務),沒有權利與義務的關係也就無所謂信用。具有權利和義務關係是信用的內容,是信用的基本要素之一。

4. 信用流通工具

信用雙方的權利和義務關係,需要表現在一定的載體上(如商業票據、股票、債券等),這種載體被稱為信用流通工具。信用流通工具是信用關係的載體,沒有載體,信用關係無所依附。作為載體的信用流通工具,一般具有如下幾個主要特徵:

(1) 返還性。商業票據和債券等信用工具,一般都載明債務的償還期限,債權人或授信人可以按信用工具上記載的償還期限按時收回其債權金額。

(2) 可轉讓性。可轉讓性,即流動性,是指信用工具可以在金融市場上買賣。對於信用工具的所有者來說,其可以隨時將持有的信用工具賣出而獲得現金,收回其投放在信用

工具上的資金。

（3）收益性。信用工具能定期或不定期地給其持有者帶來收益。

5. 時間間隔

信用行為與其他交易行為的最大不同就在於，信用行為是在一定的時間間隔下進行的，沒有時間間隔，信用就沒有棲身之地。

二、信用的經濟功能

信用在市場經濟中具有極為重要的經濟功能，對市場主體的交易行為可以產生多方面的經濟影響。信用的經濟功能主要體現在以下幾個方面：

（一）維護市場關係的基本準則

隨著市場經濟的不斷發展和信用制度的逐步完善，市場交易方式逐步發生變化，先後經歷了三個階段：實物交易階段、貨幣交易階段和信用交易階段。交易方式的演變，提高了效率，降低了成本。在現代經濟中，之所以信用交易優於貨幣交易，貨幣交易又優於實物交易，就是因為交易成本的逐漸降低。

由此看來，信用交易是市場經濟高度發達和完善的表現。目前，西方國家90%的交易方式都採用信用交易。然而，如果進行信用交易時一方不守信用，交換關係和市場秩序就會遭到破壞，不僅信用交易無法進行，實物交易與貨幣交易也會受到影響，經濟活動就難以健康發展。

（二）促進資金再分配，提高資金使用效率

信用是促進資金再分配的最靈活的方式。借助於信用可以把閒置的資金和社會分散的貨幣集中起來，轉化為借貸資本，在市場規律的作用下，使資金得到充分利用。

在信用活動中，價值規律的作用得到充分發揮，那些具有發展和增長潛力的產業往往容易獲得信用的支持。同時，通過競爭機制，信用還會使資金從利潤率較低的部門向利潤率較高的部門轉移，在促使各部門實現利潤平均化的過程中，也提高了整個國民經濟的資金效率。

（三）節約流通費用

利用各種信用形式能節約大量的流通費用，增加生產資金投入。這是因為：第一，利用信用工具代替現金，節省了與現金流通有關的費用；第二，在發達的信用制度下，資金集中於銀行和其他金融機構，可以減少整個社會的現金保管、現金出納以及簿記登錄等流通費用；第三，信用能加速商品價值的實現，這有助於減少商品儲存和保管費用的支出。

此外，各種債權債務關係可以利用非現金結算方式來處理，不僅節約了流通費用，還可以縮短流通時間，增加資金在生產領域發揮作用的時間，有利於擴大生產和增加利潤。

（四）有利於資本集中

信用是資本集中的有力槓桿。借助於信用，可以不斷擴大資本積聚的規模。信用可以

使零星資本合併為一個規模龐大的資本，也可以使個別資本通過合併其他資本來增加資本規模。現代兼併收購活動很多都是利用信用方式來進行並完成資本集中的。資本集中與積聚有利於大工業的發展和生產社會化程度的提高，推動經濟增長。

（五）調節經濟結構

信用調節經濟的功能主要表現為國家利用貨幣和信用制度來制定各項金融政策與金融法規，利用各種信用槓桿來改變信用的規模及其運動趨勢。金融機構通過各種金融業務，有效地集中和輸出貨幣資金，形成了一個良性循環、不斷增加的過程，能夠為社會生產力的發展提供巨大的推動力。國家借助信用的調節功能既能抑制通貨膨脹，也能防止經濟衰退和通貨緊縮，刺激有效需求，促進資本市場平穩發展。國家利用信用槓桿還能引導資金的流向，通過資金流向的變化來實現經濟結構的調整，使國民經濟結構更合理，經濟發展更具持續性。

三、信用形式

信用活動是通過具體的信用形式表現出來的，隨著商品經濟的發展，信用形式也隨之多樣化，如商業信用、銀行信用、國家信用、消費信用、國際信用、民間信用等。按照現代社會信用運作的主體來劃分，一般可以把信用形式簡單分為個人信用、企業信用、政府信用三種形式。因為企業信用包含的內容比較複雜，所以又可以將企業信用分為商業信用和銀行信用。

（一）個人信用

個人信用是指個人通過信用方式，向銀行等金融機構獲得自己當前所不具備的預期資本或消費支付能力的經濟行為。個人信用使得個人不再是僅僅依靠個人資本累積才能進行生產投資或消費支出，而是可以通過信用方式向銀行等金融機構獲得預期資金或消費支付能力。消費信用主要有兩種類型：第一類是工商企業以賒銷商品（延期付款）、分期付款的方式向消費者提供的信用。第二類是銀行或其他金融機構以貨幣形式向消費者提供的消費信用，也就是消費貸款。消費貸款屬於長期消費信用，一般用於購買汽車或住房，時間可長達20~30年，或者採取抵押貸款方式，或者採取信用貸款方式。

個人信用的基本特徵是利率較高，風險較大。一般情況下，個人信用的活躍程度同一個國家、一個地區的金融服務發達狀況成正比。

（二）商業信用

商業信用是指工商企業之間在商品交易時，以契約（合同）作為預期的貨幣資金支付保證的經濟行為。商業信用的物質內容可以是商品的賒銷，而其核心卻是資本運作，是企業間的直接信用。商業信用在商品經濟中發揮著潤滑生產和流通的作用。商業信用的具體形式包括企業間的商品賒銷、分期付款、預付貨款、委託代銷等。

1. 商業信用的特點

（1）商業信用的主體是廠商。商業信用是廠商之間相互提供的信用，債權人和債務人都是廠商。

（2）商業信用的客體是商品資本。商業信用提供的不是暫時閒置的貨幣資本，而是處於再生產過程中的商品資本。

（3）商業信用與產業資本的動態一致。在繁榮階段，商業信用會隨著生產和流通的發展、產業資本的擴大而擴張；在衰退階段，商業信用又會隨著生產和流通的消減、產業資本的收縮而萎縮。

2. 商業信用的優點與局限性

由於商業信用具有以上特點，因此其優點在於方便和及時。商業信用的提供，既解決了資金融通的困難，也解決了商品買賣的矛盾，從而縮短了融資時間和交易時間。同時，商業信用是商品銷售的一個有力競爭手段。正因為如此，一般在商業信用能解決融資問題的情況下，購貨企業無需求助於銀行信用。商業信用是西方國家信用制度的基礎和基本形式之一。

商業信用雖有其優點，但由於其本身具有的特徵，又決定了其存在和發展具有局限性。

（1）規模和數量上的局限性。商業信用是企業間買賣商品時發生的信用，是以商品交易為基礎的。因此，信用的規模受商品交易量的限制，生產企業不可能超出自己擁有的商品量向對方提供商業信用。商業信用無法滿足由於經濟高速發展產生的巨額的資金需求。

（2）方向上的局限性。因為商業信用的需求者也就是商品的購買者，這就決定了企業只能同與自己的經濟業務有聯繫的企業發生信用關係，通常只能由賣方提供給買方，而且只能用於限定的商品交易。

（3）信用能力上的局限性。相互不甚瞭解信用能力的企業之間就不容易發生商業信用。

（4）信用期限的局限性。商業信用期限較短，受企業生產週轉時間的限制，商業信用只能解決短期資金融通的需要。

（三）銀行信用

銀行信用是以貨幣資本借貸為經營內容，以銀行及其他金融機構為行為主體的信用活動。銀行信用是在商業信用基礎上發展起來的一種間接信用。銀行信用與商業信用相比，具有以下差異：

第一，作為銀行信用載體的貨幣，在其來源和運用上沒有方向限制，既可以流入，也可以流出。

第二，由於金融交易的數量和規模一般都比較大，因此現代銀行信用較之商業信用發展更快。銀行信用產生以後，在規模、範圍、期限上都大大超過商業信用，成為現代市場

經濟中占主導地位的信用形式。銀行信用的主要形式是吸收存款和發放貸款。

與商業信用相比，銀行信用有其自身的特點和優點。

1. 銀行信用的特點

（1）銀行信用是間接融資信用。

（2）銀行信用是以貨幣形態提供的信用。

（3）銀行信用的主體包括銀行、其他金融機構、工商企業以及個人等，銀行在信用活動中交替地以債權人和債務人的身分出現。

（4）銀行信用與產業資本的動態不完全一致。例如，當經濟衰退時，會有大批產業資本不能用於生產而轉化為借貸資本，造成借貸資本過剩。

（5）在產業週期的各個階段，對銀行信用與商業信用的需求不同。在繁榮時期，對商業信用的需求增加，對銀行信用的需求也增加；而在危機時期，由於產品生產過剩，對商業信用的需求會減少，但對銀行信用的需求卻有可能增加，即此時企業為了支付債務，避免破產，有可能加大對銀行信用的需求。

2. 銀行信用的優點

由於銀行信用具有以上特點，因此其克服了商業信用的局限性，成為比較良好的信用形式。其優點如下：

（1）銀行信用的規模巨大。這就在規模和數量上克服了商業信用的局限性。

（2）銀行信用的投放方向不受限制。銀行信用以貨幣形態提供，貨幣具有一般的購買力，誰擁有它，誰就擁有選擇任何商品的權利。因此，任何部門、企業和個人暫時閒置的貨幣或資本都可以被各種信用機構動員起來，投向任何一個部門和企業，以滿足任何方面的需要，不受任何方向上的限制。

（3）銀行信用的期限長短均可。這就克服了商業信用在期限上的局限性。

（4）銀行信用的能力和作用範圍大大提高和擴大了。

需要指出的是，銀行信用和商業信用之間具有非常密切的聯繫，二者之間的關係可做如下理解：

第一，商業信用始終是一切信用制度的基礎。

第二，只有商業信用發展到一定階段後才出現了銀行信用。銀行信用正是在商業信用廣泛發展的基礎上產生與發展的。

第三，銀行信用的產生又反過來促使商業信用進一步發展與完善。

第四，商業信用與銀行信用各具特點，各有其獨特的作用，二者之間是相互促進的關係，並不存在相互替代的問題。

（四）政府信用

在信用經濟的鏈條中，政府信用是極其重要的一環。政府不僅運用信用手段籌集資金，為社會提供公共產品、服務和承擔風險較大的投資項目，而且政府信用創造的金融工

具為中央銀行調節貨幣供應量提供了操作基礎。政府信用最終要表現在兩方面：一方面是政府政策、條例不能隨意撤銷、變更和廢除；另一方面是如果迫不得已要撤銷、變更或廢除，也要賠償因此給老百姓造成的損失。政府信用基本形式有：一是由國家發行政府債券，包括國庫券和公債券。二是政府發行專項債券，即政府為某個項目或工程發行債券。三是銀行透支或借款。其中，最主要的形式是國家發行國庫券和公債券。

政府信用在經濟生活中起著積極的作用。第一，政府信用是解決財政困難的較好途徑。解決財政赤字的途徑有三種：增稅、從銀行透支和舉債。增稅不僅立法程序繁雜，而且容易引起公眾不滿、抑制投資和消費；從銀行透支容易導致通貨膨脹，而且按照國家法律的規定，也禁止財政從銀行透支；舉債是一種信用行為，有借有還，有經濟補償，相對來說問題少一些。第二，政府信用可以籌集大量資金，改善投資環境、創造投資機會。

四、信用工具

信用工具又稱金融工具，是以書面形式發行和流通，借以保證債務人義務和債權人權利的書面憑證。在早期的信用活動中，借貸雙方僅憑口頭協議或記帳而發生信用關係，因無法律上的保障，極易引起糾紛，並且不易將債權和債務轉讓。信用工具的產生和發展克服了口頭信用和記帳的缺點，使信用活動更加順暢，更加規範化，而且通過信用工具的流通轉讓形成了金融市場。在現代經濟中，人們融通資金往往要借助於信用工具，因此信用工具又被稱為金融工具。金融工具對其買進者或持有者來說就是金融資產。

一般來說，信用工具由以下五大要素構成：

第一，面值，即憑證的票面價格，包括面值幣種和金額。

第二，到期日，即債務人必須向債權人償還本金的最後日期。

第三，期限，即債權債務關係持續的時間。

第四，利率，即債權人獲得的收益水準。

第五，利息的支付方式。

信用工具的種類繁多，按照不同的標準有不同的分類，一般採取兩種分類方法：第一，按照融資方式不同，信用工具可以分為直接信用工具和間接信用工具。直接信用工具是指非金融機構為籌集資金直接在市場上發行或簽署的各種信用憑證，如商業票據、股票、公司債券、公債、國庫券、抵押契約、借款合同等。這些信用工具是用來在金融市場上直接進行借貸或交易的。間接信用工具是指銀行和其他金融機構發行或簽署的各種信用憑證，如鈔票、存款單、銀行票據、銀行發出的大額可轉讓存單、保險公司發出的保險單、通過信託投資公司發出的各種基金等。這些信用工具是由融資單位通過銀行和其他金融機構融資而產生的。第二，按照融資時間不同，信用工具可以分為短期信用工具和長期信用工具。

(一) 短期信用工具

短期信用工具是指期限在一年以下的信用工具，主要包括國庫券、各種商業票據，如匯票、本票、支票等。

票據是具有一定格式，載明金額和日期，到期由付款人對持票人或指定人無條件支付一定款項的信用憑證。

票據的一般行為有出票、背書、承兌、保證、貼現等。

出票，即簽發票據，是創造票據的行為。簽發票據形成債權與債務關係。

背書是轉讓人為了將未到期的票據轉讓給別人而在票據的背面進行轉讓簽名、蓋章表示負責的行為。背書人一經背書即為票據的債務人，背書人與出票人同樣具有對票據的支付責任。若票據的出票人或承兌人不能按期支付款項，票據持有人有權向背書人要求付款。

承兌是票據的付款人在票據上以文字表示「承認兌付」，承諾票據到期付款的行為。

貼現是持票人以未到期的票據向銀行兌取現款，銀行扣除自貼現日至到期日的利息買進該票據的行為。貼現在形式上是票據買賣，但實際上是一種信用活動。

票據一般分為匯票、本票、支票。

匯票是由出票人簽發，付款人見票後或到期時，對收款人無條件支付款項的信用憑證。匯票按出票人不同，可以分為銀行匯票和商業匯票。

銀行匯票是指匯款人將款項交給當地銀行，由銀行簽發給匯款人持往異地指定銀行辦理轉帳結算或向銀行兌取現款的票據。

商業匯票是由債權人發給債務人，命令其在一定時期內向指定的收款人或持票人支付一定款項的支付命令書。商業匯票一般有三個當事人：一是出票人（債權人），二是受票人或付款人（債務人），三是收款人或持票人（債權人的債權人）。由於商業匯票是由債權人發出的，因此必須經過票據的承兌手續才具有法律效力。在信用買賣中，由債務人承兌的匯票稱為商業承兌匯票；由銀行受債務人委託承兌的匯票稱為銀行承兌匯票。

本票是債務人對債權人簽發的在一定時期內承諾付款的信用憑證。本票又分為銀行本票和商業本票。在中國現行的票據制度中只規定有銀行本票。

銀行本票是申請人將款項交存銀行，由銀行簽發給申請人憑以在同城範圍內辦理轉帳結算或支取現金的票據。

商業本票又叫商業期票，和商業匯票同是商業信用的信用工具，統稱為商業票據。因為商業本票是債務人對債權人簽發的，所以無須承兌。商業本票也可以經背書後轉讓或向銀行貼現。

支票是銀行活期存款人通知銀行從其帳戶上無條件支付一定金額給票面指定人或持票人的信用憑證。

支票按支付方式不同可分為現金支票和轉帳支票。現金支票可以用來支取現金，也可

以辦理轉帳結算。轉帳支票只能用於轉帳，不能提取現金，因常常在票面上用兩條平行線來表示，又稱為劃線支票。

當存款人簽發的支票的票面金額超過其銀行存款帳戶餘額的時候，這種支票稱為空頭支票，而空頭支票是不能兌付的。中國對簽發空頭支票者要給予結算制裁，通常是按支票面額的一定比例處以罰款。

此外，還有一種特殊的支票——旅行支票。旅行支票是由銀行或旅行社簽發，由旅行者購買，以供其在外地使用的定額支票。

（二）長期信用工具

長期信用工具通常是指期限在一年以上的信用工具。長期信用工具主要有債券和股票等有價證券。

1. 股票

股票是股份公司簽發的，證明股東按其所持股份享有權利和承擔義務的所有權憑證。

2. 債券

債券是債務人向債權人承諾在一定時期內還本付息的債務憑證。債券一般分為政府債券、公司債券和金融債券。

政府債券是政府為籌集資金而發行的債務憑證。政府債券是一種國家信用工具，一般包括公債券、國庫券和地方政府債券。

公司債券（企業債券）是公司或企業向社會發行的承諾在一定時期內還本付息的債務憑證。

金融債券是銀行或其他金融機構作為債務人發行的債務憑證。金融債券是金融機構一種較為理想的籌集長期資金的信用工具。中國金融債券的期限一般為 1～5 年不等，利率略高於同等期限的定期存款。

[案例 2-3] 貸款廣告訴求

某民間貸款公司的廣告上寫著：借 1 萬元的 1 天的利息等於喝一杯咖啡的錢。一杯咖啡以 10 元計算，實際利率是多少呢？

若一年內僅付息，一年後還本，則有 $(10,000+10/10,000)^{365}-1=44\%$，利率高達 44%。因此，不要被 1 天的利息等於喝一杯咖啡的錢所迷惑。

第二節　利息與利率

一、利息的本質和利率

（一）利息和利率

利息是債權人因貸出貨幣資金而從債務人處獲得的報酬，或者說是債務人為取得貨幣資金的使用權而付出的代價。利息可以看成使用資金的價值。

利率（Interest Rates），就其表現形式來說，是指一定時期內利息額同借貸資本總額的比率。利率是單位貨幣在單位時間內的利息水準，表明利息的多少。利率是一種重要的經濟槓桿，對宏觀經濟運行和微觀經濟運行都有極其重要的調節作用。一般來說，一個經濟體系中市場越發達，金融資產越豐富，微觀經濟主體的獨立權益越受保護，利率發揮作用的餘地就越大。因此，利率政策往往成為貨幣當局重要的調控手段之一。

（二）利息的本質

關於利率本質的論述，西方經濟學家有各種觀點。17世紀英國古典政治經濟學創始人威廉·配第認為利息是因暫時放棄貨幣的使用權而獲得的報酬。亞當·斯密認為借款人借錢以後，可用作資本投入生產，也可用於消費。利息的來源有兩個方面：一是當借款用於資本時，利息源於利潤；二是當借款用於消費時，利息來源於別的收入，如地租等。著名經濟學家凱恩斯認為利率是在一定時期內放棄資金週轉靈活性的報酬。當然還有其他許多關於利息本質的論述。總體來看，西方經濟學對利息本質的看法基本圍繞著這樣一個思路，即把利息看成在一段時期內放棄貨幣流動性的報酬或放棄投資的機會成本。馬克思對利息的本質做了最為透澈的論述。馬克思認為利息是借貸資本家（貸款人）憑藉自己的資本所有權向職能資本家（借款人）索取的報酬。利息來源於借貸資金投入生產或流通過程而創造的剩餘價值。剩餘價值必須一分為二，一部分作為企業主收入自留，一部分作為利息準備還給貸款人。因此，利息是勞動者創造的，是剩餘價值的特殊轉化形式。

（三）利率的種類

1. 年利率、月利率和日利率。

這是根據計算利息的時間單位劃分的。年利率是以年為時間單位計息，俗稱「分」；月利率是以月為時間單位計息，俗稱「厘」；日利率以日為時間單位計息，俗稱「毫」。

2. 長期利率和短期利率

這是以信用行為期限長短為標準劃分的。長期利率指借貸時間在一年以上的利率，短期利率指借貸時間在一年以內的利率。由於借貸期限越長，不確定因素越多，風險越大，因此利率越高；反之期限越短，利率越低。

3. 固定利率和浮動利率

這是根據在借貸期內利率是否調整為標準劃分的。固定利率是指在整個借貸期限內，利率不隨借貸資金的供求狀況而變動的利率。固定利率儘管計算資金成本比較方便，但在有嚴重通貨膨脹時，會給債權人帶來很大的損失。浮動利率是指在借貸期限內隨市場利率的變化而定期調整的利率。借貸雙方可以在簽訂借款協議時就規定利率可以隨物價或其他市場利率等因素進行調整。浮動利率可以避免固定利率的某些弊端，但計算依據多樣，手續繁雜。

4. 市場利率與官定利率

這是以利率是否按市場規律自由變動為標準劃分的。市場利率是指由借貸資金的供求關係決定的利率。當資金供大於求時，市場利率下跌；當資金供小於求時，市場利率上升。資金的供求均衡點決定了市場利率。官方利率是指由政府金融管理部門或中央銀行確定的利率。官方利率是根據宏觀經濟運行狀況而定的，是國家調節經濟的重要槓桿。中國的利率基本上是官定利率，比如中國人民銀行制定的基準利率就是中國的官方利率。中國人民銀行制定的基準利率是中國人民銀行公布的商業銀行存款、貸款、貼現等業務的指導性利率，中國銀行存款利率暫時不能上下浮動，貸款利率可以在基準利率基礎上下浮10%至上浮70%。

5. 實際利率和名義利率

實際利率是指在物價不變，貨幣購買力不變條件下的利率，在通貨膨脹情況下就是剔除通貨膨脹因素後的利率。名義利率則是沒有剔除通貨膨脹因素的利率（借貸契約和有價值證券上載明的利率）。在出現通貨膨脹時，名義利率提高了，但從實際購買力考察，利率實際上並沒有增加或沒有名義上增加的那麼多。因此要得知實際利率提高與否，必須先剔除通貨膨脹的影響。在沒有發生通貨膨脹或在金屬貨幣流通條件下，沒有實際利率與名義利率之分。一般來說，實際利率的計算公式如下：

$r = i + p$

其中，r 為名義利率，i 為實際利率，p 為通貨膨脹率。

例如，某銀行發放的一年期貸款利率為10%，該國當年的通貨膨脹率為4%，則該貸款的實際利率為6%。

6. 存款利率和貸款利率

這是按利率依附的經濟關係劃分的。存款利率是銀行吸收存款支付利息採用的利率；貸款利率是銀行發放貸款向借款人收取利息採用的利率。

7. 銀行利率、非銀行金融機構利率、債券利率和市場利率

這是按借貸主體劃分的利率。銀行利率是銀行存取款採用的利率，主要包括中央銀行利率和商業銀行利率。中央銀行利率主要有再貼現、再貸款利率等，商業銀行利率包括存款利率、貸款利率、貼現率等。非銀行金融機構利率是非銀行金融機構投資和融資採用的

利率。債券利率是發行債券主體發行債券時用於結算利息採用的利率。市場利率是指由借貸資金的供求關係決定的利率。

二、決定和影響利率變化的因素

利率是經濟學中一個重要的金融變量，幾乎所有的金融現象、金融資產均與利率有著或多或少的聯繫。利率的高低決定著一定數量的借貸資本在一定時期內獲得利息的多少。合理的利率對發揮社會信用和利率的經濟槓桿作用有著重要的意義。影響利息率的因素主要有資本的邊際生產力或資本的供求關係，此外還有承諾交付貨幣的時間長度以及所承擔風險的程度。利率政策是西方宏觀貨幣政策的主要措施，政府為了干預經濟，可以通過變動利息率的辦法來間接調節通貨。在蕭條時期，降低利息率，擴大貨幣供應，刺激經濟發展；在膨脹時期，提高利息率，減少貨幣供應，抑制經濟的惡性發展。中國利率水準影響因素主要如下：

（一）利潤率的平均水準

社會主義市場經濟中，利息仍作為平均利潤的一部分，因而利息率也是由平均利潤率決定的。根據中國經濟發展現狀與改革實踐，這種制約作用可以概括為利率的總水準要適應大多數企業的負擔能力。也就是說，利率總水準不能太高，太高了大多數企業承受不了；相反，利率總水準也不能太低，太低了不能發揮利率的槓桿作用。

（二）資金的供求狀況

在平均利潤率既定時，利息率的變動則取決於平均利潤分割為利息與企業利潤的比例。而這個比例是由借貸資本的供求雙方通過競爭確定的。一般地，當借貸資本供不應求時，借貸雙方的競爭結果將促進利率上升；相反，當借貸資本供過於求時，競爭的結果必然導致利率下降。在中國市場經濟條件下，由於作為金融市場上的商品的「價格」——利率，與其他商品的價格一樣受供求規律的制約，因此資金的供求狀況對利率水準的高低仍然有決定性作用。

（三）物價變動的幅度

由於價格具有剛性，變動的趨勢一般是上漲，因此怎樣使自己持有的貨幣不貶值或遭受貶值後如何取得補償，是人們普遍關心的問題。這種關心使得從事經營貨幣資金的銀行必須使吸收存款的名義利率適應物價上漲的幅度，否則難以吸收存款；同時也必須使貸款的名義利率適應物價上漲的幅度，否則難以獲得投資收益。因此，名義利率水準與物價水準具有同步發展的趨勢，物價變動的幅度制約著名義利率水準的高低。

（四）國際經濟的環境

改革開放以後，中國與其他國家的經濟聯繫日益密切。在這種情況下，利率也不可避免地受國際經濟因素的影響。其表現在以下幾個方面：第一，國際間資金的流動，通過改變中國的資金供給量影響中國的利率水準；第二，中國的利率水準要受國際間商品競爭的

影響；第三，中國的利率水準要受國家的外匯儲備量的多少和利用外資政策的影響。

[案例 2-4] 購物分期付款劃算嗎？

看到自己想要買的東西，而手頭又很緊的話，假如買的是家電等耐用消費品，其使用效用可延長至好幾年，可以將其視為與借錢置產同樣的道理，以分期付款的方式來享用耐用消費品的效用，但分期付款的年限不要超過耐用消費品的使用年限。分期付款時應比較現金一次付清與分期付款期限以及每期付款額，來換算所支付的利率。例如，現金支付需要 10,000 元的商品，分 12 個月支付，每月支付 1,000 元，$r(12, -1,000, 10,000, 0) = 2.92\%$，月利率 2.92% 相當於年利率 35%，不是很劃算，還不如用較低利率先借錢買下來。若是零利率的分期付款，即使手頭上現金足夠，也可以選擇分期付款來善用貨幣的時間價值。高價商品一開始就標榜分期付款支付方式的時候，通常若一次支付可以享受總價的折扣。例如，定價 10,000 元的商品 10 個月分期付款每月 1,000 元，看起來是免息的，但若現金付清可以有 5% 的折扣，分期付款利率 = $r(10, -1,000, 9,500, 0) = 0.94\%$，換算年利率為 11.3%，也不算低，把存款解約來一次付清是比較劃算的。

第三節　貨幣時間價值

一、貨幣時間價值的概述

(一) 概念

貨幣時間價值是指貨幣在無風險的條件下，經歷一定時間的投資而發生的增值，或者是貨幣在使用過程中由於時間因素而形成的增值，也被稱為資金時間價值。投資者都知道這樣一個道理，今天手中擁有的 1 元錢與未來獲得的 1 元錢的價值是不一樣的。同等數量的貨幣或現金流在不同時點是不同的，貨幣時間價值就是兩個時點之間的價值差異。例如，在年初存入 10,000 元，當存款利率為 3.5% 的情況下，到年終其價值變為 10,350 元，其中 350 元即是貨幣時間價值。而貨幣之所以具有時間價值，主要是因為以下三點：

第一，現在持有的貨幣可以用作投資，從而獲得投資回報。
第二，貨幣的購買力會受到通貨膨脹的影響而降低。
第三，未來的投資收入預期具有不確定性。

(二) 貨幣時間價值的影響因素

1. 時間

時間的長短是影響貨幣時間價值的首要因素，時間越長，貨幣時間價值越明顯。例如，以年均 5% 的通貨膨脹率計算，2000 年的 100 元錢的購買力（即其時間價值）相當於 2010 年的 163 元，相當於 2020 年的 265 元。

2. 收益率或通貨膨脹率

收益率是決定貨幣在未來增值程度的關鍵因素，而通貨膨脹率則是使貨幣購買力縮水的反向因素。

3. 利息計算方法：單利或複利

單利始終以最初的本金為基數計算收益，而複利則以本金加利息計算收益，從而產生利上加利、息上添息的收益倍增效應。

例如，王先生將 20 萬元人民幣存入銀行，若按年均 3% 的單利來計算，10 年後資金變為 26 萬元，即每年固定增加 20×3%＝0.6 萬元。若按年均 3% 的複利來計算，10 年後資金變為 200,000×(1+3%)^{10}＝268,783 元，這比單利多 8,783 元。

二、單利與複利

貨幣時間價值的計算有單利和複利兩種方法，計算內容涉及利息、現值、終值和年金等。

（一）單利法

單利法是指在規定的期限內獲得的利息均不計算利息，只就本金計算利息的一種方法。

單利利息的計算公式為：

$I = P \times i \times n$

單利終值是指按單利計算的利息與本金之和。單利終值的計算公式為：

$F = P + P \times i \times n$

例 2-1：你今天存到銀行 1,000 元，10 年後能得到多少本息呢？假定年存款利率是 3%，則 10 年後的本息和為 1,000×(1+3%×10)＝1,300 元。

單利現值是指依據未來的終值，按單利計算的現在價值。單利現值的計算公式為：

$P = F - I = F - P \times i \times n = F / (1 + i \times n)$

例 2-2：小陳希望在 5 年後取得 10,000 元，用來支付他出國留學的費用，年利率是 5%，若以單利計算，小陳現在應該存入銀行的資金是多少呢？

$P = 10,000 / (1+5×5\%) = 8,000$（元）

（二）複利法

複利法是指將每一期利息分別滾入下期連同本金一起計算利息的方法，俗稱利滾利。複利終值就是一定數量的本金在一定的利率下按照複利的方法計算出若干時期以後的本金和利息。

例 2-3：劉江今年年初存了 1,000 元，年利率為 10%，在未來 4 年內，該筆存款每年年底的金額為多少？

該筆存款每年年底的金額分別如下（如圖2-1所示）：

第一年年末的金額 = 1,000×(1+10%) = 1,100（元）

第二年年末的金額 = 1,100×(1+10%) = 1,210（元）

第三年年末的金額 = 1,210×(1+10%) = 1,331（元）

第四年年末的金額 = 1,331×(1+10%) = 1,464（元）

```
0          1          2          3          4        利率10%
1,000    1 100    1 210    1 331    1 464
     ×1.1     ×1.1     ×1.1     ×1.1

現值1,000          ×(1.1)⁴          未來值1 464
```

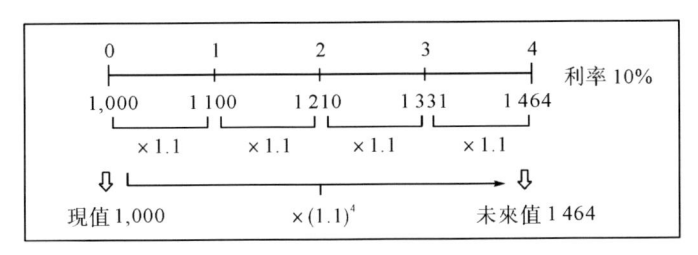

圖2-1　複利計算

複利終值的計算公式為：

$$F = P \times (1+i)^n$$

公式中的 $(1+i)^n$ 通常被稱為複利終值系數，用符號 $(F/P, I, n)$ 表示1元本金 n 期末的複利終值。

例如，$(F/P, 5\%, 2)$ 表示利率為5%的2期末現在1元錢的複利終值。為了便於計算，有「複利終值系數表」可供查詢。

例2-4：你存入銀行1,000元，假定年存款利率是3%，若按照複利方法計算，10年後的本息和是多少呢？

按照公式，本息和 $F = P(1+i)^n = 1,000(1+3\%)^{10} = 1,343.9$（元）

複利現值是複利終值的逆運算，指未來一定時間的資金按複利計算的現在價值，或者說是為取得將來一定本利和現在所需要的本金。

例2-5：劉江預計3年後要存夠10,000元，年利率為10%，在3年內，該筆存款每年年初的金額為多少？

答：該筆存款每年年初的金額分別如下：

第三年年初的金額 = 10,000/(1+10%) = 9,090（元）

第二年年初的金額 = 9,090/(1+10%) = 8,260（元）

第一年年初的金額 = 8,260/(1+10%) = 7,510（元）

複利現值的計算公式為：

$$P = F \times (1+i)^{-n}$$

公式中的 $(1+i)^{-n}$ 通常被稱為複利現值系數，用符號 $(P/F, I, n)$ 表示1元本金 n 期

末的複利終值。

例如，$(P/F, 5\%, 10)$ 表示利率為 5% 時 10 期末 1 元錢的複利現值。為了便於計算，有「複利現值系數表」可供查詢。

例 2-6：小陳希望在 3 年後取得 10,000 元，用來支付他出國留學的費用，年利率是 5%，若以複利計算，小陳現在應該存入銀行的資金是多少呢？

$P = 10,000/(1+5\%)^3 = 10,000 \times (P/F, 5\%, 3) = 10,000 \times 0.863, 8 = 8,638$（元）

三、年金（Annuity）

年金是指等額、定期的系列收付款項。在實際工作中，分期收付款、分期償還貸款、發放養老金、分期支付工程款等，就屬於年金收付形式。按照收付的次數和支付的時間劃分，年金主要有普通年金、預付年金和永續年金。

（一）普通年金

普通年金是指一定時間內每期期末等額收付的系列款項，又稱後付年金。其收付形式如圖 2-2 所示，PMT 表示每期金額，PVA 和 FVA 分別表示年金的現值和終值。

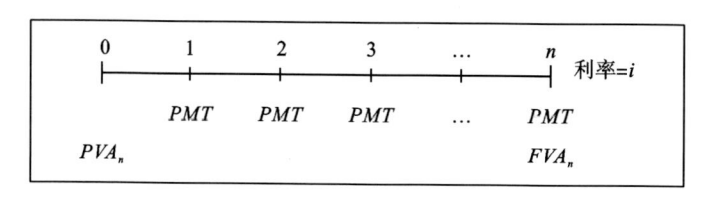

圖 2-2 普通年金

1. 普通年金終值的計算

普通年金終值是指最後一次支付的本利和，它是每次支付的複利終值之和。

例 2-7：每年年末存款 100 元，年利率 10%，經過 5 年，年金終值的計算如圖 2-3 所示。

計算過程如下：

第一年年末存入 100 元 4 年後的終值 = $100(1+10\%)^4 = 146.41$（元）

第二年年末存入 100 元 3 年後的終值 = $100(1+10\%)^3 = 133.1$（元）

第三年年末存入 100 元 2 年後的終值 = $100(1+10\%)^2 = 121$（元）

第四年年末存入 100 元 1 年後的終值 = $100(1+10\%)^1 = 110$（元）

第五年年末存入 100 元 0 年後的終值 = $100(1+10\%)^0 = 100$（元）

100 元年金 5 年後的終值為 610.51 元。

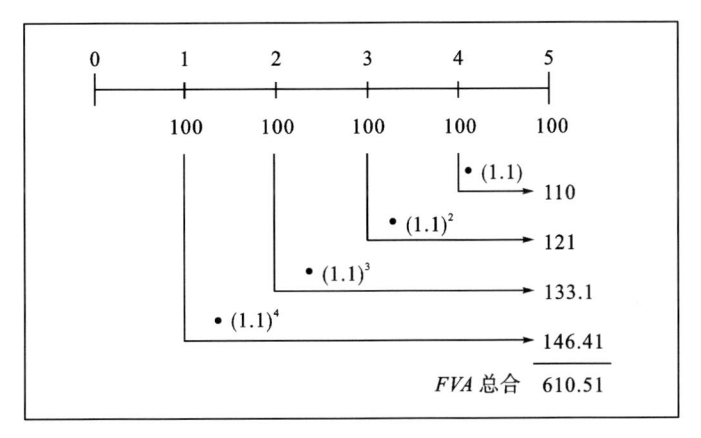

```
   0     1     2     3     4     5
   |─────|─────|─────|─────|─────|
         100   100   100   100   100
                           • (1.1)
                                   ──→ 110
                     • (1.1)²
                                   ──→ 121
               • (1.1)³
                                   ──→ 133.1
         • (1.1)⁴
                                   ──→ 146.41
                             FVA 总合   610.51
```

圖 2-3　普通年金終值的計算

計算普通年金終值的一般公式為：

$$FVA_n = PMT \times [1+(1+i)+(1+i)^2+\cdots+(1+i)^{n-1}] = PMT \times \frac{(1+i)^n-1}{i} = PMT \times FVIFA_{i,n}$$

該式中 $FVIFA_{i,n}$ 是普通年金 1 元、利率為 i，經過 n 期的年金終值，記作 $(F/A,i,n)$，有「普通年金終值系數表」可供查詢。

2. 普通年金現值的計算

年金現值是指一定時期內每期期末收付款項的複利現值之和。

例 2-8：每年年末存款 100 元，年利率 10%，經過 5 年，年金現值的計算如圖 2-4 所示。

計算過程如下：

第一年年末存入 100 元 1 年前的現值 = 100（1+10%）⁻¹ = 90.91（元）

第二年年末存入 100 元 2 年前的現值 = 100（1+10%）⁻² = 82.64（元）

第三年年末存入 100 元 3 年前的現值 = 100（1+10%）⁻³ = 75.13（元）

第四年年末存入 100 元 4 年前的現值 = 100（1+10%）⁻⁴ = 68.30（元）

第五年年末存入 100 元 5 年前的現值 = 100（1+10%）⁻⁵ = 62.09（元）

100 元年金 5 年的現值為 379.07 元。

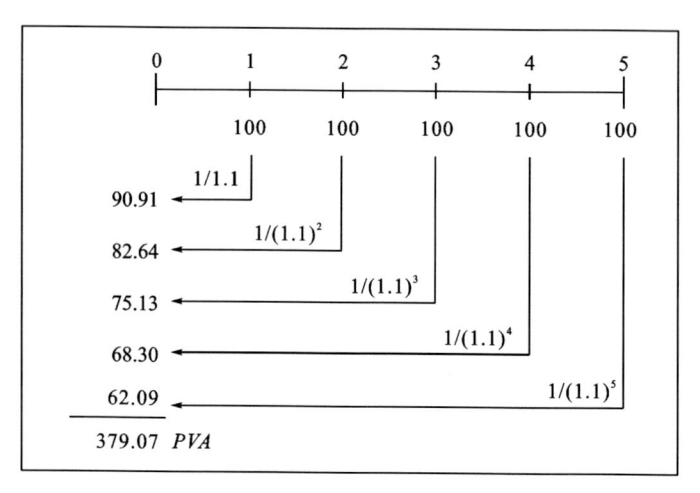

圖 2-4　普通年金現值的計算

計算普通年金現值的一般公式為：

$$PVA_n = PMT \times [(1+i)^{-1} + (1+i)^{-2} + \cdots + (1+i)^{-n}] = PMT \times \frac{1-(1+i)^{-n}}{i} = PMT \times PVIFA_{i,n}$$

該式中 $PVIFA_{i,n}$ 是普通年金 1 元、利率為 i，經過 n 期的年金現值，記作（$P/A, i, n$），有「普通年金現值系數表」可供查詢。

（二）預付年金

預付年金是指在每期期初支付的年金，又稱即付年金或先付年金。預付年金比普通年金早了一期，預付年金的形式如圖 2-5 所示。

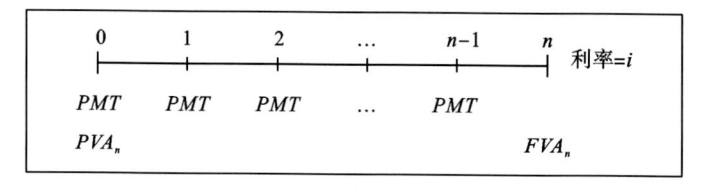

圖 2-5　預付年金

1. 預付年金的終值的計算

預付年金終值的計算公式如下：

$$FVA_n = PMT \times [(1+i) + (1+i)^2 + \cdots + (1+i)^n] = PMT \times \frac{(1+i)^n - 1}{i} \times (1+i)$$

$$= PMT \times FVIFA_{i,n} \times (1+i)$$

我們可以利用「普通年金終值系數表」查得 n 期的系數值，然後乘以（$1+i$）後得到

1元預付年金終值。

例2-9：黃先生為長期投資者，5年來黃先生每年年初買入1,000股某公司股票，其間一直持有不賣出，如果該公司每年發放股票股利為每股0.2股，到了第5年年底時，黃先生擁有該公司多少股的股票？

$FVA = 1,000 \times FVIFA_{20\%,5} \times 1.2 = 1,000 \times 7.441,6 \times 1.2 = 8,930$（股）

2. 預付年金的現值的計算

預付年金的現值計算公式如下：

$$PVA_n = PMT \times [(1+i)^{-1} + (1+i)^{-2} + \cdots + (1+i)^{-n}] = PMT \times \frac{1-(1+i)^{-n}}{i} \times (1+i)$$

$$= PMT \times PVIFA_{i,n} \times (1+i)$$

我們可以利用「普通年金現值係數表」查得n期的係數值，然後乘以（$1+i$）後得到1元預付年金現值。

例2-10：張某分期付款購買小汽車，約定每年年初付30,000元，要付5年。假設銀行年利率為8%，則這輛車現在的價格是多少元？

答：$PVA = 30,000 \times PVIFA_{8\%,5} \times 1.08 = 30,000 \times 3.993 \times 1.08 = 129,363$（元）

（三）永續年金

永續年金是指無限期等額收付的特種年金，可視為普通年金的特殊形式，即期限趨於無窮的普通年金。例如，諾貝爾存入了一筆基金作為科學獎每年發放一次，就是永續年金。由於永續年金沒有終止時間，終值也就無限大，因此一般不計算其終值，只計算其現值。

永續年金現值的計算公式如下：

$$PVA = PMT \times [(1+i)^{-1} + (1+i)^{-2} + \cdots] = PMT/i$$

例2-11：A市政府自明年年初起，每年將有5億元的社會福利支出，如果年利率固定為5%，A市政府希望今年年初存入一筆錢之後，可以應付每年的社會福利支出，不會中斷且不必再籌款，則今年應存款多少？

答：$PVA = PMT/i = 5/5\% = 100$（億元）

例2-12：劉先生近日購買A股票，每股股票每年年末支付股利1元，如果年利率固定為5%，那麼A股票的價格是多少？

答：$PVA = PMT/i = 1/5\% = 20$（元）

四、複利頻率

複利頻率，即複利的時間間隔。複利頻率決定了一年內的複利次數。如果一年內以利率i對一筆資金計m次複利，則n年後，該筆資金得到的價值為：

$$FV = PV \times (1 + \frac{i}{m})^{m \times n}$$

例 2-13：將 10,000 元按年利率 12% 投資 2 年，當計息期為年、季度、月時，分別計算該筆投資的終值。

計息期按年計算該筆投資的終值：

$$FV_1 = 10,000 \times (1 + \frac{12\%}{1})^{1 \times 2} = 12,544 \text{（元）}$$

計息期按季度計算該筆投資的終值：

$$FV_2 = 10,000 \times (1 + \frac{12\%}{4})^{4 \times 2} = 12,667.7 \text{（元）}$$

計息期按月計算該筆投資的終值：

$$FV_3 = 10,000 \times (1 + \frac{12\%}{12})^{12 \times 2} = 12,697.3 \text{（元）}$$

五、貨幣時間價值的應用

對於一項投資而言，每期的現金流出和流入都可能不一樣，評價該項投資的好壞主要通過比較其淨現金流的大小。由於貨幣具有時間價值，需要計算每期淨現金流的現值之和，即淨現值（NPV），才能加以比較。如果 NPV 大於零，表明該項目有利可圖；相反，如果 NPV 小於零，表明該項目無利可圖。

例 2-14：初始投資 10,000 元，共投資 4 年，各年的現金流量如表 2-1 所示。

表 2-1　　　　　　　　各年現金流量表　　　　　　　　單位：元

年份(年)	0	1	2	3	4
投資額	-10,000	2,000	3,000	4,000	5,000

該項目預計投資回報率為 5%，則該項目的淨現值為：

$$NPV = \sum_{t=0}^{T} \frac{C_t}{(1+i)^t} = -10,000 + \frac{2,000}{1.05} + \frac{3,000}{1.05^2} + \frac{4,000}{1.05^3} + \frac{5,000}{1.05^4} = 2,194.71 \text{（元）}$$

結果顯示 NPV 大於 0，說明該項目有利可圖。

本章小結

1. 經濟學中的信用是指商品和貨幣的所有者（即貸出者）把商品或貨幣的使用權暫時讓渡給商品或貨幣的使用者（即借入者），後者到期償還並支付一定利息的價值運動形式。

2. 信用行為發生過程一般需要有五個要素：信用主體、信用客體、信用內容、信用工具、時間間隔。

3. 信用的經濟功能主要體現在：維護市場關係的基本準則、促進資金再分配、節約流通費用、有利於資本集中、有利於調節經濟結構。

4. 信用的主要形式有個人信用、商業信用、銀行信用、政府信用。

5. 利率的主要分類包括日利率、月利率和年利率等。

6. 決定和影響利率的主要因素社會平均利潤率、資金供求關係、物價變動幅度和國際經濟環境等。

7. 利息的計算方法有單利法和複利法。

8. 貨幣時間價值有現值和終值，重點在複利法下單期和年金的現值、終值的計算。

關鍵概念

1. 信用　2. 利率　3. 單利　4. 複利　5. 年金

思考題

1. 你很想買一臺電腦，但現在沒有能力支付。銷售人員注意到了你看那臺標價為7,790元的電腦時的表情，因此他為你提供了一個分期付款的購買建議。方案一：你首付380元，以後每月支付380元，總共需支付24期，這樣你可以把電腦搬回家。方案二：你利用銀行貸款，月利率為1%，每月月末還款，共還款兩年，這樣也可以把電腦抱回家。請問：你應該選擇銀行貸款還是分期付款呢？

2. 某企業擬建立一項基金，每年年初投入100,000元，若利率為10%，5年後該項資本本利和將為多少元？

3. 當銀行利率為10%時，一項6年後付款800元的購貨，若按單利計息，相當於第一年年初一次現金支付的購價為多少元？

4. 假定A公司貸款1,000萬元，必須在未來3年每年年底償還相等的金額，而銀行按貸款餘額的6%收取利息。請你編製還本付息表（保留小數點後2位）。

5. 某人以10%的利率借得50,000元，投資於壽命期為5年的項目，為使該投資項目成為有利的項目，每年至少應收回的現金數額為多少元？

6. 某人6年後準備一次性付款180萬元購買一套住房，他現在已經累積了70萬元，若折現率為10%，為了順利實現購房計劃，他每年年末還應累積多少錢？

練習題

一、單項選擇題

1. 債券是債務人發給（　　）的書面信用憑證。
   A. 商業企業　　　B. 債權人　　　C. 工業企業　　　D. 行政機關
2. （　　）是股份公司發給投資者的股份資本所有權的書面證明。
   A. 商業票據　　　B. 銀行匯票　　　C. 股票　　　D. 銀行本票
3. 商業信用與銀行信用的最大區別是（　　）。
   A. 信用工具不同　　　　　　　　B. 提供信用的形式不同
   C. 債權人不同　　　　　　　　　D. 債務人不同
4. 商業匯票與商業本票的區別在於（　　）。
   A. 出票人不同　　B. 付款人不同　　C. 債權人不同　　D. 付款時間不同
5. 優先股相對於普通股來說，在以下方面優先（　　）。
   A. 股東有優先認購新股權
   B. 可參與公司管理和制定重大決策
   C. 代表的資本及股利與公司經營狀況聯繫密切
   D. 分配股利優先於普通股
6. 不屬於股票特點是（　　）。
   A. 不返還性　　B. 風險性　　C. 流通性　　D. 期限性
7. 債權人和債務人都是企業的信用形式是（　　）。
   A. 商業信用　　B. 銀行信用　　C. 國家信用　　D. 消費信用
8. 下列屬於所有權憑證的金融工具是（　　）。
   A. 債券　　B. 股票　　C. 商業票據　　D. 銀行票據
9. 由銀行簽發的，承諾自己在見票時或一定日期後無條件支付確定的金額給收款人（或持票人）的票據稱為（　　）。
   A. 銀行匯票　　B. 銀行本票　　C. 商業匯票　　D. 定額支票
10. 現代經濟中最基本的、占主導地位的信用形式是（　　）。
    A. 國家信用　　B. 商業信用　　C. 銀行信用　　D. 國際信用
11. 國家信用的主要形式是（　　）。
    A. 發行政府債券　　B. 短期借款　　C. 長期借款　　D. 自願捐助

12. 利息率的高低與（　　）成反比。
    A. 平均利潤率　　　　　　　　B. 資金供求狀況
    C. 通貨膨脹　　　　　　　　　D. 國際利率水準
13. 必須經過承兌才具法律效力的信用工具是指（　　）。
    A. 銀行本票　　B. 銀行匯票　　C. 商業本票　　D. 商業匯票
14. 信用的基本特徵為（　　）。
    A. 支付利息　　B. 還本付息　　C. 無償性　　　D. 安全性
15. 不具有償還性的信用工具是（　　）。
    A. 債券　　　　　　　　　　　B. 股票
    C. 回購協議　　　　　　　　　D. 大面額可轉讓存單
16. 回購協議實質上是一種以（　　）為抵押的短期貸款。
    A. 票據　　　　B. 存款　　　　C. 貸款　　　　D. 證券
17. 中央銀行可以在公開市場上買賣（　　）進行公開市場操作，以實現其貨幣政策目標。
    A. 國庫券　　　B. 股票　　　　C. 期貨　　　　D. 利率指數
18. 同時具有直接信用和間接信用特點的信用形式是（　　）。
    A. 銀行信用　　B. 商業信用　　C. 國家信用　　D. 消費信用
19. 整個信用形式的基礎是（　　）。
    A. 銀行信用　　B. 消費信用　　C. 國家信用　　D. 商業信用
20. 在整個貸款期間利率不固定，而是根據市場利率變化的情況進行調整的利率是（　　）。
    A. 官定利率　　　　　　　　　B. 市場利率
    C. 固定利率　　　　　　　　　D. 浮動利率
21. 當借貸資金的量一定時，平均利潤率越高，利率相對（　　）。
    A. 不變　　　　B. 穩定　　　　C. 越高　　　　D. 越低
22. 中央銀行的再貼現利率和再貸款利率可稱為（　　）。
    A. 優惠利率　　B. 基準利率　　C. 差別利率　　D. 實際利率
23. 負利率是指（　　）。
    A. 名義利率低於零　　　　　　B. 實際利率低於零
    C. 實際利率低於名義利率　　　D. 名義利率低於實際利率
24. 由於債務人不能履行償還本息的義務而產生風險稱為（　　）。
    A. 其他風險　　　　　　　　　B. 流動性風險
    C. 市場風險　　　　　　　　　D. 違約風險

二、多項選擇題

1. 在下列各項中，表明金融工具基本特徵的是（　　）。
   A. 期限性　　　B. 風險性　　　C. 流動性　　　D. 收益性
   E. 可測性

2. 金融工具的流動性一般會受到（　　）的影響。
   A. 償還期限　　B. 風險性　　　C. 收益性　　　D. 債務人信譽程度

3. 金融工具一般可劃分為兩大類：票據和有價證券。目前中國的票據主要有（　　）。
   A. 商業匯票　　B. 銀行匯票　　C. 銀行本票　　D. 支票

4. 就股東權利劃分，股票有普通股和優先股兩種，普通股的特點有（　　）。
   A. 股利和公司經營狀況密切相關　　B. 股東有參與公司決策的權利
   C. 股東有均等的紅利分配權　　　　D. 股東有優先認購新股權

5. 商業匯票是一種商業信用工具，其當事人有（　　）。
   A. 發票人　　　B. 收款人　　　C. 付款人　　　D. 銀行

6. 信用是在（　　）基礎上產生的。
   A. 私有制　　　B. 社會分工　　C. 貧富分化　　D. 商品交換

7. 直接信用主要有（　　）。
   A. 證券信用　　B. 銀行信用　　C. 信託信用　　D. 合作信用
   E. 商業信用

8. 下列屬於直接金融工具的是（　　）。
   A. 商業票據　　B. 銀行票據　　C. 金融債券　　D. 公司債券
   E. 股票

9. 商業信用是現代信用的基本形式，是指（　　）。
   A. 工商企業之間存在的信用
   B. 以商品的形式提供的信用
   C. 是買賣行為和借貸行為同時發生的信用
   D. 是商品買賣雙方可以互相提供的信用
   E. 規模大小取決於產業資本規模的信用

10. 股票和債券的主要區別是（　　）。
    A. 有無投票權　　　　　　B. 有無收益權
    C. 有無還款期限　　　　　D. 有無固定的收益率
    E. 風險大小有別

11. 短期信用工具有（　　）。
    A. 股票　　　　　　　　　B. 國庫券
    C. 票據　　　　　　　　　D. 大面額可轉讓存單
    E. 債券

12. 根據在借貸期內利率是否調整，利率可以分為（　　）。
    A. 固定利率　　　　　　　B. 浮動利率
    C. 長期利率　　　　　　　D. 短期利率
    E. 優惠利率

13. 按對利率決定的主體不同，利率可分為（　　）。
    A. 中央銀行利率　　　　　B. 一般利率
    C. 商業銀行利率　　　　　D. 優惠利率
    E. 信用社利率

14. 影響利息率上升的因素包括（　　）。
    A. 平均利潤率下降　　　　B. 銀行經營成本上升
    C. 信貸資金供應過多　　　D. 預期通貨膨脹率上升
    E. 經濟處於擴張階段

15. 在利率體系中起主導作用的利率有（　　）。
    A. 基準利率　　　　　　　B. 存款利率
    C. 再貼現率　　　　　　　D. 市場利率
    E. 再貸款利率

16. 在西方，屬於中央銀行基準利率的有（　　）。
    A. 優惠利率　　　　　　　B. 市場利率
    C. 再貼現利率　　　　　　D. 差別利率
    E. 再貸款利率

17. 影響利息率下降的因素包括（　　）。
    A. 平均利潤率下降　　　　B. 銀行經營成本下降
    C. 市場資金供應減少　　　D. 預期通貨膨脹率下降
    E. 經濟處於衰退期

18. 影響利率的上限和下限的因素有（　　）。
    A. 剩餘價值率　　　　　　B. 平均利潤率
    C. 企業成本　　　　　　　D. 銀行利差

三、簡答題

1. 信用與誠信的區別和聯繫是什麼？
2. 商業信用的特點和局限性是什麼？
3. 常見的信用形式有哪些？各自有哪些工具？
4. 比較商業信用和銀行信用的聯繫與區別。
5. 國家信用的主要形式和作用有哪些？
6. 信用工具有哪些基本的分類？
7. 利息的本質是什麼？
8. 決定和影響利率的因素有哪些？

（練習題參考答案）

第三章　熟悉商業銀行業務

學習目標

知識目標
1. 瞭解商業銀行的性質和職能
2. 瞭解商業銀行的經營管理原則
3. 掌握商業銀行的業務
4. 熟悉貨幣市場的構成及各工具的特點

能力目標
1. 能對商業銀行業務種類進行分析
2. 區分貨幣市場和資本市場

素養目標
1. 養成初步識別貨幣市場工具的職業素養
2. 培養控制安全性、流動性和盈利性的職業素養

引導案例

[案例 3-1] 算一算，商業銀行創造出多少派生存款？

假定 A 銀行擁有 10,000 元原始存款，法定準備金率為 20%，需上繳 2,000 元準備金，剩下的 8,000 元出借後不會立即被全部提現，於是被借款人存入 B 銀行。這樣 B 銀行就有了 8,000 元的原始存款，而 B 銀行也只需繳納 8,000×20%＝1,600 元的存款準備金，剩餘 6,400 元又能出借了。假設 6,400 元出借後也不會立即被全部提現，於是被借款人存入 C 銀行，這樣 C 銀行就有了 6,400 元的原始存款，而 C 銀行也只需繳納 20% 的存款準備金，剩餘的錢也能出借了。這樣一次又一次的出借，就會不斷派生出新的存款，從而創造出數倍於原始存款的派生存款。

問題：
（1）銀行 C 需要繳納多少元存款保證金？
（2）通過商業銀行的信用創造，創造出多少派生存款？

第一節　商業銀行概述

一、商業銀行及其演變

(一) 商業銀行的概念

《中華人民共和國商業銀行法》第二條規定:「本法所稱的商業銀行是指依照本法和《中華人民共和國公司法》設立的吸收存款、發放貸款、辦理結算等業務的企業法人。」根據這一定義,商業銀行有狹義和廣義之分,狹義的商業銀行是指具有銀行功能的各類金融機構的總稱;廣義的商業銀行不僅包括銀行類金融機構,還包括進行監督、管理和制定相關標準的其他機構,如商業銀行或零售銀行、批發銀行或商人銀行(英國稱為商人銀行,美國和歐洲大陸稱為投資銀行,中國和日本則稱為證券公司)以及儲蓄銀行、合作銀行和信用社、中央銀行。

目前中國的銀行體系構成如下:

中央銀行——中國人民銀行。

監管機構——中國銀行保險監督管理委員會。

銀行業自律性機構——中國銀行業協會。

政策性銀行——中國進出口銀行、中國農業發展銀行、國家開發銀行。

國有商業銀行——中國工商銀行、中國農業銀行、中國銀行、中國建設銀行、交通銀行。

全國性股份制商業銀行——中信銀行、光大銀行、華夏銀行、招商銀行、上海浦東發展銀行、民生銀行、興業銀行等。

儲蓄銀行——中國郵政儲蓄銀行。

城市商業銀行——各地中小型商業銀行、農村信用合作社等。

外資銀行——主要指經批准的外資法人銀行,如匯豐銀行、渣打銀行、花旗銀行、恒生銀行等。

(二) 商業銀行的產生與發展

研究金融發展的歷史可以看出,最早從事金融交易的仲介機構是銀行,而且準確地說是商業銀行。隨著商品經濟的發展,貨幣得以產生,以償還和支付利息為基本特徵的借貸行為——信用也產生並興旺發達,由此出現了專門從事貨幣兌換、保管和經營的早期銀行,這就是商業銀行的前身,以後又逐漸發展為現代商業銀行。

早期銀行業的產生與國際貿易的發展有著密切的聯繫。中世紀的歐洲地中海沿岸各國,尤其是義大利的威尼斯、熱那亞等城市是著名的國際貿易中心,商賈雲集,市場繁

榮。但由於當時社會的封建割據，貨幣制度混亂，各國商人攜帶的鑄幣形狀、成色、重量各不相同，為了適應貿易發展的需要，必須進行貨幣兌換。於是，單純從事貨幣兌換業並從中收取手續費的專業貨幣商便開始出現和發展了。隨著異地交易和國際貿易的不斷發展，來自各地的商人們為了避免長途攜帶貨幣而產生的麻煩和風險，開始把自己的貨幣交存在專業貨幣商處，委託其辦理匯兌與支付。這時候的專業貨幣商已反應出銀行萌芽的最初職能：貨幣的兌換與款項的劃撥。

與西方的銀行相比，中國的銀行則產生較晚，但中國的銀行業也具有悠久的歷史。《周禮》中就有「泉府」的記載，即辦理賒貸業務的機構。春秋戰國時期，借貸行為已經很普遍。到了商業發達的唐代，不僅開辦了稱為「飛錢」的匯兌業務，還出現了「質庫」，即當鋪。後來宋代設置的「便錢務」，元代的「解典鋪」，明代的「錢莊」和清代的「票號」，都是從事貨幣經營業務的機構。

中國關於銀行業的記載，較早的是南北朝時的寺廟典當業。北宋真宗時，由四川富商發行的交子，成為中國早期的紙幣。到了明清以後，當鋪是中國主要的信用機構。明末，一些較大的經營銀錢兌換業的錢鋪發展成為銀莊。銀莊產生初期，除兌換銀錢外，還從事貸放業務，到了清代，才逐漸開辦存款、匯兌業務，但最終在清政府的限制和外國銀行的壓迫下，走向衰落。中國近代銀行業是在19世紀中葉外國資本主義銀行入侵之後才興起的。近代銀行雖然已具備了銀行的基本特徵，但其主要以政府和封建貴族為放款對象，並且放款利率很高，通常都在20%甚至30%以上，帶有明顯的高利貸性質。

17世紀末到18世紀期初，隨著資本主義的發展，為適應社會化大生產的要求，新興的資產階級迫切需要建立和發展資本主義商業銀行。資本主義商業銀行的產生主要通過兩種途徑：一是舊的高利貸性質的銀行逐漸適應新的經濟條件，演變為資本主義銀行；二是新興的資產階級按照資本主義生產關係組織的股份制銀行。1694年，英國政府支持創辦了第一家資本主義股份制商業銀行——英格蘭銀行，標誌著資本主義商業銀行制度開始形成以及現代銀行的產生。繼英格蘭銀行之後，歐洲各資本主義國家都相繼成立了資本主義商業銀行，現代銀行開始在世界範圍內普及和發展。

中國的第一家銀行是1845年英國在中國香港成立的麗如銀行，即後來的東方銀行。1857年成立的英國麥加利銀行（即渣打銀行）、1865年成立的英國匯豐銀行、1889年成立的德國德華銀行以及1894年成立的法國東方匯理銀行是當時幾家主要的外資銀行。1897年在上海成立的中國通商銀行，是中國自主創辦的第一家銀行，標誌著中國現代銀行的產生。現代商業銀行通過吸收存款、發放貸款、辦理結算業務等為資金融通提供服務。目前世界各國金融機構體系中商業銀行都屬於主體地位。

隨著資本主義經濟的進一步發展，政府對社會經濟生活的干預不斷加強，產生了建立中央銀行的需要。1668年，瑞典政府將成立於1656年、由私人創辦的歐洲第一家發行銀行券的銀行改組成瑞典國家銀行，使瑞典國家銀行成為最早的中央銀行，但直到1897年

其才獨占貨幣發行權。1844年改組後的英格蘭銀行則被普遍認為是真正的中央銀行的開始。英格蘭銀行於1833年取得法償貨幣發行者的資格,即英格蘭銀行發行的銀行券由政府賦予無限法償資格。1844年,英國通過《英格蘭銀行條例》,即《皮爾法案》,英格蘭銀行獲得獨占貨幣發行的權力,成為真正的中央銀行。到19世紀,各資本主義國家相繼成立了中央銀行,美國到1913年開始建立聯邦儲備體系。1920年,布魯塞爾國際金融會議決定,凡未成立中央銀行的國家應盡快成立,這直接推動了世界上幾乎所有國家中央銀行的成立。

二、商業銀行的性質與職能

(一) 商業銀行的性質

商業銀行是現代金融體系中最重要的金融機構,在現代經濟中發揮著重要的作用。商業銀行具有以下性質:

1. 企業性

商業銀行隸屬於企業範疇,是依法設立的企業法人,有獨立的法人財產,並以其全部財產對債務承擔責任。與一般工商企業相同,商業銀行以營利為目的、自主經營、自負盈虧、自我約束。

現代商業銀行大多採用了公司制的形式,並且以有限責任公司和股份有限公司較為典型。我們可從商業銀行法定名稱的全稱中觀察到這一點。例如,中國工商銀行的全稱是「中國工商銀行股份有限公司」。因此,商業銀行的設立和運作不僅要受專門的商業銀行法的約束,還要符合公司法的有關規定,這也正是商業銀行區別於中央銀行和政策性銀行的關鍵所在。

2. 金融性

一般工商企業和商業銀行的顯著差異體現在它們的經營對象上,前者的經營對象是具有一定使用價值的商品和服務,而後者則是以金融資產和金融負債為經營對象,經營的是貨幣這種特殊的商品。經營對象的不同導致了它們在經營方式上的差異,與一般工商企業相比,商業銀行主要依靠借貸的方式從事經營,自有資本在其資金來源中所占的比例非常低,大量資金來自存款、借款等負債。這使得商業銀行能夠獲得比一般企業更大的財務槓桿效應,但同時也會面臨著更高的經營風險。

3. 銀行性

與保險公司、證券公司、基金管理公司等非銀行金融機構相比,商業銀行還有一個非常重要的特性——銀行性。這表現在:第一,商業銀行能夠吸收公眾存款,尤其是能夠簽發支票的活期存款,同時能夠辦理貸款和轉帳結算業務,從而具有信用創造的功能。因此,商業銀行通常也被稱為存款貨幣銀行。《中華人民共和國商業銀行法》第十一條明確

規定：「未經國務院銀行業監督管理機構批准，任何單位和個人不得從事吸收公眾存款等商業銀行業務，任何單位不得在名稱中使用銀行字樣。」第二，貸款是商業銀行主要的資產運用形式，同時也是各類經濟活動主體尤其是工商企業和個人的主要外部融資形式。第三，商業銀行能夠為客戶辦理各種支付結算業務，是現代支付體系的中心。除此之外，商業銀行的業務範圍廣泛，功能更全面，除了提供傳統的存、貸、匯服務，還可以辦理投資理財、代收代付、諮詢顧問等多種業務。

商業銀行以營利為重要目標，通過多種金融負債籌集資金，以多種金融資產和負債為經營對象，為客戶提供多樣化的金融服務，並將傳統商業銀行轉化為銀行信用，參與信用創造，維繫著當前整個信用經濟的運轉。隨著金融業的不斷創新，商業銀行在社會中的地位並沒有被其他金融機構取代，而是不斷開拓新業務、煥發新生。

（二）商業銀行的職能

商業銀行擔負著金融體系和信用體系正常維持與運轉的重要責任。其主要體現在以下幾個方面：

1. 信用仲介職能

信用仲介職能指商業銀行通過自身的負債業務，匯集來自不同經濟主體的閒散貨幣資金，隨後作為仲介，通過其自身的資產業務把資金借給需要的部門。

2. 支付仲介職能

支付仲介職能指商業銀行通過對客戶的資金進行存款帳戶轉移，代理客戶進行支付，或者在存款的基礎上為客戶兌付現款，成為其貨幣保管者和收付代理人。

3. 信用創造職能

在擁有吸收存款並將其貸出的能力後，商業銀行在支票流通和轉帳結算的前提下，進行非全額貨幣資金支出的放貸。由於部分準備金制度的實施，某一商業銀行的部分貸款在另一家銀行又被變為存款，實質上這就是商業銀行創造的派生存款。

4. 金融服務職能

隨著科技的不斷創新，許多新技術也被用於銀行業，銀行間的競爭愈加趨近白熱化，這就催生了商業銀行在金融行業的服務科技化。信息技術被廣泛運用於銀行業務，極大地方便了資金供求的參與方，而銀行在信息領域的優勢又使得自身的服務領域不斷拓寬，創造了更大的獲利空間。

第二節　商業銀行的業務

一、商業銀行的負債業務

商業銀行的主要資金來源是通過負債實現的，其負債業務就範圍來說，有廣義和狹義之分。廣義負債包括商業銀行自有資本在內的一切資本來源，而狹義負債則僅指商業銀行存款、借款等一切非資本性的負債。負債業務與銀行的成本、收益等直接相關。因此，商業銀行的經營管理離不開負債業務。商業銀行負債業務的開展是資產業務和中間業務開展的前提與基礎。負債包括存款負債、借入負債和結算中負債三個方面。

（一）負債的種類

1. 存款負債

商業銀行的存款種類很多，根據期限劃分，可分為儲蓄存款、定期存款、活期存款等，體現了籌集資金的穩定性不同。

儲蓄存款是指吸收到的社會上的閒散資金，主要是居民個人為儲蓄貨幣並取得相應的利息收入而設立的存款帳戶。儲蓄存款可分為定期儲蓄存款、活期儲蓄存款、定活兩便儲蓄存款等。

定期存款是指存款客戶與商業銀行事先商定好存款期限及利率，到期銀行支付相應的本金和利息的存款。由於商定的期限較長，若客戶提前支取，則會遭受相應的損失。

活期存款是指隨時提取或支付的存款，相比定期存款，更加方便靈活，而且相對銀行而言，支付客戶的利息較少，是銀行成本較低、風險較小的融資渠道。

2. 借入負債

借入負債，顧名思義是指商業銀行通過向金融市場或中央銀行直接借款所形成的負債。相對於存款的被動性，借入負債是一種主動負債，主要分同業拆借、向中央銀行借款、回購協議、公眾借款和境外借款五種類型。同業拆借和回購協議將在本章第四節詳細介紹。

由於中央銀行是「銀行的銀行」，擔負著最後借款人的職責，商業銀行向中央銀行借款方式主要有再貼現和再貸款兩種途徑，而這兩種途徑都具有很強的存款派生功能，因此中央銀行對借款資金數量、再貼現期限等多方面都具有嚴格限制。公眾借款和境外借款是指銀行面向國際金融市場及境外企業或個人通過發行金融債券融資。

3. 結算中負債

商業銀行在辦理轉帳結算業務時，常常會面臨一些臨時負債，如一些應付款項等則構成商業銀行的結算中負債。結算中負債大部分由中間業務形成，反應了銀行中間業務和表

外業務的發展程度，並且資金期限短、成本低。

相比而言，存款業務是商業銀行負債的重點，在銀行負債中占了很大比重，但存款負債為被動負債，存款的期限和金額都是由客戶自行決定的，銀行缺乏一定的控制權。借入負債則為主動負債，銀行的借入資金由商業銀行的經營管理者決定，因此對銀行經營者而言，借入負債比存款負債具有更大的主動性、靈活性和穩定性。

（二）影響銀行存款的主要因素

1. 外部因素

（1）經濟發展水準和經濟週期。經濟和貨幣信用發達的國家和地區，社會存款來源渠道多、存量大、未來增長潛力大，商業銀行可調動的資金量大，生存發展的空間廣闊；經濟欠發達、信用關係簡單的國家和地區，社會累積較少，存款來源有限，商業銀行很難獲得維持生存發展所需要的存款規模，未來發展空間狹小。在經濟週期的不同階段，銀行受制於宏觀經濟的發展狀況，吸收存款的難易程度也有很大差別。在經濟高漲時期，有效需求猛增，社會資金充裕，銀行存款規模會大幅增長；在經濟蕭條時期，有效需求不足，社會資金匱乏，銀行存款增幅下降甚至存量下降。

（2）銀行同業的競爭。任何一個國家和地區，在一定時點上，可動用的社會存款總量是一定的，過多的銀行等金融機構追逐有限的資金來源，必然會影響到銀行的存款規模。

（3）中央銀行的貨幣政策。中央銀行貨幣政策的變動會直接或間接地影響整個社會的存款水準，從而影響商業銀行存款業務的發展。

（4）金融法規。為了協調經濟發展，維護金融秩序，各個國家都制定有專門的法律法規規範商業銀行的行為。當一個國家或地區政府制定的政策有利於商業銀行發展時，銀行存款的增長就快；反之，銀行存款的增長就慢。

（5）人們的儲蓄習慣和收入、支出預期。由於生活環境、文化背景、社會制度等方面的差異，人們的儲蓄習慣和支出預期各不相同，這些因素必然反應到人們的存款態度上，從供給方面影響銀行的存款水準。

2. 內部因素

（1）存款計劃與實施。銀行應在詳細調查市場的基礎上制定出切實可行的存款規劃。銀行應先做到機構網點佈局合理，然後配置好得力的人員，在此基礎上合理分配存款增加任務，並根據進展情況及時加以調整。

（2）存款利率。存款利率代表存款人的存款收益，提高利率能提高存款人的存款積極性，從而擴大銀行的存款規模。但是，由於競爭的存在，一個銀行提高存款利率必然激起其他銀行爭相效仿，最終的結果很可能是該銀行不但沒有提高存款的市場佔有率，反而提高了整個銀行業的利率成本。

（3）銀行服務。服務項目、服務質量、營業時間等都是商業銀行增強存款吸收能力的重要方法。

(4) 銀行的實力和信譽。在其他條件相同的情況下，存款人更願意把錢存入實力雄厚、信譽卓著的大銀行。

(5) 銀行的社會聯繫。良好的社會聯繫是銀行吸收存款的「無形資產」。銀行員工的行為、銀行的形象等都可以成為影響銀行存款業務的重要因素。銀行通過向企業提供存款、貸款、結算等服務，可以增強與企業的聯繫，穩定並擴大企業存款。

(三) 負債業務對商業銀行的意義

(1) 負債業務為商業銀行提供了重要的資金來源。商業銀行作為社會的信用仲介，首先是「借者的集中」，然後才是「貸者的集中」，因而負債業務是商業銀行最主要、最基本的業務。

(2) 一定規模的負債是商業銀行生存的基礎。商業銀行的負債總額需要達到一個適度的規模，即經濟負債規模。低於這一規模，商業銀行不能合理地進行資產運作，無法攤銷員工工資、固定資產折舊等費用支出，必將招致虧損。高於這一規模，也可能產生資金運用風險和管理風險，從而導致虧損。

(3) 負債業務的規模和結構制約著商業銀行資產業務的規模和結構，從而限制了商業銀行的盈利水準並影響其風險結構。負債規模的大小是商業銀行經營實力的重要標誌，關係到自身的生死存亡。同時，信貸資金的運動規律決定了商業銀行的負債和資產之間在期限、利率、風險等方面有著內在的聯繫，負債結構在很大程度上制約著資產結構，影響著盈利水準和風險狀況。

(4) 負債業務為商業銀行的流動性管理提供了資產業務以外的基本操作手段。保持資產的流動性是商業銀行經營管理的原則之一，利用主動型負債業務解決流動性需要，商業銀行則可以處於主動的地位，在滿足流動性的同時兼顧了盈利性，使商業銀行的流動性管理更加靈活機動。

(5) 負債業務的開展有利於銀行與客戶建立穩定的業務聯繫，為銀行提供更多的信息來源。銀行通過吸收社會存款等各項負債業務及相關的結算業務，可以及時掌握各類存款人的資金狀況和經營情況，為進一步吸收存款、開展貸款等資產業務、評價風險狀況等提供必要的信息，有利於銀行進行業務決策。

(四) 商業銀行負債業務的經營管理目標

(1) 努力增加負債總量，提高負債的穩定性。存款負債是商業銀行負債業務的主體，但是存款對商業銀行來說有很大的不穩定性，這種不穩定性不利於商業銀行開展期限較長的資產業務，從而降低了盈利水準。因此，為不斷增加盈利能力，商業銀行既要提高服務水準穩定現有存款等各項負債餘額，又要下大力氣挖掘新的資金來源渠道。這些都要求商業銀行制定科學的負債業務管理規劃，採取切實可行的方法措施組織更多的資金，增加負債規模，並努力提高負債的穩定性。

(2) 調整優化負債結構。負債管理除了增加負債總量以保持並增加負債的穩定性外，

還必須兼顧結構上的合理性。合理的負債結構需要長短期負債合理搭配，不片面地強調任何一種業務，必須著眼於商業銀行資產業務發展的需要，對長短期負債進行優化組合，使商業銀行的負債結構既可以與資產運用的需要相匹配，又能滿足降低資金風險和保持必要流動性的要求。

二、商業銀行的資產業務

中國商業銀行的資產主要包括現金資產項目、二級準備項目、信貸資產項目、證券投資項目和固定資產項目。

（一）現金資產項目

現金資產是指商業銀行隨時可以用來償付還債需要的資產，是銀行資產中流動性最強的資產，又被稱為一級準備，包括中央銀行存款、同業存款和自有庫存現金三部分。其中，中央銀行存款包括法定準備金存款和超額準備金存款。同業存款是為了在保持商業銀行資產流動性的同時，兼顧收益性，提高資金使用效率，同時也方便對客戶的跨行支付進行結算。自有庫存現金是為了應付客戶的日常取現及其他日常業務的開展。由於現金資產項目的收益率是所有資產項目中最低的，因此商業銀行在經營中總是在確保流動性與安全性的前提下減少現金資產的持有。

（二）二級準備項目

二級準備是指流動性強於信貸資產但弱於現金資產，同時收益率也介於現金項目與信貸項目之間的資產，主要包括貴金屬、待出售證券、同業拆出和逆回購協議。商業銀行投資持有的貴金屬，主要是黃金和白銀。商業銀行有時也充當貴金屬回購的逆方，即收到客戶抵押的貴金屬，貸出款項。待出售證券是銀行持有的，即將用於出售的證券。同業拆出一般是小銀行為了提高收益，將資金拆借給大銀行，而大銀行通過連續的拆借獲得穩定的資金來源。逆回購協議是商業銀行作為回購協議的另一方，得到正回購方質押的證券並借出資金。到期時，正回購方按約定條件向商業銀行付息或是溢價購回質押的證券，從而使逆回購方獲得收益。

（三）信貸資產項目

信貸資產項目包括貸款業務和票據貼現業務。貸款業務是商業銀行最重要的資產，是商業銀行經營管理的核心，指商業銀行通過發放貸款，期望未來收回本金和利息，扣除各項成本後獲得利潤，是商業銀行的主要盈利來源。根據貸款保證形式的不同，信貸資產項目分為信用貸款、擔保貸款、抵押貸款等。信用貸款是指根據借款人的信譽，不需提供任何抵押品貸款，分為普通借款限額、透支、備用信貸、消費貸款。擔保貸款是指有擔保的貸款，根據擔保的形式可以分為抵押貸款、質押貸款和保證貸款。

（四）證券投資項目

作為商業銀行一種主要盈利資產，證券投資項目在商業銀行資產項目中通常佔有約

20%甚至更高的比重。證券投資業務是指商業銀行在金融市場上購買有價證券，追求買賣價差的活動。商業銀行證券投資業務的功能包括分散風險、獲得穩定收益、保持資產流動性、投資避稅組合以合理避稅等。證券投資對象主要有國庫券、中長期國債、政府機構債券、地方政府債券等。

（五）固定資產項目

固定資產項目是指商業銀行為了日常辦公、研發技術、創造產品、出租或經營管理這些目的而持有的，使用期限超過1年的有形資產。從實物形態上看，商業銀行的固定資產主要包括房地產、交通工具、電子設備、其他耐用辦公用具等設備。這些固定資產作為商業銀行進行持續經營的載體，為商業銀行提高競爭力、擴展業務空間、增強創新能力、建設良好的經營環境等方面發揮了重要作用。

（六）資產的功能

對商業銀行而言，資產的功能主要如下：

第一，銀行的資產是商業銀行獲得收入的主要來源。

第二，資產的規模是衡量一家商業銀行實力和地位的重要標志，商業銀行的信用高低直接與其資產的規模大小有關。

第三，資產質量是銀行前景的重要預測指標。一家銀行的資產分佈情況、貸款的對象和期限都影響著銀行的資產質量，對資產質量進行分析可以使人們對商業銀行的經營前景做出科學的預測，從而促使銀行進一步提高經營管理水準，為銀行的股東增加利潤。

第四，資產管理不善是導致銀行倒閉、破產的重要原因之一。由於銀行資產管理在整個銀行管理中處於非常重要的地位，銀行資產管理不善，導致銀行出現流動性危機，不能夠及時足額地支付存款人的需要和融資人的融資要求，嚴重的話會出現銀行倒閉現象。

三、商業銀行的中間業務

商業銀行中間業務是指商業銀行從事的不必按照會計準則計入資產負債表，也不會影響資產負債額的業務，但這些業務形成銀行非利息收入的業務，並且會影響到商業銀行的當期損益。因為其不構成商業銀行表內資產、表內負債，所以稱為中間業務。中間業務可以分為以下九大類：

（一）支付結算類中間業務

支付結算類中間業務是指由商業銀行為客戶辦理因債權債務關係引起的與貨幣支付、資金劃撥有關的收費業務。例如，票據支付結算、匯兌、托收等。

（二）銀行卡業務

銀行卡是由經授權的金融機構（主要指商業銀行）向社會發行的具有消費信用、轉帳結算、存取現金等全部或部分功能的信用支付工具，可以表現為電話銀行、手機銀行、網上銀行等若干形式。

（三）代理類中間業務

代理類中間業務是指商業銀行接受客戶委託、代為辦理客戶指定的經濟事務、提供金融服務並收取一定費用的業務，包括代理政策性銀行業務、代理中國人民銀行業務、代理商業銀行業務、代收代付業務、代理證券業務、代理保險業務、代理其他銀行的銀行卡收單業務等。

（四）擔保類中間業務

擔保類中間業務是指商業銀行為客戶債務清償能力提供擔保，承擔客戶違約風險的業務，主要包括銀行承兌匯票、備用信用證、各類保函等。

（五）承諾類中間業務

承諾類中間業務是指商業銀行在未來某一日期按照事前約定的條件向客戶提供約定信用的業務，主要有貸款承諾等。

（六）交易類中間業務

交易類中間業務是指商業銀行為滿足客戶保值或自身風險管理等方面的需要，利用各種金融工具進行的資金交易活動，主要包括金融衍生業務。

（七）基金託管業務

基金託管業務是指有託管資格的商業銀行接受基金管理公司的委託，安全保管所託管的基金的全部資產，為所託管的基金辦理基金資金清算款項劃撥、會計核算、基金估值、監督管理人投資運作，包括封閉式證券投資基金託管業務、開放式證券投資基金託管業務和其他基金的託管業務。

（八）諮詢顧問類業務

諮詢顧問類業務是指商業銀行依靠自身在信息、人才、信譽等方面的優勢，收集和整理有關信息，並通過對這些信息以及銀行和客戶資金運動的記錄與分析，形成系統的資料和方案，提供給客戶，以滿足其業務經營管理或發展需要的服務活動。

（九）其他類中間業務

其他類中間業務包括保管箱業務以及其他不能歸入上述八類的業務。

第三節　商業銀行的管理

一、商業銀行的組織結構

（一）商業銀行的組織形式

現代商業銀行一般都是按照公司治理形式組建的股份制企業，組織形式是為了保證組織目標的有效實現而建立起來的組織內部各構成部分之間的相互關係，是一個組織的經營

風格和戰略思想的具體體現，是保證有效管理的基礎和前提。商業銀行的成功首先要擁有一個高效率的組織結構。

1. 單一制組織結構模式

單一制也叫單元制，是商業銀行業務只由一個獨立的商業銀行經營，不設任何分支機構的商業銀行組織結構模式。這種銀行主要集中在美國，因為美國歷史上曾實行過單一銀行制，規定商業銀行業務應由各個相互獨立的商業銀行本部經營，不允許設立分支機構，每家商業銀行既不受其他銀行控制，也不得控制其他商業銀行。這一制度的實施在防止銀行壟斷，促進銀行與地方經濟的協調等方面起到了積極的作用，但同時也帶來許多弊端，不利於銀行業發展。1994年，美國國會通過《里格尼爾銀行跨州經營及設立分支機構效率法》，取消了對銀行跨州經營和設立分支機構的管制。但由於歷史原因，美國仍有不少單一制商業銀行。推行單一制模式的理由主要在於：

（1）可以限制商業銀行之間的相互吞並，不易形成金融壟斷。

（2）商業銀行的地方性強，有利於協調銀行與地方政府之間的關係。

（3）商業銀行具有較大的獨立性和自主性，業務經營上比較靈活。

（4）管理層次較少，從而決策層的意圖傳導較快。

但是，在單一制模式下，商業銀行在整體實力的擴展上會受到較大限制，導致商業銀行在經濟發展和金融業的競爭中常會處於不利的地位。在經濟全球化和金融國際化的背景下，這種模式日益顯現出不利於經濟外向型發展的趨勢，甚至人為地造成資本的迂迴流動。在信息技術飛速發展的時代，這種模式尤其不利於現代信息技術的開發、普及和推廣應用，商業銀行的業務發展和金融創新受到較大的限制。

2. 總分行制組織結構模式

總分行制模式是指法律允許商業銀行除設立總行外，還可以在不同地區及同一地區普遍設立分支行並形成龐大的分支網絡。《中華人民共和國商業銀行法》第十九條規定：「商業銀行根據業務需要可以在中華人民共和國境內外設立分支機構。」實行總分行制的商業銀行通常都有一個以總行為中心的、龐大的銀行網絡。總分行制組織結構模式的優點在於：

（1）便於吸收各種社會閒置資金，有利於擴大經營規模。

（2）便於利用現代化的信息技術和設備，提供優質的金融產品和服務。

（3）更容易實現規模經濟效益。

（4）總分行制模式商業銀行的應變能力和承擔風險能力較強，各分支機構之間可以通過內部資金調劑來分散和化解風險。

（5）實行總分行制模式的國家中商業銀行的家數較少，簡化了政府對金融領域的控制。

（6）總分行制模式總行負責決策，分行負責執行，業務經營戰略受地方政府干預

較小。

但是不可否認的是，總分行制模式容易加劇銀行業的兼併重組，從而導致金融壟斷的加速。此外，商業銀行內部的管理層次較為繁雜，政府的宏觀調控的意圖在傳導中容易出現時滯，從而影響經濟政策的實施效果。

3. 集團控股制組織結構模式

集團控股制是指由一家控股公司持有一家或多家商業銀行的股份的組織結構模式，各商業銀行的實際業務與經營決策權統屬控股公司掌握。集團控股制模式的最初產生是為了解決商業銀行業務發展中的實際問題，即規避跨地區設立分支機構的法律障礙。這種制度最初主要興起於二戰後的美國，彌補了單一制銀行的缺點。總體來看，集團控股制模式的優點在於：

（1）集團控股制模式為商業銀行在經營管理方面提供了相當大的靈活性，它們甚至可以兼併資產多樣化的非銀行企業，實現全方位擴展盈利的目標。

（2）商業銀行在經濟和稅收條件較好情況下，可以有選擇地設立分支機構，從而彌補了單一制模式的不足。

（3）集團控股公司能有更多的機會進入金融市場、擴大債務和資本總量，從而增強自身實力，提高抵禦風險的能力和確保競爭中的優勢地位。

但是相對於其他組織結構模式而言，集團控股制模式更容易導致銀行業的集中並加速金融壟斷的形成，從而不利於商業銀行之間開展競爭，在一定程度上影響了商業銀行的活力。

4. 連鎖制組織結構模式

連鎖制是指由某一個集團或企業購買若干家具有獨立法人資格的商業銀行的多數股票，從而控制這些商業銀行，並將這些商業銀行的經營決策權進行集中控制。連鎖制模式與集團控股制模式的作用相同，主要的差別在於連鎖制模式中沒有集團公司的形式存在，即不必成立控股公司。連鎖模式的優勢與集團控股制模式基本一致，但缺點在於連鎖制模式下的商業銀行在業務經營中容易受到個人或集團的控制，在資本擴張、業務發展等方面的獨立性和自主性較差。

（二）商業銀行的組織機構

商業銀行的內部組織結構是指就單個銀行而言，銀行內部各部門及各部門之間相互聯繫、相互作用的組織管理系統。現代商業銀行一般都是按照公司治理形式組建的股份制企業，以股份制形式為例，其組織機構可分為決策機構（決策層）、執行機構（執行層）和監督機構（監督層）三個層次。

其中，決策層由股東大會、董事會及董事會下設的有關委員會組成，執行層由總經理（或行長）及其領導的有關職能部門組成，監督層由監事會、總稽核及董事會下設的各種檢查委員會組成。

1. 商業銀行決策層

商業銀行的決策層主要由股東大會和董事會及下設的各種委員會構成。股東大會是股份制商業制銀行的最高權力機構，是股東們參與銀行的經營管理等決策的途徑。由於各國國情不一樣，股東大會的權力有很大差異。

董事會是由股東大會選舉產生的決策機構，對銀行經營的方針、戰略和重大投資進行決策。董事的任期一般為2~5年不等，可連選連任。在大多數情況下，董事在銀行中並無具體經營職務，也不在銀行領取薪金，但銀行給予董事的費用補貼較高。在股東大會休會期間，銀行的決策機構實際上就是董事會，由董事長召集，做出各項決策。商業銀行的董事長由董事會決定。

2. 商業銀行執行層

商業銀行的執行和管理層次由總經理（行長）和副總經理（副行長）以及各業務職能部門組成。總經理（行長）是商業銀行的行政首腦，其職責是執行董事會制定的經營方針和投資策略，對重大的經營性工作進行判斷和決策，組織和實施商業銀行日常業務活動的經營管理。

商業銀行一般設置若干個副總經理（副行長）以及業務職能部門，如貸款、投資、信託、儲蓄、資金交易、金融工程、財會、人力資源和公共關係及研究開發等部門，通常由銀行的高級副總經理（副行長）主管各業務部門的工作，各職能部門由部門經理負責。

3. 商業銀行監督層

商業銀行的監督層由股東大會選舉產生的監事會及銀行的稽核部門組成。監事會的職責是對銀行的一切經營活動進行監督和檢查。監事會的檢查比稽核委員會的檢查更具權威性，一旦發現問題，可以直接向有關部門提出限期改進的要求。總稽核是董事會下設的監督部門，設置的目標在於防止篡改總帳目、濫用公款和各種浪費行為的發生，確保商業銀行資金運行的安全。總稽核與監事會的差別在與監事會是股東大會的代表，可以對董事會進行監督，而總稽核則是董事會的代表，其監督職責權限等較小。

4. 商業銀行的部門設置

（1）業務拓展部門體系。商業銀行的業務拓展部門體系是主要由前臺處理部門組成的業務流程運行體系，面對分別由政府、金融同業、公司和個人客戶組成的細分市場，並形成相對獨立的業務部門。現代商業銀行的業務部門體系基本上分為兩部分，一部分是負責零售業務的部門體系，另一部分是負責批發業務的部門體系。

（2）管理部門體系。現代商業銀行的管理部門體系包括公共關係、財務管理、信貸管理、項目管理、風險控制、審計、法律事務等部門。此外，西方商業銀行還有兩個很特別的部門，一個是規則部門，專門負責落實和滿足政府監管機構對商業銀行提出的各種要求；另一個是變動管理部門，專門負責銀行的戰略制定與實施、例外情況的處理。

管理部門主要職責包括：制定規章制度、制定業務服務標準和規範、制定工作指引以

及對業務部門工作內容的執行和落實情況進行檢查和督導。管理部門不直接從事業務的操作，跟業務部門是分離的，只是負責對業務部門進行管理和控制。

二、商業銀行的管理原則

為保證業務的可持續發展，在經營過程中，商業銀行遵循安全性、流動性和盈利性三項原則。

（一）安全性

安全性要求銀行在經營活動中，必須擁有一定的自有資本以保證足夠的清償能力，經得起重大風險和損失，能應付客戶隨時提款，防範可能因為清償能力的不足帶來的危機。商業銀行高度負債經營，是其存在潛在風險的根本原因，而負債經營帶來的風險主要是靠銀行自有的資本來抵禦與防範。因此，商業銀行在經營其資產業務時，要合理安排資產規模與結構，控制好存貸比，維持一定量的自有資本，保障其經營的安全性。

（二）流動性

流動性是指商業銀行應保證隨時以適當的價格獲取可用資金，以便應付客戶從銀行取現的能力。衡量流動性的標準包括變現速度和變現成本。變現速度指商業銀行資產變現需要的時間長短，變現成本則是指變現帶來的資產損失，該損失越小，該項資產的流動性越強。流動性最高的資產主要是指商業銀行的庫存現金、在中央銀行的超額準備金存款以及在其他金融機構的活期存款。商業銀行可以根據流動性需要調節這些資產的數量，從而保證足夠的流動性。

（三）盈利性

盈利性是指作為一個企業，商業銀行追求盈利最大化原則，這是商業銀行經營的最主要目標。商業銀行的盈利，主要來自其資產業務，但隨著商業銀行的發展，中間業務與表外創新業務也為商業銀行帶來了可觀的收入。商業銀行盈利能力較強的資產主要是流動性較差的資產，如長期貸款，而現金作為流動性最強的資產，其盈利能力卻是最差的。因此，商業銀行保持盈利能力，就必須將持有的現金資產控制在一定比例。同時，貸款與投資的損失以及經營過程中產生的成本，也會降低商業銀行的盈利能力，這也應該是商業銀行增強其盈利能力所需關注的。

（四）「三性」原則的關係

商業銀行三個經營原則之間存在著矛盾衝突。例如，為了實現安全性和流動性目標，商業銀行就必須擴大自有資本與流動現金，但這些與實現盈利性目標有了衝突。「三性」原則的平衡，往往是各商業銀行根據自身業務特點和資產負債表的具體情況進行合理配置的結果。商業銀行應該把安全性置於優先考慮的位置，在保證安全性的前提下，爭取資產的最大盈利性。安全性和流動性相輔相成，因此商業銀行要根據實際情況，積極安排資產結構，確保持有適當比例的流動性資產以抵禦和防範風險，同時持有風險可承受的盈利性較高的資產。

第四節　貨幣市場

一、貨幣市場概述

(一) 貨幣市場的概念

貨幣市場是指以期限在 1 年及 1 年以下的金融資產為交易標的物的短期金融市場。貨幣市場交易的對象是較短期（1 年以內）的票據和有價證券，一般具有「準貨幣」的性質，流動性強，安全性高，但收益較資本市場的交易對象低。貨幣市場的主要功能是保持金融資產的流動性，以便隨時轉換成現實的貨幣。貨幣市場一般沒有正式的組織，所有交易特別是二級市場的交易幾乎都是通過電信方式聯繫進行的。市場交易量大是貨幣市場區別於其他市場的重要特徵之一。

(二) 貨幣市場的工具

所謂貨幣市場的工具，是指期限小於或等於 1 年的債務工具，它們具有很高的流動性。主要的貨幣市場的工具由短期國債、大額可轉讓存單、商業票據、銀行承兌匯票、回購協議和其他貨幣市場工具構成。

短期國債是一國政府為滿足先支後收所產生的臨時性資金需要而發行的短期債券，又稱為國庫券，英國是最早發行短期國債的國家。短期國債具有風險低（短期國債是政府的直接負債，政府在一國有最高的信用地位，一般不存在到期無法償還的風險，因此投資者通常認為投資於短期國債基本上沒有風險）、流動性強（由於短期國債的風險低、信譽高，工商企業、金融機構、個人都樂於將短期資金投資到短期國債上，並以此來調節自己的流動資產結構，為短期國債創造了十分便利和發達的二級市場）、期限短（基本上是 1 年以內，大部分為半年以內）的特點。

大額可轉讓定期存單（CD）是指銀行發給存款人，按一定期限和約定利率計息，到期前可以流通轉讓的證券化的存款憑證。

大額可轉讓定期存單的特點在於：對銀行來說，大額可轉讓定期存單可以繞過對儲蓄利息的法律限制增加資金來源，而且由於這部分資金可視為定期存款而能用於中期放款。對於企業來說，投資於存單是利用它們的閒置資金的一個好出路。

中國大額可轉讓定期存單市場的基本規定如下：

（1）大額存單的發行者只限於各類銀行，不準非銀行金融機構發行。

（2）存單分為對個人發行和對單位發行兩種，投資者主要是個人，企業為數不多。對個人發行的存單，面額為 500 元及其整倍數；對單位發行的存單，面額為 5 萬元及其整倍數。

（3）存單期限分別為 1 個月、3 個月、6 個月、9 個月和 1 年。存單不分段計息，不能提前支取，到期時一次還本付息，逾期不計利息。

（4）存單全部由銀行通過營業櫃臺向投資者直接發售，不需借助於仲介機構。

（5）存單利率由中國人民銀行制定出最高限度，各發行銀行能夠在這個限度內自行調整，一般是在同期限的定期儲蓄存款的利率基礎上，再加 1~2 個百分點，彈性不大。

（6）銀行以大額存單方式吸收的存款，要向人民銀行繳存存款準備金。

二、同業拆借市場

（一）同業拆借市場的概念

同業拆借市場又稱同業拆放市場，是商業銀行等金融機構之間進行短期資金融通、臨時性頭寸調劑的市場。

中國同業拆借市場基本業務如表 3-1 所示。

表 3-1　　　　　　　　　　中國同業拆借市場基本業務

業務類型	主要內容	業務特點
頭寸拆借	頭寸拆借指為進行票據交換、清算資金收支差額而發生的交易。同一城市各金融機構在一個特定場所，通過彼此交換所持有的其他金融機構的票據清算並抵消其債權債務	一般為同城拆借
資金借貸	資金借貸是為解決金融機構之間資金運行不平衡而形成的資金短缺問題	一般為異地拆借，解決時間差、空間差問題

（二）同業拆借市場的特點

銀行間同業拆借市場的特點：融資期限較短、市場准入條件嚴格、信用拆借、交易效率高、利率由交易雙方議定。

（三）全國銀行間同業拆借市場狀況

形成期：1984—1991 年，地區間的交易，利率隨專業銀行貸款利率調整，發展迅速。

成長期：1992—1993 年，跨地區，跨行業，拆借與信貸活動緊密關聯，政府和非金融機構介入，利率上漲和期限延長。

規範期：1994—1995 年，對頭寸拆借和短期拆借進行區分，規定期限，利率協商議定。

1996 年 1 月 3 日，全國統一的拆借市場啟動。

在同業拆借市場上，利率作為資金的價格至關重要。1996 年，中國設置了銀行間同業拆借利率（CHIBOR），但 1998 年終止使用。為進一步推動利率市場化，培育中國貨幣市場基準利率體系，提高金融機構自主定價能力，指導貨幣市場產品定價，完善貨幣政策傳導機制，中國人民銀行借鑒國際經驗，建立了上海同業拆借利率（SHIBOR），並從 2006

年10月8日起開始試運行，2007年1月4日正式開始對外公布。SHIBOR是由信用等級較高的銀行組成報價團自主報出的人民幣同業拆出利率計算確定的算術平均利率，是單利、無擔保、批發型的利率。SHIBOR報價銀行團由18家商業銀行組成，這些報價銀行是公開市場一級交易商或外匯市場做市商，在中國貨幣市場上人民幣交易相對活躍、信息披露比較充分。全國銀行間同業拆借中心受權負責SHIBOR的報價計算和信息發布。每個交易日根據各報價行的報價，剔除最高、最低各2家報價，對其餘報價進行算術平均計算後，得出每一期限品種的SHIBOR，並於11:30通過上海銀行間同業拆借利率網（www.shibor.org）對外公布。目前，對社會公布的SHIBOR品種期限包括隔夜、1周、2周、1個月、3個月、6個月、9個月以及1年共8種。

三、票據貼現市場

票據市場是以各種票據為媒體進行資金融通的市場。中國現行的票據主要包括銀行匯票、商業匯票、銀行本票和銀行支票四種，除商業匯票為遠期票據外，其餘三種均為即期票據。因此，只有商業匯票可以進行票據的貼現、轉貼現業務，行使交換和轉讓的功能，構成中國票據市場的主體。

（一）票據的含義

票據是指出票人依法簽發的，約定自己或委託付款人在見票時或指定的日期向收款人或持票人無條件支付一定金額並可流通轉讓的有價證券。

1. 支票

支票是活期存款帳戶的存款人委託其開戶銀行，對於受款人或持票人無條件支付一定金額的支付憑證。

2. 本票

本票是由發票人簽發的載有一定金額，承諾於指定到期日由自己無條件支付給收款人或持票人的票據。本票的基本關係人只有出票人和受票人。

3. 匯票

匯票是由出票人簽發一定金額，委託付款人於指定到期日無條件付款給受款人或持票人的票據。

美國票據市場上的主要交易工具包括商業票據（Commercial Paper）和銀行承兌匯票（Bankers Acceptances）；英國票據市場上的主要交易工具包括英國政府國庫券、商業票據、中央和地方政府的債券以及可轉讓存單等證券；日本的票據貼現市場是金融機構之間進行票據貼現買賣的市場，是金融機構以貼現方式，通過買賣票據，相互融通中期資金的市場，是銀行間同業拆借市場的延伸；歐洲票據市場上的主要交易工具包括歐洲短期票據、歐洲商業票據、歐洲中期票據，最具特色的是歐洲票據市場上出現的融資便利（Facility）。

（二）票據承兌

票據（匯票）之所以需要承兌是因為匯票是一種支付委託，即由發票人委託付款人於指定日期無條件支付一定金額給收款人或持票人。票面上雖有付款人的姓名或公司名稱，但僅是發票人單方面的記載，不是付款的承諾。因此，在付款人沒有正式承諾之前，付款人對於票據所載內容不負任何責任。發票人為票據主要債務人。收款人或持票人若要確定票據所載權利，查明付款委託是否真實，以期到期取得票面的所載款項，就必須在票據到期以前得到付款人的正式承諾。付款人承諾付款以後，就成為票據的主要債務人，從而確定了收款人或持票人的權利。因此票據承兌有以下三個主要功能：

第一，確認債權債務關係。

第二，確定付款日期。見票後定期付款的匯票票據到期日應從承兌日算起，因此為確定票據到期日就需要先行承兌。

第三，減輕和明確發票人或背書人的權利。西方國家的票據法一般進行這樣的規定：除見票即付的即期匯票外，發票人或背書人需在匯票上做請求承兌的記載，並確定請求承兌時間。執票人若在規定時間內提請付款人承兌或超過規定時間才提請承兌，在遭到拒絕時，發票人或背書人往往要求執票人提請承兌。如果在規定時間內付款人拒絕承兌，發票人或背書人可以早做準備，如果付款人進行了承兌，就可以減輕發票人或背書人的責任。

（三）票據貼現

票據貼現是持票人在需要資金時，將其收到的未到期承兌匯票，經過背書轉讓給銀行，先向銀行貼付利息，銀行以票面餘額扣除貼現利息後的票款付給收款人，匯票到期時，銀行憑票向承兌人收取現款。就客戶而言，貼現即貼息取現。一般來講，用於貼現的商業匯票主要包括商業承兌匯票和銀行承兌匯票兩種。

根據票據的不同貼現，票據分為銀行票據貼現、商業票據貼現、協議付息票據貼現三種。

在貨幣市場上，從事貼現業務的是商業銀行、貼現公司、中央銀行。貼現的票據主要有匯票、商業本票、短期債券等。

票據貼現從形式上看是票據買賣，是銀行買入未到期的票據或持票人將未到期的票據賣給銀行，但實質上是債權轉移，是一種信用活動，是銀行的一種放款業務，是短期資金融通。通過票據貼現，持票人的票據債權提前轉化為貨幣資金，從而有利於市場經濟的發展和資金週轉。

在票據貼現時，銀行實際支付給貼現人的金額由票據面值、貼現期限和貼現利率三個因素決定。票據面值是銀行支付實際貼現金額的基礎，貼現期限是貼現申請日至票據到期日的期限，以天來計算。貼現利率在不同時期因貼現票據的種類不同而有差異，各商業銀行在政策許可的範圍內可以根據中央銀行的再貼現利率加以調整。

票據貼現額＝票據面值－貼現利息

貼現利息＝票據面值×貼現年利率×(到期日－貼現日)/360

例如，如果某票據距離到期日還有 100 天，面值為 100,000 元，年貼現利率為 7.2%，那麼貼現利息為：100,000×7.2%×100/360＝2,000 元，貼現人能夠獲得的貼現金額為 98,000 元。

1979 年，中國人民銀行批准部分企業簽發商業承兌票據，商業信用有了合法存在的一席之地。1981 年，中國人民銀行上海分行率先恢復同城商業票據承兌。1985 年，全國的專業銀行都獲準對企業簽發的商業票據承兌，進行再貼現。1986 年，轉貼現得以開展，至此票據承兌市場在停辦 30 多年後得到恢復。商業票據本質上是由企業發行的信用型票據，票據的利率取決於發行企業的信用水準。在金融市場上，一些信用良好的大型公司的票據的發行成本低於銀行貸款，因此企業具有利用商業票據作為其融資手段的需求。但是根據現行規定，中國目前的商業票據需要有實際交易為背景，而不是一般性的融資性票據。因此，中國的票據市場對於解決產業密切關聯的企業之間的相互拖欠資金問題具有十分明顯的作用，但對於一般性的融資需求而言，作用相對有限。近年來，在中國人民銀行的政策推動下，票據市場發展很快，商業票據貼現和再貼現均有很大的增長。

四、回購協議市場

(一) 回購協議市場的概念

回購是指證券持有人（回購方）在出售證券的同時，與買方（逆回購方）簽訂協議，約定在某一時間，以事先確定的價格買回同一筆證券的融資活動。從形式上看，回購是兩次證券買賣的過程，但實質上是一種短期資金的融通。回購方是短期資金的需求方，稱為融資方，逆回購方是短期資金的供給方，稱為融券方。回購交易中買賣的證券通常為國債。

(二) 回購協議市場的特點

中國的回購市場主要包括質押式回購市場和買斷式回購市場。

上海證券交易所和深圳證券交易所分別於 1993 年 12 月和 1994 年 10 月開辦了以政府債券為主要交易品種的質押式回購交易。1997 年 6 月，中國人民銀行發布了《關於銀行間債券回購業務有關問題的通知》，規定全國統一同業拆借中心開辦國債、政策性金融債券和中央銀行融資券回購業務；商業銀行間債券回購業務必須通過同業拆借市場進行。2002 年 12 月和 2003 年 1 月，上海證券交易所和深圳證券交易所又分別推出企業債回購交易。目前，滬深交易所的證券回購券種主要是國債和企業債。從回購期限來看，上海證券交易所質押式國債回購期限有 1 天、2 天、3 天、4 天、7 天、14 天、28 天、91 天、182 天 9 種，質押式企業債回購期限有 1 天、3 天和 7 天 3 種。深圳證券交易所現有質押式企業債回購期限有 1 天、2 天、3 天、4 天、7 天、14 天、28 天、63 天、91 天、182 天、273 天 11 種，質押式企業債回購期限有 1 天、2 天、3 天和 7 天 4 種。全國銀行間債券市場回

購期限最短為 1 天，最長為 1 年，參與者可以在此期間內自由選擇期限，不得展期。

買斷式回購交易出現比較晚。2004 年 12 月 6 日，上海證券交易所在大宗交易系統將 2004 年記帳式（十期）國債用於買斷式回購交易，期限為 7 天、28 天和 91 天。2005 年 3 月 21 日，上海證券交易所在競價交易系統將 2005 年記帳式（二期）國債用於買斷式回購交易。在交易所市場，買斷式回購的券種和回購期限由交易所確定並向市場公布，但回購期限不超過 91 天。與質押式回購不同的是，買斷式回購按照一次成交，兩次清算的原則進行清算。初次清算價格為上一交易日對應國債的收盤價（淨價）加上交易日對應國債的應計利息，購回清算價為購回價（淨價）加上到期日應計利息，具體清算交收遵守結算的相關規定。

本章小結

依據《中華人民共和國商業銀行法》的定義，商業銀行是依法設立的吸收公眾存款、發放貸款、辦理結算等業務的金融機構。負債是商業銀行最基本、最重要的業務，在商業銀行的資金來源中佔有主要地位。負債數量、結構和成本的變化，在極大程度上決定著商業銀行的規模、利潤和風險狀況。商業銀行的負債業務主要包括存款負債、借入負債和結算中的負債。

商業銀行的資產業務是對資金運用的結果，是其獲得收入的最主要來源。商業銀行的資產大體上可以分為現金資產項目、二級準備項目、信貸資產項目、證券投資項目和固定資產項目。商業銀行中間業務是指商業銀行從事的、按照通行的會計準則不記入資產負債表內，不會形成銀行現實的資產或負債，卻能影響銀行當期損益的業務。

貨幣市場是期限在 1 年以內的金融工具為媒介進行短期資金融通的市場。交易期限短、流動性強、安全性高、交易額大是貨幣市場的基本特徵。市場中的短期金融工具主要有同業拆借、票據貼現和回購協議等，對不同金融工具的交易行為形成了不同的貨幣市場子市場。

本章的學習重點為了解商業銀行的產生與發展；瞭解商業銀行的性質與職能；理解並掌握商業銀行的資產業務、負債業務、中間業務；分析商業銀行的盈利來源；理解並掌握商業銀行存款業務、貸款業務；瞭解商業銀行的組織形式；掌握商業銀行資產和負債的管理意義；掌握商業銀行的經營管理原則，理解安全性、流動性和盈利性的關係；掌握貨幣市場的特點與功能；瞭解貨幣市場各個子市場的運行機制；掌握貨幣市場工具；瞭解中國貨幣市場的發展狀況；領會票據承兌與貼現業務；理解回購協議的運作原理；掌握大額可轉讓定期存單的特徵；計算大額可轉讓定期存單的收益。

本章的學習難點在於領會基本理論的同時，對現實金融問題進行一定的分析。具體為

了解商業銀行的性質和職能，瞭解商業銀行經營管理原則，掌握商業銀行的業務，熟悉貨幣市場的構成及各工具的特點，能對商業銀行業務種類進行分析，能區分貨幣市場和資本市場，養成初步識別貨幣市場工具的職業素養，培養控制安全性、流動性和盈利性的職業素養。

關鍵概念

1. 商業銀行　2. 資產　　3. 負債　　4. 大額可轉讓存單　5. 本票
6. 匯票　　　7. 同業拆借　8. 承兌　　9. 貼現　　　　　　10. 回購協議

思考題

1. 比較商業銀行資產和負債，並各列舉至少2種資產業務和負債業務。
2. 解釋銀行是如何「創造」貨幣的，並解釋這一能力的局限性。
3. 比較信用合作社和商業銀行的區別。
4. 貨幣市場的功能主要體現在哪些方面？
5. 為什麼同業拆借利率是觀察市場利率趨勢變化的風向標？
6. 什麼是回購協議？什麼是逆回購協議？比較兩者之間的關係。
7. 簡述證券回購價格、售出價格與回購利率之間的關係。
8. 大額可轉讓定期存單對商業銀行改變經營理念起到什麼作用？

練習題

一、單項選擇題

1. 當今國際銀行業最流行的組織形式是（　　）。
　　A. 單一制商業銀行　　　　　　　B. 總分行制商業銀行
　　C. 全國性商業銀行　　　　　　　D. 控股公司制商業銀行
2. 活期存款又被稱為（　　）。
　　A. 本票存款　　B. 存折存款　　C. 匯票存款　　D. 支票存款
3. 商業銀行的負債業務主要包括存款業務和（　　）。

A. 貸款業務　　　　　　　　B. 證券投資業務

　　C. 借款業務　　　　　　　　D. 現金資產業務

4. (　　) 包括個人住房貸款、個人消費貸款、個人經營性貸款和銀行卡透支等。

　　A. 公司類貸款　　B. 票據貼現　　C. 個人貸款　　D. 可疑貸款

5. 下列不能在貨幣市場上交易的金融工具是 (　　)。

　　A. 大額可轉讓定期存單　　　B. 國庫券

　　C. 普通股　　　　　　　　　D. 匯票

6. 下列哪一項資產的流動性最高? (　　)。

　　A. 現金　　　　B. 國債　　　C. 股票　　　D. 貸款

7. 貨幣市場只涉及 (　　)。

　　A. 短期融資　　　　　　　　B. 中期融資

　　C. 長期融資　　　　　　　　D. 所有以上類型的融資

8. 下列哪一項屬於商業銀行的負債 (　　)。

　　A. 證券投資　　　　　　　　B. 在中央銀行的存款

　　C. 銀行客戶的存款　　　　　D. 銀行持有的匯票

9. 假定一家銀行的法定存款準備金率是 10%, 新增 1,000 元的現金存款, 則整個銀行系統最多可增加貸款量是 (　　)。

　　A. 100 元　　B. 900 元　　C. 1,000 元　　D. 9,000 元

10. 下列不屬於貨幣市場特點的是 (　　)。

　　A. 交易期限短　　B. 流動性弱　　C. 安全性高　　D. 交易額大

11. 同業拆借的參與主體目前只有 (　　)。

　　A. 政府　　B. 金融機構　　C. 工商企業　　D. 國際組織

12. 同業拆借市場上交易的主要是 (　　)。

　　A. 商業銀行存放在中央銀行存款帳戶上的超額準備金

　　B. 企業帳面上的多餘資金

　　C. 居民手中的閒置資金

　　D. 國際間流動的閒置資金

13. 同業拆借市場最普遍的拆借期限是 (　　) 拆借。

　　A. 7 天　　B. 隔夜　　C. 14 天　　D. 1 個月

14. 負責 SHIBOR 報價計算和信息發布的是 (　　)。

　　A. 全國銀行間同業拆借中心　　B. 中國人民銀行

　　C. 銀行業協會　　　　　　　　D. 證監會

15. 有資格發行商業票據的公司是 (　　)。

　　A. 信譽卓越的大公司　　　　　B. 信譽良好的小公司

C. 信譽一般的大公司　　　　　D. 信譽一般的小公司

16. 一張面額為1,000元、3個月後到期的匯票，持票人到銀行貼現，若該票據的年貼現率為4%，則持票人可得的貼現金額為（　　）。

　　A. 1,000元　　　B. 999元　　　C. 10元　　　D. 990元

17. 中國20世紀90年代叫停發行大額可轉讓定期存單的原因不包括（　　）。

　　A. 當時的投資者購入存單後一般不轉讓，流動性很差

　　B. 大額可轉讓定期存單成了當時商業銀行變相高息攬存的手段

　　C. 廣大投資者不願購買

　　D. 存單面額小，不符合原來的典型特徵

二、多項選擇題

1. 活期存款的特點包括（　　）。

　　A. 支取方便　　B. 利率高　　C. 運用靈活　　D. 利息低

　　E. 按約定時間支取

2. 定期存款的辦理方式包括（　　）。

　　A. 隨時支取　　B. 整存整取　　C. 零存整取　　D. 整存零取

　　E. 存本取息

3. 按期限長短不同，貸款可分為（　　）。

　　A. 信用貸款　　B. 擔保貸款　　C. 短期貸款　　D. 中期貸款

　　E. 長期貸款

4. 按保障條件不同，貸款可分為（　　）。

　　A. 信用貸款　　B. 擔保貸款　　C. 短期貸款　　D. 中期貸款

　　E. 長期貸款

5. 按具體擔保方式不同，擔保貸款又分為（　　）。

　　A. 保證貸款　　B. 抵押貸款　　C. 質押貸款　　D. 個人貸款

6. 銀行從事證券投資業務的特點包括（　　）。

　　A. 主動性強　　B. 流動性強　　C. 收益穩定　　D. 易於分散管理

　　E. 收益波動性大

7. 下列關於回購協議表述正確的是（　　）。

　　A. 本質上是一種以一定數量證券為質押品進行的短期資金融通行為

　　B. 回購價格高於出售價格

　　C. 期限通常在一年以上

　　D. 回購利率通常低於同業拆借利率

　　E. 屬於貨幣市場金融工具

8. 下列哪一項是銀行的資產（　　）。
   A. 客戶存款　　　　　　　　　B. 庫存現金
   C. 在中央銀行的準備金存款　　　D. 給客戶的貸款
9. 下列關於大額可轉讓定期存單表述正確的是（　　）。
   A. 存單面額大　　　　　　　　B. 二級市場非常發達
   C. 強化了商業銀行的負債管理理念　D. 存單不記名
10. 下列關於大額可轉讓定期存單的利率說法正確的是（　　）。
    A. 固定利率　　　　　　　　　　B. 利率高低取決於發行銀行的信用評級
    C. 利率高低取決於存單的期限　　D. 利率高低取決於發行量

三、計算題

某企業將沒到期的銀行承兌匯票轉讓給銀行，原匯票金額為 10 萬元，距到期日還有 15 天，銀行月貼現利率為 1%，則銀行該給企業的貼現金額是多少？

(練習題參考答案)

案例分析題

案例一　花旗銀行的組織結構模式

花旗銀行的前身是紐約城市銀行（City Bank of New York），成立於 1812 年。

歷經兩個世紀的潛心開拓後，花旗銀行與旅行者集團在 1998 年合併組成了新公司，成為花旗集團。目前，花旗集團已經成為全球最大的金融服務機構，為超過 100 多個國家約 2 億消費者、企業、政府以及機構提供品種繁多的金融產品與服務，包括消費者銀行和信貸、企業和投資銀行、保險、證券經紀及資產管理服務。

1. 以客戶為中心，採取縱橫交叉的矩陣式組織結構

2002 年 6 月，花旗集團開始採用新的矩陣式結構進行重組，重組的中心內容是細分市場，進一步圍繞客戶尋求產品、地域之間的平衡，目標是向客戶提供具有「花旗品質」的

金融品牌，如具有全球影響力的「花旗銀行」，確保在各區域市場上能夠占據領先位置。從圖1我們可以看到，花旗集團的全部業務被劃分為三大塊。

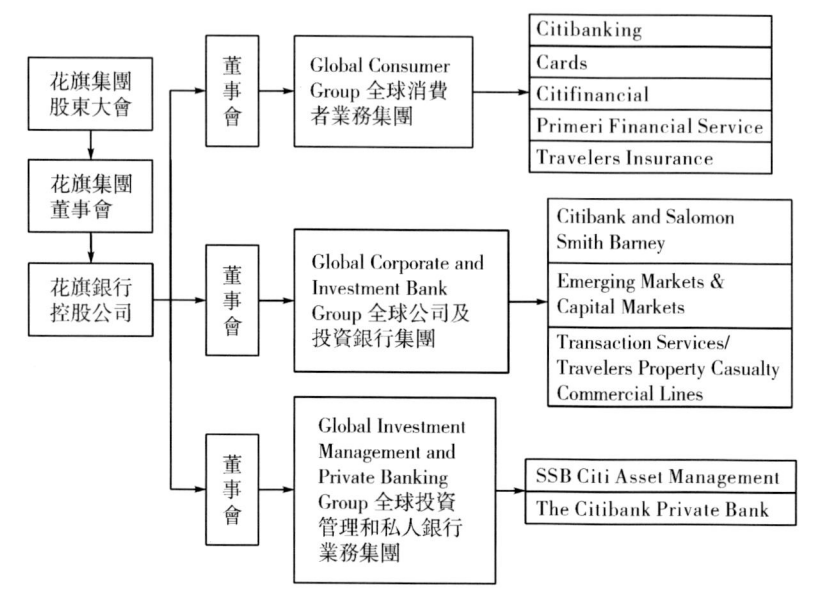

圖1　花旗銀行組織結構圖

花旗集團所有業務被進一步劃分到全球幾大區域：北美、亞太、拉美、中東、歐洲和非洲。以其全球消費者業務集團為例，其內部組織結構如圖2所示，集團內部分設業務管理部門和職能管理部門，這種矩陣式結構由「縱軸」產品線和「橫軸」職能部門組成，軸心是客戶群。矩陣的「橫軸」職能部門為團隊提供了不同從業背景的專業人員，「縱軸」上的品牌經理被賦予相當的權利，可以充分獲取不同部門的全面信息，在避免了人力重疊、收集信息效率低下等問題後，能以較小的成本更加靈敏地對市場變化做出反應。通過這樣的線面結合的組織架構，既能保證在各地市場上品牌的理念得到很好的理解，從而全面推進具有統一「花旗品質」的產品，又能充分照顧到各區域市場的差異，形成了其「國際化的本地銀行」的優勢。

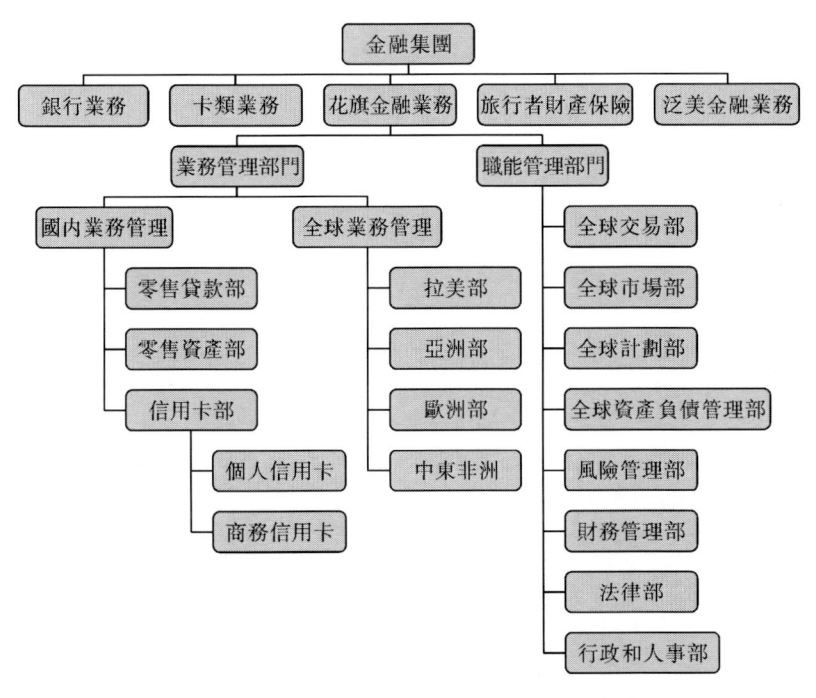

```
                        金融集團
    ┌──────┬──────────┼──────────┬──────────┐
  銀行業務  卡類業務  花旗金融業務  旅行者財產保險  泛美金融業務
              ┌──────────┴──────────┐
          業務管理部門              職能管理部門
          ┌────┴────┐              │
      國內業務管理  全球業務管理     全球交易部
          │          │              │
       零售貸款部    拉美部         全球市場部
          │          │              │
       零售資產部    亞洲部         全球計劃部
          │          │              │
       信用卡部     歐洲部       全球資產負債管理部
          │          │              │
       個人信用卡   中東非洲       風險管理部
          │                         │
       商務信用卡                  財務管理部
                                    │
                                   法律部
                                    │
                                行政和人事部
```

圖 2　花旗銀行全球消費者業務集團內部組織結構

2. 二維雙重報告關係制

　　地區分行的業務部門分管和職能部門分管必須同時向橫向劃分的集團區域國際主管和縱向劃分的集團相應部門主管或業務線主管報告並負責，即將同一層面的專業化板塊（各職能部門）和上下垂直型領導關係（總分行）緊密結合，實行雙重命令鏈，使員工同時接受雙重領導，擯棄兩者中任何一方可能存在的不足。

　　總行的業務部門在產品上擁有更多的話語權，區域主管則更多的是協調好產品進入該市場後的政策法規及文化差異等問題以保證產品能很好地融入市場。

　　在以客戶為中心的經營理念指導下，花旗銀行既強調垂直領導關係又十分重視橫向的支持、協調、輔助和監督。一般而言，總行內部每一業務層面的負責人在重要業務或管理問題上須與首席執行官（CEO）直接溝通，及時匯報、聽取指示；而後者也給予前者必要的支持和協助有時甚至直接參與市場行銷和公關協調各方面的關係。即使在分支機構，其主要負責人通常亦兼任主要業務板塊的領導工作從而形成了縱橫之間的緊密結合，以增強團隊的合力。此外，在業務發展過程中，有時客戶會提出涉及不同業務線的產品或服務需求，這時花旗銀行根據需要，由不同板塊的客戶經理和產品經理臨時組成客戶關係經理小

組共同為客戶服務。這種團隊作用的發揮一般也是通過縱橫「雙道命令系統」來實現的。它打破了條與條之間的阻隔，加強了各部門之間的協作配合，能在不增加機構和人員編製的前提下將不同部門的專業人員集中在一起，較好地解決了急難問題，從而也較好地解決了業務創新中銀行內部組織結構相對穩定和工作任務多變之間的矛盾。

談談花旗銀行業務組織優勢，有哪些值得國內銀行吸取的經驗？

案例二 理財「飛單」驚客戶 銀行內控短板待補[①]

「銀行賣的理財產品不會有問題！」張大媽說起這話，語氣篤定。《中國證券報》記者在採訪時發現，日常生活中，和張大媽有類似想法的銀行儲戶不在少數。這種觀點在中老年人群中，可以說是極為普遍的。在這些人的印象中，在銀行買理財產品和存定期存款一樣讓人放心。的確，銀行理財業務的總體規模不斷擴大。《2017 中國財富管理市場報告》指出，2017 年上半年，銀行業理財市場累計發行理財產品 11.92 萬只，累計募集資金 83.44 萬億元。然而與理財規模體量並不相符的是，近年來銀行理財「飛單」事件頻頻發生，暴露出銀行理財業務內控和管理的問題令人咋舌。

此前，中國民生銀行北京分行航天橋支行假理財案，涉案金額約 16.5 億元，涉及客戶約 150 餘人。北京銀監局在行政處罰信息公開表上明確表示，中國民生銀行北京分行下轄航天橋支行涉案人員銷售虛構理財產品以及北京分行內控管理嚴重違反審慎經營規則。北京銀監局責令中國民生銀行北京分行改正，並給予合計 2,750 萬元罰款的行政處罰。

無獨有偶，黑龍江銀監局 2018 年第一張罰單就開給了工商銀行黑龍江省分行，該行 6 只、金額 54.7 億元理財產品涉嫌違規。黑龍江銀監局按照過罰相當原則，依法對工商銀行黑龍江省分行與所轄 13 家二級分行及責任人處以累計 3,400 萬元罰款。

屢禁不止的理財「飛單」案讓很多銀行儲戶在購買銀行理財產品時望而卻步。家住北京市朝陽區的王大姐對《中國證券報》記者表示：「特別害怕辛苦賺的錢被卷跑，銀行在銷售時也並沒有將全部風險告訴我們。自己以為買的是理財產品，結果買的卻是保險產品。」

為有效治理這些現象，銀監會發布了《銀行業金融機構銷售專區錄音錄像管理暫行規定》，要求銀行業金融機構實施專區「雙錄」，即設立銷售專區並在銷售專區內裝配電子系統，對自有理財產品及代銷產品銷售過程同步錄音錄像。另外，銀監會在《2018 年整治銀行業市場亂象工作要點》中指出，要對違規開展理財業務進行整治。例如，自營業務和代客理財業務未設置風險隔離；理財產品間未實現單獨管理、建帳和核算，違規開展滾

[①] 彭揚. 理財「飛單」驚客戶 銀行內控短板待補 [N]. 中國證券報, 2018-01-15 (A3).

動發行、集合運作、分離定價的資金池理財業務；利用本行自有資金購買本行發行的理財產品，本行信貸資金為本行理財產品提供融資或擔保；違規通過發放自營貸款承接存在償還風險的理財投資業務；等等。

值得注意的是，上述這些現象的頻頻出現，究其原因還是部分商業銀行內部控制體系的水準有所欠缺，尤其是在制度建設上需要進一步完善，才能確保銀行管理的有效和資產的安全，從而使銀行理財產品成為投資者信得過的產品，而不是以「較高」的利息為「誘餌」吸引儲戶投資。具體來看，在銀行提高內控水準上，首先，銀行應加強重點風險領域管控，在重點領域做到對所有部門、崗位和人員的監督。其次，突出制衡性原則。此前銀監會《關於商業銀行內部控制指引的通知》中指出，商業銀行內部控制應當在治理結構、機構設置、權責分配、業務流程等方面形成相互制約和相互監督的機制。最後，銀行員工的道德風險應成為內控的關鍵之一，在日常管理工作中發揮防範效應。

你認為商業銀行理財業務未來的趨勢如何？監管機構應制定什麼樣的監管政策控制該業務產生的金融風險？

案例三 大額存單門檻降低[①]

2016年6月6日，中國人民銀行發布公告，決定將《大額存單管理暫行辦法》第六條「個人投資人認購大額存單起點金額不低於30萬元」的內容，修改為「個人投資人認購大額存單起點金額不低於20萬元」，並自即日起施行。「為推進大額存單業務發展，拓寬個人金融資產投資渠道，增強商業銀行主動負債能力。」對於本次下調認購起點，中國人民銀行解釋稱。

2016年6月7日，青島銀行宣布正式推出起售金額為20萬元的大額存單，成為全國首家發行20萬元大額存單的商業銀行。該產品期限有6個月、12個月、36個月，收益分別為年利率1.846%、2.13%、3.905%，各期限產品執行央行同期基準利率上浮42%，發售時間定為6月8日~6月15日。購買成功當天起息，到期後本息自動轉入購買時銀行卡的活期帳戶。

所謂大額存單，是商業銀行面向個人和企業、機構客戶發行的記帳式大額存款電子化憑證，是具有標準化期限、最低投資金額要求、市場化定價的存款產品。2015年，中國人民銀行發布《大額存單管理暫行辦法》，規定個人認購起點金額為30萬元。不過，由於大額存單購買起點高、收益低於國債和銀行理財產品，因此處境略顯尷尬。

記者瞭解到，從門檻來看，定存和國債的門檻都比較低，分別為50元、100元，銀行

[①] 王菲. 大額存單門檻降低[N]. 上海金融報, 2016-06-14 (B5).

理財產品的購買起點最低為5萬元。因此，大額存單的30萬元門檻限制相對較高。此番下調至20萬元，進一步降低購買門檻，為個人投資者提供更多選擇。「從央行角度來說，降低大額存單認購門檻，是為了吸引更多的投資者，能夠購買存單。」中國社科院金融所銀行研究室主任、中小銀行研究基地主任曾剛表示。但即便降低門檻，能不能激起百姓購買的熱情，還要觀察。

在民生銀行首席研究員溫彬看來，進入後利率市場化時期，降低個人投資大額存單門檻有助於提高居民個人投資積極性，從而進一步提高銀行負債的市場化定價部分比重，同時對銀行加強主動負債管理水準也有積極意義。對於投資者，專家建議，如果有一筆暫時不用的資金，又沒有好的投資方向，建議購買國債鎖定中長期收益。不過，若要提前支取，大額存單收益更高。因為大額存單相對於國債來說期限靈活，可以提前支取，收益相對較高，適合短期持有。

數據顯示，目前正在發行的3年期大額存單利率為3.85%。而2016年5月剛剛發行的3年期儲蓄國債利率為3.9%。以20萬元為例，購買3年期國債一年利息為7,800元，購買大額存單一年收益7,700元，僅相差100元。對於穩健型投資者來說，如果未買到2016年6月10日起發行的電子式國債，不妨考慮選擇大額存單。業內人士進一步指出，相較於普通存單，大額存單利率更高，與國債、理財產品相比，又存在流動性優勢，大額存單不但可以轉讓、提前支取和贖回，還可以作貸款抵押及出國保證金開立存款證明。由於大額存單的實質屬於一般性存款，可享受存款保險制度最高50萬元的保護。

你認為大額存單門檻的降低對商業銀行來說有什麼優勢？對於投資者來說具有什麼樣的投資價值？

第四章　學會證券交易

學習目標

知識目標
1. 掌握證券公司的概念
2. 掌握證券市場的功能
3. 掌握證券交易所的特徵
4. 掌握股票的概念與特點
5. 掌握債券的定義和基本要素
6. 掌握基金與基金公司的概念
7. 掌握基金的類型

能力目標
1. 能明白證券的含義
2. 能認識證券公司的業務
3. 能掌握股票場內交易的程序
4. 能掌握債券投資收益和收益率的計算
5. 能運用政府的醫療保險制度規劃自身的醫療保險計劃

素養目標
1. 通過證券市場的學習，能養成具有關注證券市場動態的觀念
2. 通過證券產品的學習，能明白投資的風險，養成正確的投資觀念

引導案例

［案例4-1］股市的市場特徵

　　股票的一大特徵就在於其價格的波動性。我們投資股票時，時刻面臨著因股市行情的漲跌而引起的風險，這種風險可以通過股票價格指數的波動來分析。

股票市場風險的一個最突出的表現就是股市暴跌，這甚至會導致股市危機。1987年10月，西方股市發生暴跌風潮。1987年10月19日，代表紐約股票市場價格的重要指數——道·瓊斯30種工業股票平均價格指數在一天之內暴跌了508.34點，跌幅達22.6%。據估計，在當天的幾個小時內，美國的投資者共損失了5,000多億美元。這一天，被投資者稱為「黑色星期一」。中國股市在繼2014年的火爆行情後，2015年年初股票大盤指數繼續震盪攀升。2015年6月12日，上證綜合指數創出了5,178.19點的近年最高點。但在這之後，大盤指數開始一路下跌，到2016年1月27日，上證綜合指數跌至2,638.30點，跌幅達46.59%，投資者損失慘重。

　　翻看中國股市以及世界各國股市中著名的暴漲行情，無一例外的都是暴漲之後必有暴跌。市場人氣在一度膨脹進而失控的牛市之後，必然帶來的是獲利了結的情緒，這種情緒會形成空方壓力，從而「多殺多」，導致股市加速下跌，形成「惡性踩踏」。

　　從個股角度看，市場主力借助「概念炒作」將個股行情推向瘋狂，累積起巨大風險。滬深兩地股市中有一些缺乏業績支撐或透支未來業績，而價格已達「市夢率」的概念股。真正的「慢牛」行情可以參考美國股市的歷史記錄，基本上這些行情都是從一開始就不溫不火地漲，一年也漲不了多大幅度，但往往能一直漲下去，因為這樣的行情根本吸引不了賭徒的關注，股市中更多的是價值投資者。

第一節　證券公司、證券市場、證券交易所與證券登記結算公司

一、證券公司的概念

　　證券公司（Securities Company）是專門從事有價證券買賣的法人企業，分為證券經營公司和證券登記公司。狹義的證券公司是指證券經營公司，是經主管機關批准並有關工商行政管理局領取營業執照後專門經營證券業務的機構。其具有證券交易所的會員資格，可以承銷發行、自營買賣或自營及代理買賣證券。普通投資人的證券投資都要通過證券商來進行。不同的國家，證券公司有著不同的稱謂。在美國，證券公司被稱為投資銀行（Investment Bank）或證券經紀商（Broker-Dealer）；在英國，證券公司被稱為商人銀行（Merchant Bank）；在東亞（以日本為代表），其被稱為證券公司（Securities Company）。證券公司的業務範圍包括證券經紀、證券投資諮詢以及與證券交易、證券投資活動有關的財務顧問、證券承銷與保薦、證券自營、證券資產管理。證券經營公司按功能可以分為以下三類：

　　第一，證券經紀商，即證券經紀公司，是代理買賣證券的證券機構。其接受投資人委

託、代為買賣證券，並收取一定手續費（佣金）。

第二，證券自營商，即綜合型證券公司，是除了證券經紀公司的權限外，還可以自行買賣證券的證券機構。其資金雄厚，可直接進入交易所為自己買賣股票。如國泰君安證券。

第三，證券承銷商，即以包銷或代銷形式幫助發行人發售證券的機構。

實際上，許多證券公司是兼營以上三種業務的。按照各國現行的做法，證券交易所的會員公司均可以在交易市場進行自營買賣，但專門以自營買賣為主的證券公司為數極少。

另外，一些經過認證的創新型證券公司還具有創設權證的權限。過去，中國證券監督管理部門將證券公司分為綜合類證券公司和經紀類證券公司，並實施分類監管。隨著資本市場的發展，分類監管劃分模式已不能適應中國證券市場的專業化細分和規模化的發展方向。2006年1月1日起實施的經修訂的《中華人民共和國證券法》將原有的分類管理的規定調整為按照證券經紀、證券投資諮詢、財務顧問、證券承銷和保薦、證券自營、證券資產管理、其他證券業務等業務類型進行管理，並按照審慎監管的原則，依據各項業務的風險程度，設定分類准入條件。

二、證券公司的業務

中國證券公司的業務範圍包括證券經紀，證券投資諮詢，與證券交易、證券投資活動有關的財務顧問，證券承銷與保薦，證券自營，證券資產管理以及其他證券業務。《中華人民共和國證券法》規定，經國務院證券監督管理機構批准，證券公司可以為客戶買賣證券提供融資融券服務及其他業務。

（一）證券經紀業務

證券經紀業務又稱代理買賣證券業務，是指證券公司接受客戶委託代客戶買賣有價證券的業務。在證券經紀業務中，證券公司只收取一定比例的佣金作為業務收入。證券經紀業務分為櫃臺代理買賣證券業務和通過證券交易所代理買賣證券業務。目前，中國證券公司從事的經紀業務以通過證券交易所代理買賣證券業務為主。證券公司的櫃臺代理買賣證券業務主要為在代辦股份轉讓系統進行交易的證券的代理買賣。

在證券經紀業務中，經紀委託關係的建立表現為開戶和委託兩個環節。

經紀關係的建立只是確立了投資者和證券公司直接的代理關係，還沒有形成實質上的委託關係。當投資者辦理了具體的委託手續，即投資者填寫了委託單或自助委託，證券公司受理了委託，兩者就建立了受法律保護和約束的委託關係。經紀業務中的委託單，性質上相當於委託合同，不僅具有委託合同應具備的主要內容，而且明確了證券公司作為受託人的代理業務。

根據《證券公司監督管理條例》的規定，證券公司從事證券經紀業務，可以委託證券公司以外的人員作為證券經紀人，代理其進行客戶招攬、客戶服務以及產品銷售等活動。

證券經紀人應當具有證券從業資格。證券經紀人應當在證券公司的授權範圍內從事業務，並應當向客戶出示證券經紀人證書。2009年3月，中國證監會發布《證券經紀人管理暫行規定》，對證券公司採用證券經紀人制度開展證券經紀業務行銷活動做出了進一步的明確規定。

（二）證券投資諮詢業務

證券投資諮詢業務是指從事證券投資諮詢業務的機構及其諮詢人員為證券投資人或客戶提供證券投資分析、預測或建議等直接或間接有償諮詢服務的活動。

證券投資顧問業務是指證券公司、證券投資諮詢機構接受客戶委託，按照約定向客戶提供涉及證券及證券相關產品的投資建議服務，輔助客戶做出投資決策，並直接或間接獲取經濟利益的經營活動。投資建議服務內容包括投資的品種選擇、投資組合及理財規劃建議等。

發布證券研究報告是指證券公司、證券投資諮詢機構對證券及證券相關產品的價值、市場走勢或相關影響因素進行分析，形成證券估值、投資評級等投資分析意見，製作證券研究報告，並向客戶發布的行為。證券研究報告主要包括涉及證券及證券相關產品的價值分析報告、行業研究報告、投資策略報告等。證券研究報告可以採用書面或電子文件形式。

（三）與證券交易、證券投資活動有關的財務顧問業務

財務顧問業務是指與證券交易、證券投資活動有關的諮詢、建議、策劃業務。財務顧問業務具體包括為企業申請證券發行和上市提供改制改組、資產重組、前期輔導等方面的諮詢服務；為上市公司重大投資、收購兼併、關聯交易等業務提供諮詢服務；為法人、自然人及其他組織收購上市公司及相關的資產重組、債務重組等提供諮詢服務；為上市公司完善法人治理結構、設計經理層股票期權、職工持股計劃、投資者關係管理等提供諮詢服務；為上市公司再融資、資產重組、債務重組等資本營運提供融資策劃、方案設計、推介路演等方面的諮詢服務；為上市公司的債權人、債務人對上市公司進行債務重組、資產重組、相關的股權重組等提供諮詢服務以及中國證監會認定的其他業務形式。

（四）證券承銷與保薦業務

證券承銷是指證券公司代理證券發行人發行證券的行為。發行人向不特定對象公開發行的證券，法律、行政法規規定應當由證券公司承銷的，發行人應當同證券公司簽訂承銷協議。

證券承銷業務可以採取代銷或包銷方式。證券包銷是指證券公司將發行人的證券按照協議全部購入或在承銷期結束時將售後剩餘證券全部自行購入的承銷方式，前者為全額包銷，後者為餘額包銷。證券代銷是指證券公司代發行人發售證券，在承銷期結束時，將未售出的證券全部退還給發行人的承銷方式。《中華人民共和國證券法》規定了承銷團的承銷方式。按照《中華人民共和國證券法》的規定，向不特定對象發行的證券票面總值超過

人民幣 5,000 萬元的，應當由承銷團承銷，承銷團由主承銷商和參與承銷的證券公司組成。

發行人申請公開發行股票、可轉換為股票的公司債券，依法採取承銷方式的，或者公開發行法律、行政法規規定實行保薦制度的其他證券的，應當聘請具有保薦資格的機構擔任保薦機構。證券公司履行保薦職責，應按規定註冊登記為保薦機構。保薦機構負責證券發行的主承銷工作，負有對發行人進行盡職調查的義務，對公開發行募集文件的真實性、準確性、完整性進行核查，向中國證監會出具保薦意見，並根據市場情況與發行人協商確定發行價格。

（五）證券自營業務

證券自營業務是指證券公司以自己的名義，以自有資金或依法籌集的資金，為本公司買賣依法公開發行的股票、債券、權證、證券投資基金以及中國證監會認可的其他證券，以獲取營利的行為。證券自營活動有利於活躍證券市場，維護交易的連續性。但在自營活動中要防範操縱市場和內幕交易等不正當行為。由於證券市場的高收益性和高風險性特徵，許多國家都對證券經營機構的自營業務制定法律法規，進行嚴格管理。

證券公司開展自營業務，或者設立子公司開展自營業務，都需要取得證券監管部門的業務許可，證券公司不得為從事自營業務的子公司提供融資或擔保。同時，相關規定要求證券公司治理結構健全，內部管理有效，能夠有效控制業務風險；有合格的高級管理人員及適當數量的從業人員、安全平穩運行的信息系統；建立完備的業務管理制度、投資決策機制、操作流程和風險監控體系。

（六）證券資產管理業務

證券資產管理業務是指證券公司作為資產管理人，根據有關法律、法規和與投資者簽訂的資產管理合同，按照資產管理合同約定的方式、條件、要求和限制，為投資者提供證券及其他金融產品的投資管理服務，以實現資產收益最大化的行為。

證券公司從事資產管理業務，應當獲得證券監管部門批准的業務資格；公司淨資本不低於 2 億元，並且各項風險控制指標符合有關監管規定，設立限定性集合資產管理計劃的淨資本限額為 3 億元，設立非限定性集合資產管理計劃的淨資本限額為 5 億元；資產管理業務人員具有證券從業資格，並且無不良行為記錄，其中具有 3 年以上證券自營、資產管理或者證券投資基金管理從業經歷的人員不少於 5 人；公司具有良好的法人治理機構、完備的內部控制和風險管理制度。

證券公司為單一客戶辦理定向資產管理業務，應當與客戶簽訂定向資產管理合同，通過該客戶的帳戶為客戶提供資產管理服務。定向資產管理業務的特點是證券公司與客戶必須是一對一的投資管理服務；具體投資的方向在資產管理合同中約定；必須在單一客戶的專用證券帳戶中封閉運行。

證券公司為多個客戶辦理集合資產管理業務，應當設立集合資產管理計劃並擔任集合

資產管理計劃管理人，與客戶簽訂集合資產管理合同，將客戶資產交由具有客戶交易結算資金法人存管業務資格的商業銀行或中國證監會認可的其他機構進行託管，通過專門帳戶為客戶提供資產管理服務。集合資產管理業務的特點是集合性，即證券公司與客戶是一對多；投資範圍有限定性和非限定性的區分；客戶資產必須託管；專門帳戶投資運作；比較嚴格的信息披露。

證券公司辦理集合資產管理業務，可以設立限定性集合資產管理計劃和非限定性集合資產管理計劃。

（七）融資融券業務

融資融券業務是指向客戶出借資金供其買入上市證券或出借上市證券供其賣出，並收取擔保物的經營活動。

證券公司經營融資融券業務，應當具備以下條件：公司治理結構健全，內部控制有效；風險控制指標符合規定，財務狀況、合規狀況良好；有開展業務相應的專業人員、技術條件、資金和證券；有完善的業務管理制度和實施方案等。

根據《證券公司融資融券業務試點管理辦法》的規定，證券公司申請融資融券業務試點，應當具備以下條件：經營經紀業務已滿3年，並且在分類評價中等級較高；公司治理健全，內控有效，能有效識別、控制和防範業務經營風險和內部管理風險；公司信用良好，最近2年未有違法違規經營的情形；財務狀況良好；客戶資產安全、完整，實現交易、清算以及客戶帳戶和風險監控的集中管理；有完善的和切實可行的業務實施方案與內部管理制度，具備開展業務所需的人員、技術、資金和證券等。

（八）證券公司中間介紹（IB）業務

IB（Introducing Broker），即介紹經紀商，是指機構或個人接受期貨經紀商的委託，介紹客戶給期貨經紀商並收取一定佣金的業務模式。證券公司中間介紹（IB）業務是指證券公司接受期貨經紀商的委託，為期貨經紀商介紹客戶參與期貨交易並提供其他相關服務的業務活動。根據中國現行相關制度的規定，證券公司不能直接代理客戶進行期貨買賣，但可以從事期貨交易的中間介紹業務。

1. 證券公司申請IB業務資格的條件

證券公司申請IB業務資格，應當符合下列條件：

（1）申請日前6個月各項風險控制指標符合規定標準。

（2）已按規定建立客戶交易結算資金，即第三方託管制度。

（3）全資擁有或控股一家期貨公司，或者與一家期貨公司被同一機構控制，並且該期貨公司具有實行會員分級結算制度期貨交易所的會員資格、申請日前2個月的風險監管指標持續符合規定的標準。

（4）配備必要的業務人員，公司總部至少有5名、擬開展IB業務的營業部至少有2名具有期貨從業人員資格的業務人員。

（5）已按規定建立健全與 IB 業務相關的業務規則、內部控制、風險隔離以及合規檢查等制度。

（6）具有滿足業務需要的技術系統。

（7）中國證監會根據市場發展情況和審慎監管原則規定的其他條件。

證券公司申請 IB 業務，應當向中國證監會提交介紹業務資格申請書等規定的申請材料。

2. 證券公司受期貨公司委託從事 IB 業務應當提供的服務

證券公司受期貨公司委託從事 IB 業務，應當提供下列服務：

（1）協助辦理開戶手續。

（2）提供期貨行情信息、交易設施。

（3）提供中國證監會規定的其他服務。

證券公司不得代理客戶進行期貨交易、結算或交割，不得代期貨公司、客戶收付期貨保證金，不得利用證券資金帳戶為客戶存取、劃轉期貨保證金。

3. 證券公司 IB 業務的業務規則

證券公司只能接受其全資擁有或控股的，或者被同一機構控制的期貨公司的委託從事 IB 業務，不能接受其他期貨公司的委託從事 IB 業務。證券公司應當按照合規、審慎經營的原則，制定並有效執行 IB 業務規則、內部控制、合規檢查等制度，確保有效防範和隔離 IB 業務與其他業務的風險。期貨公司與證券公司應當建立 IB 業務的對接規則，明確辦理開戶、行情和交易系統的安裝維護、客戶投訴的接待處理等業務的協作程序和規則。證券公司與期貨公司應當獨立經營，保持財務、人員、經營場所等分開隔離。

（九）直接投資業務

證券公司開展直接投資業務，應當設立子公司（直接投資子公司，簡稱直投子公司），由直投子公司開展業務。

1. 直接投資業務範圍

直接投資業務範圍如下：

（1）使用自有資金對境內企業進行股權投資。

（2）為客戶提供股權投資的財務顧問服務。

（3）設立直投基金，籌集並管理客戶資金進行股權投資。

（4）在有效控制風險、保持流動性的前提下，以現金管理為目的，將閒置資金投資於依法公開發行的國債、投資級公司債、貨幣市場基金、央行票據等風險較低、流動性較強的證券以及證券投資基金、集合資產管理計劃或專項資產管理計劃。

（5）證監會同意的其他業務。

2. 證券公司設立直投子公司應當符合的要求

證券公司設立直投子公司應當符合下列要求：

（1）公司章程有關對外投資的重要條款應當明確規定公司可以設立直投子公司。

（2）具備較強的資本實力和風險管理能力以及健全的淨資本補足機制。對淨資本指標進行敏感性分析和壓力測試，以確保設立直投子公司後各項風險控制指標持續符合規定。

（3）經營合法合規，不存在需要整改的重大違規問題。

（4）投資到直投子公司、直投基金、產業基金及基金管理機構的金額合計不超過公司淨資本的15%，並在計算淨資本時按照有關規定扣減相關投資。

（5）與直投子公司在人員、機構、財務、資產、經營管理、業務運作等方面相互獨立，不得違規干預直投子公司的投資決策。

（6）具有完善的內部控制制度和良好的風險控制機制，能夠有效進行風險控制和合規管理，防範與直投子公司發生利益衝突、利益輸送風險。

（7）公司網站公開披露公司開展直接投資業務建立的各項制度、防範與直投子公司利益衝突的具體制度安排以及設立的舉報信箱地址或投訴電話。

（8）除證監會同意外，公司及相關部門不得借用直投子公司名義或以其他任何方式開展直接投資業務。

（9）擔任擬上市企業的輔導機構、財務顧問、保薦機構或主承銷商的，自簽訂有關協議或實質開展相關業務之日起，公司的直投子公司、直投基金、產業基金以及基金管理機構不得再對該擬上市企業進行投資。

（10）加強公司的人員管理，嚴禁投行人員及其他從業人員違規從事直接投資業務。公司保薦代表人及其他投行人員書面承諾勤勉盡責，不向發行人提出不正當要求，不利用工作之便為個人或者他人謀取不正當利益。

證券公司控股其他證券公司的，只能由母公司設立1家直投子公司。

三、證券市場與證券交易所

（一）證券市場

1. 證券市場的含義

證券市場是股票、債券、投資基金份額等有價證券發行和交易的場所。證券市場是市場經濟發展到一定階段的產物，是為解決資本供求矛盾和流動性而產生的市場。

2. 證券市場的特徵

（1）證券市場是價值直接交換的場所。有價證券都是價值的直接代表，它們本質上是價值的一種直接表現形式。雖然證券交易的對象是各種各樣的有價證券，但由於它們是價值的直接表現形式，因此證券市場本質上是價值的直接交換場所。

（2）證券市場是財產權利直接交換的場所。證券市場上的交易對象是作為經濟權益憑證的股票、債券、投資基金份額等有價證券，它們本身是一定量財產權利的代表，因此代表著對一定數額財產的所有權或債權以及相關的收益權。證券市場實際上是財產權利的直

接交換場所。

（3）證券市場是風險直接交換的場所。有價證券既是一定收益權利的代表，同時也是一定風險的代表。有價證券的交換在轉讓出一定收益權的同時，也把該有價證券所特有的風險轉讓出去。因此，從風險的角度分析，證券市場也是風險的直接交換場所。

3. 證券市場的功能

（1）證券市場是籌集資金的重要渠道。在證券市場上進行證券投資，一般都能獲得高於儲蓄存款利息的收益，並且具有投資性質，因此能吸引眾多的投資者。對於證券發行者來說，通過證券市場可以籌集到一筆可觀的資金，用這些資金或補充自有資金的不足，或開發新產品、上新項目，有利於迅速增強公司實力。要在較短時間內迅速籌集到巨額資金，只有通過證券市場這個渠道才能實現。

（2）證券市場有利於證券價格的統一和定價的合理。證券交易價格是在證券市場上通過證券需求者和證券供給者的競爭反應的證券供求狀況最終確定的。證券商的買賣活動不僅由其本身的溝通使買賣雙方成交，而且通過證券商的互相聯繫，構成一個緊密相連的活動網，使整個證券市場不但成交迅速，而且價格統一，使資金需求者需要的資金與資金供給者提供的資金迅速匹配。證券市場中買賣雙方的競爭，易於獲得均衡價格，這比場外個別私下成交公平得多。證券的價格統一、定價合理，是保障買賣雙方合法權益的重要條件。

（3）證券市場是資源合理配置的有效場所。證券市場的產生與發展適應了社會化商品經濟發展的需要，同時也促進了社會化大生產的發展。證券市場的出現在很大程度上削弱了生產要素在各部門間轉移的障礙。因為在證券市場中，企業產權已商品化、貨幣化、證券化，資產採取了有價證券的形式，可以在證券市場上自由買賣，這就打破了實物資產的凝固和封閉狀態，使資產具有好的流動性。一些效益好、有發展前途的企業可以根據社會需要，通過控股、參股方式實行兼併和重組，發展資產一體化企業集團，開闢新的經營領域。此外，在證券市場上，企業通過發行債券和股票廣泛吸收社會資金，其資金來源不受個別資本數額的限制，這就打破了個別資本有限而難以進入一些產業部門的障礙。企業有條件也有可能籌措到進入某一產業部門最低限度的資金數額。這樣證券市場就為資本所有者自由選擇投資方向和投資對象提供了十分便利的活動舞臺，而資金需求者也衝破了自有資金的束縛和對銀行等金融機構的絕對依賴，有可能在社會範圍內廣泛籌集資金。隨著證券市場運作的高度發達，其對產業結構調整的作用大大加強，同時得到發展的產業結構又成為證券市場組織結構、交易結構、規模結構的經濟載體，促進證券市場的發展。這種證券市場與產業結構調整的關係，就在於其使資產證券化，從而有助於生產要素在部門間的轉移和重組。

（4）證券市場是一國中央銀行宏觀調控的場所。從宏觀經濟角度看，證券市場不僅可以有效籌集資金，而且還有資金「蓄水池」的作用和功能，這種「蓄水池」是可調的，

而不是自發的。各國中央銀行正是通過證券市場這種「蓄水池」的功能來實現其對貨幣流通量的宏觀調節，以實現貨幣政策目標。

(二) 證券交易所

1. 證券交易所的概念

證券交易所是依據國家有關法律，經政府證券主管機關批准設立的集中進行證券交易的有形場所。

2. 證券交易所的類型

證券交易所分為公司制和會員制。

(1) 公司制證券交易所。公司制證券交易所是以營利為目的的，提供交易場所和服務人員，以便利證券商的交易與交割的證券交易所。從股票交易實踐可以看出，這種證券交易所要收取發行公司的上市費與證券成交的佣金，其主要收入來自買賣成交額的一定比例。經營這種交易所的人員不能參與證券買賣，從而在一定程度上可以保證交易的公平。

在公司制證券交易所中，總經理向董事會負責，負責證券交易所的日常事務。董事的職責是：核定重要章程及業務、財務方針；擬定預算、決算以及盈餘分配計劃；核定投資；核定參加股票交易的證券商名單；核定證券商應繳納營業保證金、買賣經手費及其他款項的數額；核議上市股票的登記、變更、撤銷、停業以及上市費的徵收；審定向股東大會提出的議案及報告；決定經理人員和評價委員會成員的選聘、解聘以及核定其他項目。監事的職責包括審查年度決算報告及監察業務、檢查一切帳目等。

(2) 會員制證券交易所。會員制證券交易所是不以營利為目的的，由會員自治自律、互相約束，參與經營的會員可以參加股票交易中的股票買賣與交割的交易所。這種交易所的佣金和上市費用較低，從而在一定程度上可以放置上市股票的場外交易。但是，由於經營交易所的會員本身就是股票交易的參加者，因此在股票交易中難免出現交易的不公正性。同時，因為參與交易的買賣雙方只限於證券交易所的會員，新會員的加入一般要經過原會員的一致同意，這就形成了一種事實上的壟斷，不利於提供服務質量和降低收費標準。

在會員制證券交易所中，理事會的職責主要有：決定政策，並由總經理負責編製預算，送交成員大會審定；維持會員紀律，對違反規章的會員給予罰款，停止營業與除名處分；批准新會員進入；核定新股票上市；決定如何將上市股票分配到交易廳專櫃；等等。

3. 證券交易所的特徵

證券交易所具有下列特徵：

(1) 證券交易所是由若干會員組成的一種非營利性法人。構成股票交易的會員都是證券公司，其中有正式會員，也有非正式會員。

(2) 證券交易所的設立須經國家的批准。

(3) 證券交易所的決策機構是會員大會（股東大會）及理事會（董事會）。其中，會

員大會是最高權力機構，決定證券交易所基本方針；理事會是由理事長及若干名理事組成的協議機構，負責制定為執行會員大會決定的基本方針所必需的具體方法，制定各種規章制度。

（4）證券交易所的執行機構有理事長及常任理事。理事長總理業務。

四、證券登記結算公司

（一）證券登記結算公司的概念

證券登記結算公司是指為證券交易提供集中的登記、託管與結算服務，是不以營利為目的的法人。證券登記清算公司在中國目前主要有兩種形式：一種是專門為證券交易所提供集中登記、集中存管、集中結算服務的專門機構，稱為中央登記結算機構；另一種是代理中央登記結算機構為地方證券經營機構和投資者提供登記、結算及其他服務的地方機構，稱為地方登記結算機構。

（二）證券登記結算公司的職能

1. 證券帳戶、結算帳戶的設立和管理

通常由證券公司等開戶代理機構代理證券登記結算公司為投資者開立證券帳戶，證券公司直接為投資者開立資金結算帳戶，證券登記結算公司僅為證券公司開立結算帳戶，用於證券交易成交後的清算交收，具有結算履約擔保作用。

2. 證券的存管和過戶

無紙化交易模式下，投資者持有的證券必須集中存入證券登記結算系統，以電子數據劃轉方式完成證券過戶行為。

3. 證券持有人名冊登記及權益登記

這是指為證券發行人提供證券持有人名冊登記服務，準確記載證券持有人的必要信息。

4. 證券交易所上市證券交易的清算、交收以及相關管理

證券的清算和交收統稱為證券結算，包括證券結算和資金結算。證券交易所上市證券的清算和交收由證券登記結算公司集中完成。

5. 受發行人委託派發證券權益

證券登記結算公司可以根據發行人的委託向證券持有人派發證券權益，如派發紅股、股息和利息等。

6. 辦理與上述業務有關的查詢、諮詢和培訓服務

這是指按有關規定為符合條件的主體辦理相關業務的查詢。

7. 國務院證券監督管理機構批准的其他業務

例如，為證券持有人代理投票服務等。

設立證券登記結算公司必須經國務院證券監督管理機構批准。2001年3月30日，中國證券登記結算有限責任公司成立。這標誌著中國建立全國集中、統一的證券登記結算體

制的組織構架已經基本形成。

第二節　股票交易

一、股票和股票價格

(一) 股票的概念與特徵

1. 股票的概念

股票是股份公司（包括有限公司和無限公司）在籌集資本時向出資人發行的股份憑證，代表著其持有者（即股東）對股份公司的所有權。這種所有權為一種綜合權利，如參加股東大會、投票表決、參與公司的重大決策、收取股息或分享紅利等。同一類別的每一份股票代表的公司所有權是相等的。每個股東擁有的公司所有權份額的大小，取決於其持有的股票數量占公司總股本的比重。股票一般可以通過買賣方式有償轉讓，股東能通過股票轉讓收回其投資，但不能要求公司返還其出資。股東與公司之間的關係不是債權債務關係。股東是公司的所有者，以其出資額為限對公司負有限責任，承擔風險，分享收益。

股票作為一種所有權憑證，有一定的格式。從股票的發展歷史看，最初的股票票面格式既不統一，也不規範，由各發行公司自行決定。隨著股份制度的發展和完善，許多國家對股票票面格式做了規定，提出票面應載明的事項和具體要求。《中華人民共和國公司法》規定，股票採用紙質形式或國務院證券監督管理機構規定的其他形式。股票應載明的事項主要有公司名稱、公司成立日期、股票種類、票面金額及代表的股份數、股票的編號。股票由法定代表人簽名，公司蓋章。發起人的股票應當標明「發起人股票」字樣。

2. 股票的特徵

(1) 不可償還性。股票是一種無償還期限的有價證券，投資者認購了股票後，就不能再要求退股，只能到二級市場賣給第三者。股票的轉讓只意味著公司股東的改變，並不減少公司資本。從期限上看，只要公司存在，其發行的股票就存在，股票的期限等於公司存續的期限。

(2) 參與性。股東有權出席股東大會，選舉公司董事會，參與公司重大決策。股票持有者的投資意志和享有的經濟利益，通常是通過行使股東參與權來實現的。股東參與公司決策的權利大小，取決於其持有股份的多少。從實踐中看，只要股東持有的股票數量達到左右決策結果所需的實際多數時，就能掌握公司的決策控制權。

(3) 收益性。股東憑其持有的股票，有權從公司領取股息或紅利，獲取投資的收益。股息或紅利的大小，主要取決於公司的盈利水準和公司的盈利分配政策。股票的收益性還表現在股票投資者可以獲得價差收入或實現資產保值增值。通過低價買入和高價賣出股

票，投資者可以賺取價差利潤。

（4）流通性。股票的流通性是指股票在不同投資者之間的可交易性。流通性通常以可流通的股票數量、股票成交量以及股價對交易量的敏感程度來衡量。可流通股數越多，成交量越大，價格對成交量越不敏感（價格不會隨著成交量一同變化），股票的流通性就越好，反之就越差。股票的流通，使投資者可以在市場上賣出其持有的股票，取得現金。通過股票的流通和股價的變動，可以看出人們對於相關行業和上市公司的發展前景與盈利潛力的判斷。那些在流通市場上吸引大量投資者、股價不斷上漲的行業和公司，可以通過增發股票，不斷吸收大量資本進入生產經營活動，起到了優化資源配置的作用。

（5）價格波動性和風險性。股票在交易市場上作為交易對象，同商品一樣，有自己的市場行情和市場價格。由於股票價格要受到諸如公司經營狀況、供求關係、銀行利率、大眾心理等多種因素的影響，其波動有很大的不確定性。正是這種不確定性，有可能使股票投資者遭受損失。價格波動的不確定性越大，投資風險也越大。因此，股票是一種高風險的金融產品。

（二）股票的分類

股票種類很多，可謂五花八門、形形色色。這些股票名稱不同，權益各異，股票的分類方法因此也是多種多樣的。常見的股票類型如下：

1. 普通股票和優先股票

按股東享有權利的不同分類，可以將股票分為普通股票和優先股票。

（1）普通股票。普通股票是標準的股票，是最基本、最常見的一種股票，其持有者享有股東的基本權利和義務，股利完全隨公司盈利的高低而變化。普通股股東在公司盈利和剩餘財產的分配順序上列在債權人和優先股股東之後，故其承擔的風險也較高。

普通股股票持有者按其持有股份比例享有以下基本權利：

①公司決策參與權。普通股股東有權參與股東大會，並有建議權、表決權和選舉權，也可以委託他人代表其行使股東權利。

②利潤分配權。普通股股東有權從公司利潤分配中得到股息。普通股的股息是不固定的，由公司盈利狀況及其分配政策決定。普通股股東必須在優先股股東取得固定股息之後才有權享受股息分配權。

③優先認股權。如果公司需要擴張而增發普通股股票時，現有普通股股東有權按其持股比例，以低於市價的某一特定價格優先購買一定數量的新發行股票，從而保持其對企業所有權的原有比例。

④剩餘資產分配權。當公司破產或清算時，若公司的資產在償還欠債後還有剩餘，其剩餘部分按先優先股股東、後普通股股東的順序進行分配。

（2）優先股票。優先股票是特殊股票，在其股東權利義務中附加了某些特別條件，其股息率是固定的。優先股股東權利受到一定限制，在公司盈利和剩餘財產的分配上比普通

股股東享有優先權。

2. 記名股票和不記名股票

按股票是否記載股東姓名分類，可以將股票分為記名股票和不記名股票。

（1）記名股票。記名股票是指在股東名冊上登記持有人的姓名或名稱及住址，並在股票上也註明持有人姓名或名稱的股票。股東的姓名或名稱一般都寫在股票背面。記名股票不僅要求股東在購買股票時需要將姓名或名稱登記，而且要求股東轉讓股票時須向公司辦理股票過戶手續，除了記名股東外，任何人不得憑此對公司行使股東權。股票同為一人所有，應記載同一本名。記名股票不得私自轉讓，在轉讓過戶時，應到公司提交股票，改換持有人姓名或名稱，並將轉讓人的姓名或名稱、住址記載於公司股東名冊上。按照規定，公司向發起人、國家授權投資的機構、法人發行的股票，應當為記名股票，並應當記載該發起人、機構或法人的名稱，不得另立戶名或以代表人姓名記名。

記名股票的特點如下：

①股東權利歸屬於記名股東。記名股票對於股東而言，激勵模式對激勵對象有嚴格的業績目標約束，權、責、利的對稱性較好，能形成股東與激勵對象雙贏的格局，因此激勵方案較易為股東大會所接受和通過。只有記名股東或其正式委託授權的代理人，才能行使股東權。除了記名股東以外，其他持有者（非經記名股東轉讓和經股份公司過戶的）不具有股東資格。

②認購股票的款項不一定一次性繳足。繳納股款是股東基於認購股票而承擔的義務，一般來說，股東應在認購時一次性繳足股款。但是，基於記名股票確定的股份公司與記名股東之間的特定關係，有些國家也規定允許記名股東在認購股票時可以不一次性繳足股款。

③轉讓相對複雜或受限制。記名股票的轉讓必須依據法律和公司章程規定的程序進行，而且要服從規定的轉讓條件。一般來說，記名股票的轉讓都必須由股份公司將受讓人的姓名或名稱、住所記載於公司的股東名冊，辦理股票過戶登記手續，這樣受讓人才能取得股東的資格和權利。為了維護股份公司和其他股東的利益，法律對於記名股票的轉讓有時會規定一定的限制條件，如有的國家規定記名股票只能轉讓給特定的人。《中華人民共和國公司法》規定，記名股票由股東以背書方式或法律、行政法規規定的其他方式轉讓；轉讓後由公司將受讓人的姓名或名稱及住所記載於股東名冊。

④便於掛失，相對安全。記名股票與記名股東的關係是特定的，因此萬一股票遺失，記名股東的資格和權利並不消失，並可依據法定程序向股份公司掛失，要求公司補發新的股票。

《中華人民共和國公司法》對此的具體規定是：記名股票被盜、遺失或者滅失，股東可以依照《中華人民共和國民事訴訟法》規定的公示催告程序，請求人民法院宣告該股票失效。依照公示催告程序，人民法院宣告該股票失效後，股東可以向公司申請補發股票。

（2）不記名股票。不記名股票是指在股票票面和股份公司股東名冊上均不記載股東姓名的股票。不記名股票也稱無記名股票，它與記名股票相比，判別不是在股東權利等方面，而是在股票記載方式上。不記名股票發行時一般留有存根聯，它在形式上分為兩部分：一部分是股票的主體，記載了有關公司的事項，如公司名稱、股票代表的股數等；另一部分是股息票，用於進行股息結算和行使增資權利。不記名股票股東權利歸屬於股票的持有者，認購股票時要求繳足股款，轉讓相對簡便，安全性較差。

不記名股票的特點如下：

①股東權利歸屬股票的持有人。確認不記名股票的股東資格不以特定的姓名記載為根據，而是以佔有的事實為根據。因此，持有該股票的人就是股東，就可以行使股東權利。也正因為這一點，為了防止假冒、舞弊等行為，不記名股票的印製特別精細，其印刷技術、顏色、紙張、水印、號碼等均須符合嚴格的標準。

②認購股票時要求繳足股款。不記名股票上不記載股東姓名，允許股東繳付一部分股款即發給股票時，之後實際上將無法催繳未繳付的股款，因此認購者必須繳足股款後才能領取股票。

③轉讓相對簡便。與記名股票相比，不記名股票的轉讓較為簡單與方便，原持有者只要向受讓人交付股票便發生轉讓的法律效力，受讓人取得股東資格不需要辦理過戶手續。

④安全性較差。因為沒有記載股東姓名的法律依據，所以不記名股票一旦遺失，原股票持有者便喪失了股東權利，並且無法掛失。

3. 有面額股票和無面額股票

按是否在股票票面上標明金額，股票可以分為有面額股票和無面額股票。

（1）有面額股票。有面額股票是指在股票票面上記載一定金額的股票。這一記載的金額也被稱為票面金額、票面價值或股票面值。股票票面金額的計算方法是用資本總額除以股份數求得，但實際上很多國家是通過法規予以直接規定，而且一般是限定了這類股票的最低票面金額。另外，同次發行的有面額股票的票面金額是相等的，票面金額一般以國家主幣為單位。大多數國家的股票都是有面額股票。《中華人民共和國公司法》規定，股份有限公司的資本劃分為股份，每一股的金額相等。

有面額股票具有如下特點：

①可以明確表示每一股代表的股權比例。例如，某股份公司發行 1,000 萬元的股票，每股面額為 1 元，則每股代表著公司淨資產千萬分之一的所有權。

②為股票發行價格的確定提供依據。《中華人民共和國公司法》規定，股票發行價格可以按票面金額，也可以超過票面金額，但不得低於票面金額。這樣有面額股票的票面金額就成為股票發行價格的最低界限。

（2）無面額股票。無面額股票也稱為比例股票或份額股票，是指在股票票面上不記載股票面額，只註明它在公司總股本中所佔比例的股票。無面額股票的價值隨股份公司淨資

產和預期未來收益的增減而相應增減。公司淨資產和預期未來收益增加，每股價值上升；反之，公司淨資產和預期未來收益減少，每股價值下降。無面額股票淡化了票面價值的概念，與有面額股票的差別僅在表現形式上，即無面額股票代表著股東對公司資本總額的投資比例。20世紀早期，美國紐約州最先通過法律，允許發行無面額股票，以後美國其他州和其他一些國家也相繼仿效，但目前世界上很多國家（包括中國）的公司法規定不允許發行這種股票。

無面額股票具有如下特點：

①發行或轉讓價格較靈活。由於沒有票面金額，因而發行價格不受票面金額的限制。在轉讓時，投資者也不易受股票票面金額影響，而更注重分析每股的實際價值。

②便於股票分割。如果股票有面額，分割時就需要辦理面額變更手續。由於無面額股票不受票面金額的約束，因此發行該股票的公司能夠比較容易地進行股票分割。

（三）股票的價格

1. 市場價格

股票的市場價格一般是指股票在二級市場上交易的價格。股票的市場價格由股票的價值決定，但同時受許多其他因素的影響。其中，供求關係是最直接的影響因素，其他因素都是通過作用於供求關係而影響股票價格的。由於影響股票價格的因素複雜多變，因此股票的市場價格呈現出高低起伏的波動性特徵。

2. 股票價格指數

股票價指數是衡量股票市場總體價格水準及其變動趨勢的尺度，也是反應一個國家或地區政治、經濟發展狀態的靈敏信號。股價指數通過計算期的股價或市值與某一基期的股價或市值比較的相對變化值，用以反應市場股票價格的相對水準。

中國的主要股價指數有滬深300指數、上證綜合指數、深證綜合指數、深證成分股指數、上證50指數和上證180指數。境外的股票價格指數有道瓊斯指數、納斯達克（NASDAQ）綜合指數、恒生股價指數、日經225股價指數、《金融時報》股價指數。

二、股票發行市場

按股票進入市場的順序而形成的結構關係劃分，股票市場的構成可分為發行市場和流通市場。

股票發行市場又稱一級市場或初級市場，是發行人以籌集資金為目的，按照一定的法律規定和發行程序，向投資者出售新發行的股票所形成的市場。

（一）股票發行市場的組成

股票發行市場是由發行市場主體、發行仲介及管理者和發行對象構成。

1. 發行市場主體

（1）股票發行人。股票發行人是股票的供應者和資金的需求者。發行人的多少和發行證

券數量的多少決定了發行市場的規模與發達程度。股票發行人主要包括企業和金融機構。

由於股票發行人是股票權利義務關係的主要當事人，是股票發行後果與責任的主要承擔者，因此為了保障社會投資者的利益，維護股票發行市場的秩序，防止各種詐欺舞弊行為，多數國家的證券法都對股票發行人的主體資格、淨資產額、經營業績和發起人責任設有條件限制。證券法對於發行人設定主體條件要求的目的在於保障股票發行行為的安全與公平。

（2）股票投資人。股票投資人，即資金的供應者。股票投資人數量的多少和資金實力的大小同樣制約著股票發行市場的規模。股票投資人包括個人投資者和機構投資者，後者主要是證券公司、信託投資公司、共同基金、人壽保險公司等金融機構和企業、事業機構以及社會團體等。相對於股票發行人來說，對股票投資人的資格限定要少得多，一般所見的限定主要是對投資人主體資格的限定，如投資人是否具有民事行為能力，個人的職業、職務及機構的經營範圍是否不準涉足股票投資等。

2. 發行仲介及管理者

（1）股票發行仲介人。股票發行仲介人主要是指股票發行的承銷商，它代理股票發行，向投資人推銷股票，一般是指投資銀行、證券公司和其他金融機構的證券部門。

在現代社會的股票發行中，發行人通常不是把股票直接銷售給投資人，而是由股票承銷商首先承諾全部或部分包銷，即使是在發行人直接銷售股票的情況下，往往也需要獲得仲介人的協助。因為在股票發行過程中，承銷商的參與一方面可以使發行人減輕或消除股票發不出去的風險，另一方面可以使發行人借助承銷商的專業知識和經驗順利完成發行工作。同時，股票承銷商雖然不是股票上權利義務的當事人，但它對發行人的經營狀況負有盡職審查的義務，並對其承銷的股票的招募說明書的真實性和完整性負有連帶責任。因此，股票承銷商作為經營證券的仲介機構，在股票發行市場上起著溝通買賣、連接供求的重要橋樑作用。中國現行法規明確規定，股票的公開發行應當由證券經營機構承銷。

除了股票承銷商外，股票發行市場上的其他仲介人包括律師事務所、會計師事務所和資產評估機構。這類仲介機構的主要職責是以專業人員應有的注意，完成盡職審查的義務，客觀公正地出具結論性意見，並對經其確認的法律文件和由其出具的結論性意見的真實性、合法性和完整性負有持續的法律責任。它們的仲介作用對於保障股票發行的合法順利進行，對於有效確定股票交易條件，對於減少股票承銷風險及避免可能發生的糾紛，都是非常重要的。例如，律師事務所要確認發行人的主體資格、經營運作、發行準備活動以及上報的文件資料等符合法律規定，並簽署法律意見書；會計師事務所要對發行人以往的經營業績、財務狀況和未來的盈利預測進行審計，並發表承擔法律責任的審計意見，以保證發行人披露的財務資料的可信性；資產評估機構要對發行人的現有資產的現實價值進行評估，根據市場情況客觀公正地調整發行人現有資產的帳面價值等。

（2）證券發行管理者。任何國家發行股票都要受到證券管理機關的相應管理。目前中國股票發行的管理機關是中國證券監督管理委員會（簡稱證券會）及其所屬的發行審核委

員會。

3. 發行對象

證券市場的發行對象,即證券市場發行的客體——股票。

(二) 股票發行的方式

股票發行的方式主要有下列幾種:

1. 公開發行與不公開發行

(1) 公開發行。公開發行是指股份有限公司為籌集資金,通過證券經銷商公開向社會公眾發行股票,也稱為公募發行。公開發行的好處是有利於股東隊伍的擴大和產權的分散化,克服壟斷和提高股票的適銷性。

(2) 不公開發行。不公開發行是指股份有限公司向公司內部職工和與公司有關的法人(發起人)發售股票。向公司內部職工發行股票又稱內部發行,向與公司有關的法人發行又稱私募發行。

2. 直接發行和間接發行

(1) 直接發行。直接發行是股份有限公司自己承擔發行股票的責任和風險,股票發行的代辦者及證券的經銷商只收取一定的手續費,而不承擔股票發行的風險。

(2) 間接發行。間接發行是指股份有限公司把股票委託給投資銀行、信託投資公司、證券公司、股票經銷商等金融機構包銷,包銷者賺取差價收益,承包銷售餘額等,而股份有限公司不承擔風險。

3. 定向募集發行與社會募集發行

(1) 定向募集發行。定向募集發行是指公司發行股票時,除發起人認購外,其餘部分不向社會公眾發行,並且應以股權證代替股票。定向募集發行,實際上就是指私募發行與內部發行,但有時也不完全相同。1994年7月之後,由於《中華人民共和國公司法》的實施,已經取消了定向募集發行。

(2) 社會募集發行。社會募集發行是指公司發行股票除由發起人認購之外,其餘部分向社會公眾發行。社會募集發行就是公募發行。

4. 增資發行

增資發行是指已發行股票的股份有限公司,在經過一定的時期後,為了擴充股本而發行新股票。增資發行分為有償增資和無償增資。有償增資又可以分為配股和向社會增發新股票。無償增資就是指所謂的送股。無償增資又可以分為累積轉增資和紅利轉增資。

5. 平價發行、折價發行與溢價發行

(1) 平價發行。平價發行也叫等價發行或面值發行,是指按股票面值確定的價格發行股票。

(2) 折價發行。折價發行是指股票發行價格低於票面價值發行股票,是根據股票發行人與承銷商之間的協議,將股票面額打一定的折扣之後發行的。一般公司都不採用這種發

行價格，因為它影響公司的形象和聲譽，似乎公司經營不善或信譽較差。《中華人民共和國公司法》明確規定，股票發行時，不能採取折價發行的方式。

（3）溢價發行。溢價發行是指用高於股票面額的價格發行股票。《中華人民共和國公司法》規定，以超過股票面金額為股票發行價格的，須經國務院證券管理部門批准。以超過股票面額發行股票所得溢價款列入公司資本公積金。溢價發行中，股票發行價格的決定是個關鍵問題。定價時一般要參考的因素主要有市盈率（按5～8倍的市盈率）、已上市的同類公司股票的交易價格、市場利率等。溢價發行股票時，制定的股票發行價格要經過有關部門批准。在現實中，溢價發行時，股票發行價格的決定存在很強的隨意性，缺少監督和管理，存在任意定價的現象。根據《中華人民共和國公司法》的規定，公司實行折股，可以根據公司連續盈利情況和財產增值情況，確定其作價方案。但是這條規定不需要具體化。目前監管層正在制定關於溢價發行股票的法規，對溢價發行加以約束。

三、股票流通市場

股票流通市場又稱二級市場或次級市場，是已發行的證券通過買賣交易實現流通轉讓的市場，是進行股票買賣的市場，交易市場在於為有價證券提供流動性，使有價證券得以變現，形成價格。

流通市場與發行市場關係密切，既相互依存，又相互制約。發行市場提供的股票及其發行的種類、數量與方式決定著流通市場上流通股票的規模、結構與速度；而流通市場作為股票買賣的場所，對發行市場起著積極的推動作用。組織完善、經營有方、服務良好的流通市場將發行市場上發行的股票快速有效地分配與轉讓，使其流通到其他更需要、更適當的投資者手中，並為股票的變現提供現實的可能。此外，流通市場上的股票供求狀況與價格水準等都將有力地影響著發行市場上股票的發行。因此，沒有流通市場，股票發行不可能順利進行，發行市場也難以為繼，擴大發行則更不可能。

（一）股票流通市場的結構

1. 場內交易市場

場內交易市場是指在證券交易所內按一定的時間、一定的規則集中買賣已發行證券而形成的市場。在中國，根據《中華人民共和國證券法》的規定，證券交易所是為證券集中交易提供場所和設施，組織和監督證券交易，實行自律管理的法人。證券交易所的設立和解散，由國務院決定。證券交易所作為進行證券交易的場所，其本身不持有證券，也不進行證券的買賣，當然更不能決定證券交易的價格。證券交易所應當創造公開、公平、公正的市場環境，保證證券交易所的職能正常發揮。

證券交易所的組織形式有會員制和公司制兩種。中國上海證券交易所和深圳證券交易所都採用會員制，設會員大會、理事會和專門委員會。理事會是證券交易所的決策機構，理事會下面可以設立其他專門委員會。證券交易所設總經理，負責日常事務。總經理由國

務院證券監督管理機構任免。

2. 場外交易市場

場外交易市場即業界所稱的 OTC 市場，又稱櫃臺交易市場或店頭市場，是指在證券交易所外進行證券買賣的市場。場外交易市場主要由櫃臺交易市場、第三市場、第四市場組成。

從交易的組織形式看，資本市場可以分為交易所市場和場外交易市場，場外交易市場是相對於交易所市場而言的，是在證券交易所之外進行證券買賣的市場。傳統的場內交易市場和場外交易市場在物理概念上的區分為：場內交易市場的交易是集中在交易大廳內進行的；場外交易市場又稱為櫃臺交易市場或店頭市場，是分散在各個證券商櫃臺的市場，無集中交易場所和統一的交易制度。但是，隨著信息技術的發展，證券交易的方式逐漸演變為通過網絡系統將訂單匯集起來，再由電子交易系統處理，場內交易市場和場外交易市場的物理界限逐漸模糊。

（二）股票場內交易的程序

股票場內交易的程序是在股票交易所買進或賣出證券的具體步驟。在不同的股票交易市場以及不同的證券商參加的股票交易關係中，股票交易程序不盡相同，但由證券經紀商參加的股票交易所交易程序最具有代表性，即主要分開戶、委託、成交、交割和過戶等步驟。

1. 開立證券帳戶和開立資金帳戶

投資者欲進行證券交易，首先要開設證券帳戶和資金帳戶。證券帳戶用來記載投資者持有的證券種類、數量和相應的變動情況，資金帳戶則用來記載和反應投資者買賣證券的貨幣收付和結存數額。上海證券交易所實行全面指定交易制度，深圳證券交易所實行託管券商制度。

開立證券帳戶和資金帳戶後，投資者買賣證券涉及的證券、資金變化就會從相應的帳戶中得到反應。例如，某投資者購入甲股票 1,000 股，包括股票價格和交易稅費的總費用為 10,000 元，則投資者的證券帳戶上就會增加甲股票 1,000 股，資金帳戶上就會減少 10,000 元。

2. 交易委託

在證券交易市場，投資者買賣證券是不能直接進入交易所辦理的，而必須通過證券交易所的會員來進行。換而言之，投資者需要通過經紀商的代理才能在證券交易所買賣證券。在這種情況下，投資者向經紀商下達買進或賣出證券的指令，稱為「委託」。開戶後，投資者就可以在證券營業部辦理證券委託買賣。

委託指令有多種形式，可以按照不同的依據來分類。從各國（地區）情況看，一般根據委託訂單的數量，有整數委託和零數委託；根據買賣證券的方向，有買進委託和賣出委託；根據委託價格限制，有市價委託和限價委託（中國現採用）；根據委託時效限制，有

當日委託、當周委託、無期限委託、開市委託和收市委託；等等。

證券經紀商接到投資者的委託指令後，首先要對投資者身分的真實性和合法性進行審查。審查合格後，經紀商要將投資者委託指令的內容傳送到證券交易所進行撮合。這一過程稱為「委託的執行」，也稱為「申報」或「報盤」。

證券交易所在證券交易中接受報價的方式主要有口頭報價、書面報價和電腦報價三種。採用口頭報價方式時，證券公司的場內交易員接到交易指令後，在證券交易所規定的交易臺前或指定的區域，用口頭方式喊出自己的買價或賣價，同時輔以手勢，直至成交。而在書面報價情況下，交易員將證券買賣要求以書面形式向證券交易所申報，然後按規定的競價交易原則撮合成交。電腦報價則是指證券公司通過計算機交易系統進行證券買賣申報，其做法是證券公司將買賣指令輸入計算機終端，並通過計算機系統傳給證券交易所的交易系統，交易系統接收後即進行配對處理。若買賣雙方有合適的價格和數量，交易系統便自動撮合成交。中國通過證券交易所進行的證券交易均採用電腦報價方式。

在委託未成交之前，委託人有權變更和撤銷委託，凍結的資金或證券及時解凍。而一旦競價成交，成交部分不得撤單。

3. 競價成交

競價成交按照一定的競爭規則進行，其核心內容是價格優先、時間優先原則。價格優先原則是在買進證券時，較高的買進價格申報優先於較低的買進價格申報；賣出證券時，較低的賣出價格申報優先於較高的賣出價格申報。時間優先原則要求當存在若干相同價格申報時，應當由最早提出該價格申報的一方成交，即同價位申報，按照申報時序決定優先順序。

中國證券交易所有兩種競價方式，即在每日開盤前先採用集合競價方式，在開盤後的交易時間裡採用連續競價方式。

4. 股權登記，證券存管、清算交割交收

清算是為了減少證券和價款的交割數量，由證券登記結算機構對每一營業日成交的證券與價款分別與以軋低，計算證券和資金的應收或應付淨額的處理過程。對同一證券經紀商的同一種證券的買賣進行沖抵清算，確定應當交割的證券數量和價款數額，以便於按照「淨額交收」的原則辦理證券和價款的交割。

第三節　債券交易和基金交易

一、債券的定義、性質和票面要素

(一) 債券的定義

債券是依照法定程序發行，約定在一定期限內還本付息的有價證券。債券是國家或地

區政府、金融機構、企業等機構直接向社會借債籌措資金時，向投資者發行，並且承諾按特定利率支付利息，按約定條件償還本金的債權債務憑證。由此，債券包含了以下四層含義：

（1）債券的發行人（政府、金融機構、企業等機構）是資金的借入者。

（2）購買債券的投資者是資金的借出者。

（3）發行人（借入者）需要在一定時期還本付息。

（4）債券是債的證明書，具有法律效力。債券購買者與發行者之間是一種債權債務關係，債券發行人即債務人，投資者（或債券持有人）即債權人。

（二）債券的性質

1. 債券屬於有價證券

債券本身有一定的面值，它是債券投資者投入資金量化的表現，可以按期取得利息，擁有了債券就擁有了債券代表的權利。

2. 債券是一種虛擬資本

債券有面值，代表了一定的財產價值，但其只是一種虛擬資本，而非真實資本。在債權債務關係建立時投入的資金已被債務人占用，債券是實際運用的真實資本的證書。債券的流動並不意味著其代表的實際資本也同樣流動，債券獨立於實際資本之外。

3. 債券是債權的表現

擁有債券的人是債權人，債權人不同於公司股東，是公司的外部利益相關者。

（三）債券的票面要素

債券作為證明債權債務關係的憑證，一般用具有一定格式的票面形式來表現。通常，債券票面上基本標明的內容要素如下：

1. 債券的票面價值

債券的票面價值是債券票面標明的貨幣價值，是債券發行人承諾在債券到期日償還給債券持有人的金額。債券的票面價值要標明的內容主要有幣種、票面的金額。

2. 債券的到期期限

債券到期期限是指債券從發行之日起至償清本息之日止的時間，也是債券發行人承諾履行合同義務的全部時間。發行人在確定債券期限時，要考慮多種因素的影響，主要有：

（1）資金使用方向。臨時週轉使用發行短期債券，而長期資金需要則發行長期債券。期限的長短主要考慮利息負擔。

（2）市場利率變化。利率看漲發行長期債券，否則發行短期債券。

（3）債券的變現能力：債券市場的發達程度。發達的債券市場可以發行相對長期的債券，而不發達的債券市場則發行短期債券。

3. 債券的票面利率

債券的票面利率也稱名義利率，是債券利息與債券票面價值的比率，通常年利率用百

分比表示。利率是債券票面要素中不可缺少的內容。例如，投資者持有面值1萬元的債券，票面利率是4.75%，而利息是在每年6月1日和12月1日派發，那麼該投資者在這兩天將各領到237.50元的利息。如果債券屬於無票制的，利息將像股息般存入投資者的銀行戶頭。

在實際生活中，債券利率有多種形式，如單利、複利和貼現利率等。債券利率受很多因素影響，主要如下：

（1）借貸資金市場利率水準。市場利率較高時，債券的票面利率也相應較高，否則投資者會選擇其他金融資產投資而捨棄債券；反之，市場利率較低時，債券的票面利率也相應較低。

（2）籌資者的資信。如果債券發行人的資信狀況好，債券信用等級高，投資者的風險小，債券票面利率可以定得比其他條件相同的債券低一些；如果債券發行人的資信狀況差，債券信用等級低，投資者的風險大，債券票面利率就需要定得高一些。此時的利率差異反應了信用風險的大小，高利率是對高風險的補償。

（3）債券期限長短。一般來說，期限較長的債券流動性差，風險相對較大，票面利率應該定得高一些；而期限較短的債券流動性強，風險相對較小，票面利率就可以定得低一些。但是，債券票面利率與期限的關係較複雜，它們還受其他因素的影響，因此有時也會出現短期債券票面利率高而長期債券票面利率低的現象。

4. 發行人名稱

發行人名稱指明債券的債務主體，為債權人到期追回本金和利息提供依據。

需要說明的是，以上四個要素雖然是債券票面的基本要素，但它們並非一定在債券票面上印製出來。在許多情況下，債券發行者是以公布條例或公告形式向社會公開宣布某債券的期限與利率，只要發行人具備良好的信譽，投資者也會認可接受。

此外，債券票面上有時還包含一些其他要素，如有的債券具有分期償還的特徵，在債券的票面上或發行公告中附有分期償還時間表；有的債券附有一定的選擇權，即發行契約中賦予債券發行人或持有人具有某種選擇的權利，包括附有贖回選擇權條款的債券、附有出售選擇權條款的債券、附有可轉換條款的債券、附有交換條款的債券、附有新股認購權條款的債券等。

二、債券的類型

（一）按發行主體劃分

1. 政府債券

政府債券的發行主體是政府，是指政府財政部門或其他代理機構為籌集資金，以政府名義發行的債券，主要包括國庫券和公債兩大類。一般國庫券是由財政部發行，用以彌補財政收支不平衡；公債是指為籌集建設資金而發行的一種債券。有時也將兩者統稱為公

債。中央政府發行的稱為中央政府債券（國家公債），地方政府發行的稱為地方政府債券（地方公債）。國債因其信譽好、利率優、風險小而被稱為「金邊債券」。除了政府部門直接發行的債券外，有些國家把政府擔保的債券也劃歸為政府債券體系，稱為政府保證債券。這種債券由一些與政府有直接關係的公司或金融機構發行，並由政府提供擔保。政府債券有以下特徵：

（1）安全性高。政府債券是由政府發行的債券，由政府承擔還本付息的責任。在各類債券中，政府債券的信用等級是最高的，通常稱為「金邊債券」。

（2）流通性強。政府債券是一國債務，發行量一般非常大，同時信用好，競爭力強，市場屬性好。因此，政府債券在二級市場上十分發達。

（3）收益穩定。政府債券的付息是由政府保證的，其信用度高，風險小。政府債券的本息大多數固定且有保障，因此交易價格不會出現大的波動。

（4）免稅待遇。政府債券是政府的債務，為了鼓勵人們投資，大多數國家規定，對於購買政府債券獲得的收益，可以享受免稅待遇。

2. 金融債券

金融債券是由銀行和非銀行金融機構發行的債券。在中國，目前金融債券主要由國家開發銀行、中國進出口銀行等政策性銀行發行。金融機構一般有雄厚的資金實力，信用度較高，因此金融債券往往有良好的信譽。按不同的標準，金融債券可以劃分為很多種類。最常見的分類有以下兩種：

（1）根據利息的支付方式，金融債券可以分為附息金融債券和貼現金融債券。如果金融債券上附有多期息票，發行人定期支付利息，則稱為附息金融債券；如果金融債券是以低於面值的價格貼現發行，到期按面值還本付息，利息為發行價與面值的差額，則稱為貼現債券。例如，票面金額為1,000元，期限為1年的貼現金融債券，發行價格為900元，1年到期時支付給投資者1,000元，那麼利息收入就是100元，而實際年利率就是11.11%。

（2）根據發行條件，金融債券可以分為普通金融債券和累進利息金融債券。普通金融債券按面值發行，到期一次還本付息，期限一般是1年、2年和3年。普通金融債券類似於銀行的定期存款，只是利率高些。累進利息金融債券的利率不固定，在不同的時間段有不同的利率，並且一年比一年高。也就是說，債券的利率隨著債券期限的增加累進，比如面值1,000元、期限為5年的金融債券，第1年利率為9%，第二年利率為10%，第三年利率為11%，第四年利率為12%，第五年利率為13%。投資者可以在第一年至第五年之間隨時去銀行兌付，並獲得規定的利息。

3. 公司（企業）債券

在國外，沒有企業債和公司債的劃分，統稱為公司債。在中國，企業債券是按照《企業債券管理條例》規定發行與交易，並由國家發展和改革委員會監督管理的債券。在實際中，其發債主體為中央政府部門所屬機構、國有獨資企業或國有控股企業。因此，企業債

券在很大程度上體現了政府信用。公司債券管理機構為中國證券監督管理委員會，發債主體為按照《中華人民共和國公司法》設立的公司法人。在實踐中，其發行主體為上市公司，其信用保障是發債公司的資產質量、經營狀況、盈利水準和持續贏利能力等。公司債券在證券登記結算公司統一登記託管，可以申請在證券交易所上市交易，其信用風險一般高於企業債券。2008年4月15日起施行的《銀行間債券市場非金融企業債務融資工具管理辦法》進一步促進了企業債券在銀行間債券市場的發行，企業債券和公司債券成為中國商業銀行越來越重要的投資對象。

（二）按是否有財產擔保劃分

1. 抵押債券

抵押債券是以企業財產作為擔保的債券，按抵押品的不同又可以分為一般抵押債券、不動產抵押債券、動產抵押債券和證券信託抵押債券。以不動產如房屋等作為擔保品的，稱為不動產抵押債券；以動產如適銷商品等作為擔保品的，稱為動產抵押債券；以有價證券如股票及其他債券作為擔保品的，稱為證券信託抵押債券。一旦債券發行人違約，信託人就可以將擔保品變賣處置，以保證債權人的優先求償權。

抵押債券可分為以下兩類：

（1）限額抵押，又稱封閉式擔保，即一項抵押品只限於一次發行的債券，不允許再用作發行同一等級債券的抵押。

（2）可加抵押，又稱開放式擔保，即當同一項抵押品價值很大時，將抵押品評估價值先後分為若干次抵押，有關的抵押權按登記的先後次序分為一級抵押權、二級抵押權……在處理抵押品清償債務時，要依次先償還高一級抵押權的債務。因此，抵押權級次越靠後，其風險越大。

2. 信用債券

信用債券是不以任何公司財產作為擔保的、完全憑信用發行的債券。政府債券屬於此類債券。這種債券由於其發行人的絕對信用而具有堅實的可靠性。除此之外，一些公司也可發行這種債券，即信用公司債。與抵押債券相比，信用債券的持有人承擔的風險較大，因而往往要求較高的利率。為了保護投資人的利益，發行這種債券的公司往往受到種種限制，只有那些信譽卓著的大公司才有資格發行。除此以外，在債券契約中都要加入保護性條款，如不能將資產抵押其他債權人、不能兼併其他企業、未經債權人同意不能出售資產、不能發行其他長期債券等。

（三）按債券形態劃分

1. 實物債券（無記名債券）

實物債券是一種具有標準格式實物券面的債券。實物債券與無實物債券相對應，簡單地說就是發行債券是紙質的而非電腦裡的數字。在其券面上，一般印製了債券面額、債券利率、債券期限、債券發行人全稱、還本付息方式等各種債券票面要素。實物債券不記

名，不掛失，可上市流通。實物債券是一般意義上的債券，很多國家通過法律法規對實物債券的格式予以明確規定。實物債券由於其發行成本較高，將會被逐步取消。

2. 憑證式債券

憑證式債券是指國家採取不印刷實物券，而用填製「國庫券收款憑證」的方式發行的國債。中國從 1994 年開始發行憑證式國債。憑證式國債具有類似儲蓄，同時又優於儲蓄的特點，通常被稱為儲蓄式國債，是以儲蓄為目的的個人投資者理想的投資方式。憑證式國債從購買之日起計息，可記名，可掛失，但不能上市流通；與儲蓄類似，但利息比儲蓄高。

3. 記帳式債券

記帳式債券是指沒有實物形態的票券，以電腦記帳方式記錄債權，通過證券交易所的交易系統發行和交易。中國近年來通過滬、深交易所的交易系統發行和交易的記帳式國債就是這方面的實例。如果投資者進行記帳式債券的買賣，就必須在證券交易所設立帳戶。因此，記帳式國債又稱為無紙化國債。

記帳式國債購買後可以隨時在證券市場上轉讓，流動性較強，就像買賣股票一樣，當然，中途轉讓除了可以獲得應得的利息外（市場定價已經考慮到），還可以獲得一定的價差收益（不排除損失的可能）。這種國債有付息債券與零息債券兩種。付息債券按票面發行，每年付息一次或多次；零息債券折價發行，到期按票面金額兌付，中間不再計息。

由於記帳式國債發行和交易均無紙化，因此交易效率高、成本低，是未來債券發展的趨勢。

記帳式國債與憑證式國債有以下區別：

（1）在發行方式方面，記帳式國債通過電腦記帳，無紙化發行。憑證式國債是通過紙質記帳憑證發行。

（2）在流通轉讓方面，記帳式國債可以自由買賣，流通轉讓也較方便、快捷。憑證式國債只能提前兌取，不可流通轉讓，提前兌取還要支付手續費。

（3）在還本付息方面，記帳式國債每年付息，可當日通過電腦系統自動到帳。憑證式國債是到期後一次性支付利息，客戶需到銀行辦理。

（4）在收益性方面，記帳式國債要略好於憑證式國債，通常記帳式國債的票面利率要略高於相同期限的憑證式國債。

（四）按是否可以轉換為公司股票劃分

1. 可轉換債券

可轉換債券是指在特定時期內可以按某一固定的比例轉換成普通股的債券，它具有債務與權益雙重屬性，屬於一種混合性籌資方式。由於可轉換債券賦予債券持有人將來成為公司股東的權利，因此其利率通常低於不可轉換債券。若將來轉換成功，發行企業在轉換前達到了低成本籌資的目的，在轉換後又可以節省股票的發行成本。根據《中華人民共和

國公司法》的規定，發行可轉換債券應由國務院證券管理部門批准，發行公司應同時具備發行公司債券和發行股票的條件。相比於不可轉換債券，可轉換債券具有以下優點：

（1）對股份公司來說，發行可轉換債券，可以在股票市場低迷時籌集到所需的資金，可以減少外匯風險，可以通討債券與股票的轉換，優化資本結構，甚至可以獲取轉換的溢價收入。

（2）對投資者來說，投資者購買可轉換債券，可以使手上的投資工具變得更加靈活，投資的選擇餘地也變得更加寬闊，如投資者既可以持有該債券，獲取債息，也可在債券市場上轉手；既可以在一定條件下換成股票，獲取股息、紅利，也可以在股票市場上買賣賺取差價。因此，可轉換債券對投資者具有很大的吸引力。

2. 不可轉換債券

不可轉換債券是指不能轉換為普通股的債券，又稱為普通債券。由於其沒有賦予債券持有人將來成為公司股東的權利，因此利率一般高於可轉換債券。

（五）按付息的方式劃分

1. 零息債券

零息債券也叫貼現債券，是指債券券面上不附有息票，在票面上不規定利率，發行時按規定的折扣率，以低於債券面值的價格發行，到期按面值支付本息的債券。從利息支付方式來看，貼現國債以低於面額的價格發行，可以看成利息預付，因此又可以稱為利息預付債券、貼水債券，是期限比較短的折現債券。例如，10 年期零息債券（票面價值為 1 000 美元）的發行價格為 463 美元。換言之，投資者以 463 美元的價格購買零息債券，在債券有效期內不會得到利息，因此其不像固定利息債券那樣能獲得當期收益。

2. 定息債券

定息債券，即固定利率債券，是將利率印在票面上並按利率向債券持有人支付利息的債券。該利率不隨市場利率的變化而調整，因此固定利率債券可以較好地抵制通貨緊縮風險。

3. 浮息債券

浮息債券，即浮動利率債券，是利率隨市場利率變動而調整的債券。因為浮動利率債券的利率同當前市場利率掛鈎，而當前市場利率又考慮到了通貨膨脹率的影響，所以浮動利率債券可以較好地抵制通貨膨脹風險。其利率通常根據市場基準利率加上一定的利差來確定。浮動利率債券往往是中長期債券。

（六）按是否能夠提前償還劃分

1. 可贖回債券

可贖回債券是指在債券到期前，發行人能夠以事先約定的贖回價格收回的債券。公司發行可贖回債券主要是考慮到公司未來的投資機會和迴避利率風險等問題，以增加公司資本結構調整的靈活性。發行可贖回債券最關鍵的問題是贖回期限和贖回價格的制定。

2. 不可贖回債券

不可贖回債券是指不能在債券到期前收回的債券。

（七）按償還方式劃分

1. 一次到期債券

一次到期債券是發行公司於債券到期日一次償還全部債券本金的債券。例如，某債券2018年1月1日發行，期限5年，面值1,000元，年利率6%，一年計息一次，按單利計息，一次性還本付息。

2. 分期償還債券

分期償還債券是指發行單位規定在債券有效期內某一時間償還一部分本息，分期還清的一種債券。這種債券可以減少一次集中償還的財務負擔，一般還本期限越長，其利息越高。分期償還債券通常採用抽簽方式或按照債券號碼的次序進行償還。分期償還債券的特點是該債券的本金在舉債期內錯開償還給債權人，這種償還方法可以減輕發行債券企業在債券到期日的財務負擔。

（八）按是否能夠提前償還或按計息方式分類

1. 單利債券

單利債券是指在計息時，不論期限長短，僅按本金計息，產生的利息不再加入本金計算下期利息的債券。

2. 複利債券

複利債券與單利債券相對應，指計算利息時，按一定期限將產生的利息加入本金再計算利息，逐期計算的債券。

3. 累進利率債券

累進利率債券是指年利率以利率逐年累進方法計息的債券。累進利率債券的利率隨著時間的推移，後期利率比前期利率更高，呈累進狀態。

（九）按債券是否記名分類

債券按債券上是否記有持券人的姓名或名稱，可以分為記名債券和無記名債券。這種分類類似於記名股票與無記名股票的劃分。

在公司債券上記載持券人姓名或名稱的為記名公司債券，反之為無記名公司債券。兩種債券在轉讓上的差別也與記名股票、無記名股票相似。

此外，債券按是否參加公司盈餘分配，可以分為參加公司債券和不參加公司債券；按是否上市，可以分為上市債券和非上市債券；等等。

三、債券投資收益和收益率的計算

（一）債券投資收益

債券投資可以獲取固定的利息收入，也可以在市場買賣中賺差價。隨著利率的升降，

投資者如果能適時地買進賣出，就可獲取較大收益。

1. 債券的特徵

債券作為投資工具，其特徵主要表現為安全性高、收益高於銀行存款、流動性強。

（1）安全性高。由於債券發行時就約定了到期後可以支付本金和利息，因此其收益穩定、安全性高。特別是對於國債來說，其本金及利息的給付是由政府做擔保的，幾乎沒有什麼風險，是具有較高安全性的一種投資方式。

（2）收益高於銀行存款。在中國，債券的利率高於銀行存款的利率。投資於債券，投資者一方面可以獲得穩定的、高於銀行存款的利息收入，另一方面可以利用債券價格的變動，買賣債券，賺取價差。

（3）流動性強。上市債券具有較好的流動性。當債券持有人急需資金時，可以在交易市場上隨時賣出，而且隨著金融市場的進一步開放，債券的流動性將會不斷加強。因此，債券作為投資工具，最適合想獲取固定收入的投資人和投資目標屬長期的人。

2. 影響債券投資收益的因素

（1）債券的票面利率。債券的票面利率越高，債券利息收入就越高，債券收益也就越高。債券的票面利率取決於債券發行時的市場利率、債券期限、發行者信用水準、債券的流動性水準等因素。債券發行時市場利率越高，票面利率就越高；債券期限越長，票面利率就越高；發行者信用水準越高，票面利率就越低；債券的流動性越強，票面利率就越低。

（2）市場利率與債券價格。由債券收益率的計算公式，即「債券收益率＝（到期本息和－發行價格）/（發行價格×償還期）×100%」可知，市場利率的變動與債券價格的變動呈反向關係，即當市場利率升高時債券價格下降，當市場利率降低時債券價格上升。市場利率的變動引起債券價格的變動，從而給債券的買賣帶來差價。市場利率升高，債券買賣差價為正數，債券的投資收益增加；市場利率降低，債券買賣差價為負數，債券的投資收益減少。隨著市場利率的升降，投資者如果能適時地買進和賣出債券，就可獲取更多的債券投資收益。當然，如果投資者債券買賣的時機不當，也會使得債券的投資收益減少。

與債券面值和票面利率相聯繫，當債券價格高於其面值時，債券收益率低於票面利率，反之則高於票面利率。

（3）債的投資成本。債的投資成本大致有購買成本、交易成本和稅收成本三部分。購買成本是投資人買入債券支付的金額（購買債券的數量與債券價格的乘積，即本金）。交易成本包括經紀人佣金、成交手續費和過戶手續費等。國債的利息收入是免稅的，但企業債的利息收入還需要繳稅，稅收是影響債券實際投資收益的重要因素。債券的投資成本越高，其投資收益就越低。因此，債券的投資成本是投資者在比較選擇債券時所必須考慮的因素，也是在計算債券的實際收益率時必須扣除的。

（4）市場供求、貨幣政策和財政政策。市場供求、貨幣政策和財政政策會對債券價格

產生影響，從而影響到投資者購買債券的成本，因此市場供求、貨幣政策和財政政策也是我們考慮投資收益時不可忽略的因素。

債券的投資收益雖然受到諸多因素的影響，但是債券本質上是一種固定收益工具，其價格變動不會像股票一樣出現太大的波動，因此其收益是相對固定的，投資風險也較小，適合於想獲取固定收入的投資者。

（二）債券投資收益率的計算

債券投資的收益一般通過債券投資收益率進行衡量和比較。債券投資收益率是指在一定時期內，一定數量的債券投資收益與投資額的比率，通常用年率來表示。由於投資者投資債券的種類和中途是否轉讓等因素的不同，收益率的概念和計算公式也有所不同。

1. 名義收益率

名義收益率又稱票面收益率，是票面利息與面值的比率。其計算公式是：

名義收益率＝票面利息／面值×100％

名義收益率沒有考慮債券市場價格對投資者收益產生的影響，衡量的僅是債券發行人每年支付利息的貨幣金額，一般僅在計算債券應付利息時使用，而無法準確衡量債券投資的實際收益。

2. 即期收益率

即期收益率是債券票面利息與購買價格之間的比率。其計算公式是：

即期收益率＝票面利息／購買價格×100％

即期收益率反應的是以現行價格購買債券時，通過按債券票面利率計算的利息收入而能夠獲得的收益，但並未考慮債券買賣差價所能獲得的資本利得收益，因此不能全面反應債券投資的收益。

3. 持有期收益率

持有期收益率是債券買賣價格差價加上利息收入後與購買價格之間的比率。其計算公式是：

持有期收益率＝（出售價格－購買價格＋利息）／購買價格×100％

持有期收益率不僅考慮到了債券支付的利息收入，而且考慮到了債券的購買價格和出售價格，從而考慮到了債券的資本損益，因此比較充分地反應了實際收益率。但是，因為出售價格只有在投資者實際出售債券時才能夠確定，所以持有期收益率是一個事後衡量指標，在事前進行投資決策時只能主觀預測出售價格。這個指標在作為投資決策的參考時，具有很強的主觀性。

4. 到期收益率

到期收益率是投資購買債券的內部收益率，即可以使投資購買債券獲得的未來現金流量的現值等於債券當前市場價格的貼現率，相當於投資者按照當前市場價格購買並且一直持有到期時可以獲得的年平均收益率，其中隱含了每期的投資收入現金流均可以按照到期

收益率進行再投資。

到期收益率的計算公式是：

$$PV = \frac{I}{(1+Y)^1} + \frac{I}{(1+Y)^2} + \cdots + \frac{I}{(1+Y)^t} + \frac{M}{(1+Y)^t}$$

其中，PV 為債券當前市場價格，I 為每一期債息，M 為面值，Y 為到期收益率。

四、基金交易

(一) 基金與基金公司

1. 證券投資基金

證券投資基金是一種利益共存、風險共擔的集合證券投資方式，即通過發行基金份額，集中投資者的資金，由基金託管人託管，由基金管理人管理和運用資金，從事股票、債券等金融工具投資，並將投資收益按基金投資者的投資比例進行分配的一種間接投資方式。

證券投資基金起源於1868年的英國，是在18世紀末19世紀初產業革命的推動後產生的，而後興盛於美國，現在已風靡於全世界。在不同的國家，投資基金的稱謂有一定區別，英國稱之為「單位信託投資基金」，美國稱之為「共同基金」，日本稱之為「證券投資信託基金」。這些不同的稱謂在內涵和運作上並無太大區別。投資基金在西方國家早已成為一種重要的融資、投資手段，並在當代得到了進一步發展。20世紀60年代以來，一些發展中國家積極仿效，運用投資基金這一形式吸收國內外資金，促進本國經濟的發展。

證券投資基金在中國發展的時間還比較短，但在證券監管機構的大力扶植下，在短短幾年時間裡獲得了突飛猛進的發展。1997年11月，國務院出抬《證券投資基金管理暫行辦法》。1998年3月，兩只封閉式基金——基金金泰、基金開元設立，分別由國泰基金管理公司和南方基金管理公司管理。2004年6月1日，《中華人民共和國證券投資基金法》正式實施，以法律形式確認了證券投資基金在資本市場及社會主義市場經濟中的地位和作用，成為中國證券投資基金業發展史上的一個重要里程碑。截至2017年年底，公募基金管理機構管理的公募基金達4,841只，份額11.0萬億，規模11.6萬億元。證券投資基金數量和規模的迅速增長，不僅支持了中國經濟建設和改革開放事業，而且也為廣大投資者提供了一種新型的金融投資選擇，活躍了金融市場，豐富了金融市場的內容，促進了金融市場的發展和完善。

2. 基金公司

(1) 基金公司的含義。證券投資基金管理公司（基金公司），是指經中國證券監督管理委員會批准，在中國境內設立，對基金的募集、基金份額的申購和贖回、基金財產的投資、收益分配等基金運作活動進行管理的企業法人。

(2) 基金公司的設立條件。根據《中華人民共和國證券投資基金法》的規定，設立

基金管理公司，應當具備下列條件：
①股東符合《中華人民共和國證券投資基金法》的規定。
②有符合《中華人民共和國證券投資基金法》《中華人民共和國公司法》以及中國證監會規定的章程。
③註冊資本不低於1億元人民幣，並且股東必須以貨幣資金實繳，境外股東應當以可自由兌換貨幣出資。
④有符合法律、行政法規和中國證監會規定的擬任高級管理人員以及從事研究、投資、估值、行銷等業務的人員，擬任高級管理人員、業務人員不少於15人，並應當取得基金從業資格。
⑤有符合要求的營業場所、安全防範設施和與業務有關的其他設施。
⑥設置了分工合理、職責清晰的組織機構和工作崗位。
⑦有符合中國證監會規定的監察稽核、風險控制等內部監控制度。
⑧經國務院批准的中國證監會規定的其他條件。

(二) 基金的類型

證券投資基金之所以在現代金融市場上獲得廣泛發展，與其具有的繁多種類從而能夠滿足投資者的各種需要的特點是分不開的。從不同角度可以將證券投資基金劃分為不同類型。

1. 按基金的組織方式分為契約型證券投資基金和公司型證券投資基金

(1) 契約型證券投資基金又稱單位信託基金，是指把投資者、管理人、託管人三者作為基金的當事人，通過簽訂基金契約的形式，發行受益憑證而設立的一種基金。契約型證券投資基金起源於英國，後在新加坡、印度尼西亞等國家和中國香港地區十分流行。契約型證券投資基金是基於契約原理而組織起來的代理投資行為，沒有基金章程，也沒有董事會，而是通過基金契約來規範三方當事人的行為。基金管理人負責基金的管理操作。基金託管人作為基金資產的名義持有人，負責基金資產的保管和處置，對基金管理人的運作實行監督。

(2) 公司型證券投資基金是按照公司法以公司形態組成的，該基金公司以發行股份的方式募集資金，一般投資者則為認購基金而購買該公司的股份，也就成為該公司的股東，憑其持有的股份依法享有投資收益。這種基金要設立董事會，重大事項由董事會討論決定。公司型證券投資基金的特點是基金公司的設立程序類似於一般的股份公司，基金公司本身依法註冊為法人。但不同於一般股份公司的是，基金公司是委託專業的財務顧問或管理公司來經營與管理的。基金公司的組織結構也與一般的股份公司類似，設有董事會和持有人大會，基金資產由公司所有，投資者則是這家公司的股東，承擔風險並通過股東大會行使權利。

(3) 契約型證券投資基金與公司型證券投資基金的區別有以下幾點：
①法律依據不同。契約型證券投資基金是依照基金契約組建，信託法是其設立的依

據，基金本身不具有法律資格。公司型證券投資基金是按照公司法組建的，具有法人資格。

②資金的性質不同。契約型證券投資基金的資金是通過發行基金份額籌集起來的信託財產；公司型證券投資基金的資金是通過發行普通股票籌集的公司法人的資本。

③投資者的地位不同。契約型證券投資基金的投資者購買基金份額後成為基金契約的當事人之一，投資者既是基金的委託人，即基於對基金管理人的信任，將自己的資金委託給基金管理人管理和營運，又是基金的受益人，即享有基金的受益權。公司型證券投資基金的投資者購買基金的股票後成為該公司的股東。因此，契約型證券投資基金的投資者沒有管理基金資產的權力，而公司型證券投資基金的股東通過股東大會享有管理基金公司的權力。

④基金的營運依據不同。契約型證券投資基金依據基金契約營運基金，公司型證券投資基金依據基金公司章程營運基金。由此可見，契約型證券投資基金和公司型證券投資基金在法律依據、組織形態以及有關當事人扮演角色上是不同的。但對投資者來說，投資於公司型證券投資基金和契約型證券投資基金並無多大區別，它們的投資方式都是把投資者的資金集中起來，按照基金設立時規定的投資目標和策略，將基金資產分散投資於眾多的金融產品上，獲取收益後再分配給投資者。

儘管契約型證券投資基金和公司型證券投資基金在很多方面存在不同，但從投資者的角度看，這兩種投資方式並無多大區別，其投資方式都是把投資者的資金集中起來，按照基金設立時規定的投資目標和策略，將基金資產分散投資於眾多的金融產品上，獲取收益後再分配給投資者。從世界基金業的發展趨勢看，公司型證券投資基金除了比契約型證券投資基金多了一層基金公司組織外，其他各方面都與契約型證券投資基金有趨同化的傾向。

2. 按基金的運作方式分為封閉式基金和開放式基金

（1）封閉式基金是指經核准的基金份額總額在基金合同期限內固定不變，基金份額可以在依法設立的證券交易場所交易，但基金份額持有人不得申請贖回的基金。由於封閉式基金在封閉期內不能追加認購或贖回，投資者只能通過證券經紀商在二級市場上進行基金的買賣。封閉式基金的期限是指基金的存續期，即基金從成立起到終止之間的時間。決定基金期限長短的因素主要有兩個：一是基金本身投資期限的長短。一般來說，如果基金的目標是進行中長期投資，其存續期就可以長一些；反之，如果基金的目標是進行短期投資（如貨幣市場基金），其存續期就可以短一些。二是宏觀經濟形勢。一般來說，如果經濟穩定增長，基金存續期就可以長一些，否則應相對短一些。當然，在現實中，存續期還應依據基金發起人和眾多投資者的要求來確定。基金期限屆滿即為基金終止，管理人應組織清算小組對基金資產進行清產核資，並將清產核資後的基金淨資產按照投資者的出資比例進行公正合理的分配。

（2）開放式基金是指基金管理公司在設立基金時，發行基金單位的總份額不固定，可以視投資者的需求追加發行。投資者也可以根據市場狀況和各自的投資決策，或者要求發行機構按現期淨資產值扣除手續費後贖回股份或受益憑證，或者再買入股份或受益憑證，增持該基金單位份額。為了應付投資者中途抽回資金，實現變現的要求，開放式基金一般都從所籌資金中撥出一定比例，以現金形式保持這部分資產。這雖然會影響基金的盈利水準，但作為開放式基金來說，這是必需的。

（3）封閉式基金與開放式基金的區別。

①期限不同。封閉式基金通常有固定的封閉期，通常在 5 年以上，一般為 10 年或 15 年，經受益人大會通過並經主管機關同意可以適當延長期限。而開放式基金沒有固定期限，投資者可以隨時向基金管理人贖回基金單位。

②發行規模限制不同。封閉式基金在招募說明書中列明其基金規模，在封閉期限內未經法定程序認可不能再增加發行。開放式基金沒有發行規模限制，投資者可以隨時提出認購或贖回申請，基金規模隨之增加或減少。

③基金單位交易方式不同。封閉式基金的基金單位在封閉期限內不能贖回，持有人只能尋求在證券交易場所出售給第三者。開放式基金的投資者可以在首次發行結束一段時間（多為 3 個月）後，隨時向基金管理人或仲介機構提出購買或贖回申請，買賣方式靈活，除極少數開放式基金在交易所做名義上市外，通常不上市交易。

④基金單位的交易價格計算標準不同。封閉式基金與開放式基金的基金單位除了首次發行價都是按面值加一定百分比的購買費計算外，以後的交易計價方式不同。封閉式基金的買賣價格受市場供求關係的影響，常出現溢價或折價現象，並不必然反應基金的淨資產值。開放式基金的交易價格則取決於基金每單位淨資產值的大小，其申購價一般是基金單位資產值加一定的購買費，贖回價是基金單位淨資產值減去一定的贖回費，不直接受市場供求影響。

⑤投資策略不同。封閉式基金的基金單位數不變，資本不會減少，因此基金可以進行長期投資，基金資產的投資組合能有效在預定計劃內進行。開放式基金因基金單位可以隨時贖回，為應付投資者隨時贖回兌現，基金資產不能全部用來投資，更不能把全部資本用來進行長線投資，必須保持基金資產的流動性，在投資組合上需保留一部分現金和高流動性的金融商品。

⑥基金份額資產淨值公布的時間不同。封閉式基金一般每週或更長時間公布一次，開放式基金一般在每個交易日連續公布。

⑦交易費用不同。投資者在買賣封閉式基金時，在基金價格之外需要支付手續費；投資者在買賣開放式基金時，則要支付申購費和贖回費。

從發達國家金融市場來看，開放式基金已成為世界投資基金的主流。世界基金發展史從某種意義上說就是從封閉式基金走向開放式基金的歷史。

3. 按投資目標分為成長型基金、收入型基金、平衡型基金

（1）成長型基金是基金中最常見的一種，追求的是基金資產的長期增值。為了達到這一目標，基金管理人通常將基金資產投資於信譽度較高、有長期成長前景或長期盈餘的所謂成長公司的股票。成長型基金又可分為穩健成長型基金和積極成長型基金。

（2）收入型基金主要投資於可帶來現金收入的有價證券，以獲取當期的最大收入為目的。收入型基金資產成長的潛力較小，損失本金的風險相對也較低，一般可分為固定收入型基金和股票收入型基金。固定收入型基金的主要投資對象是債券和優先股，因而儘管收益率較高，但長期成長的潛力很小，而且當市場利率波動時，基金淨值容易受到影響。股票收入型基金的成長潛力比較大，但易受股市波動的影響。

（3）平衡型基金將資產分別投資於兩種不同特性的證券上，並在以取得收入為目的的債券及優先股和以資本增值為目的的普通股之間進行平衡。這種基金一般將25%~50%的資產投資於債券及優先股，其餘的投資於普通股。平衡型基金的主要目的是從其投資組合的債券中得到適當的利息收益，與此同時又可以獲得普通股的升值收益。投資者既可以獲得當期收入，又可以得到資金的長期增值，通常是把資金分散投資於股票和債券。平衡型基金的特點是風險比較低，缺點是成長潛力不大。

4. 按投資標的分為債券基金、股票基金、貨幣市場基金、指數基金、黃金基金、衍生證券基金

（1）債券基金是一種以債券為主要投資對象的證券投資基金。由於債券的年利率固定，因此這類基金的風險較低，適合於穩健型投資者。通常債券基金收益會受貨幣市場利率的影響，當市場利率下調時，其收益就會上升；反之，若市場利率上調，基金收益率則下降。除此以外，匯率也會影響基金的收益，管理人在購買非本國貨幣的債券時，往往還在外匯市場上做套期保值。

（2）股票基金是指以股票為主要投資對象的證券投資基金。股票基金的投資目標側重於追求資本利得和長期資本增值。基金管理人擬定投資組合，將資金投放到一個或幾個國家，甚至是全球的股票市場，以達到分散投資、降低風險的目的。投資者之所以鍾愛股票基金，原因在於可以有不同的風險類型供選擇，而且可以克服股票市場普遍存在的區域性投資限制的弱點。此外，股票基金還具有變現性強、流動性強等優點。由於股票基金聚集了巨額資金，幾只甚至一只基金就可以引發股市動盪，因此各國政府對股票基金的監管都十分嚴格，不同程度地規定了基金購買某一家上市公司的股票總額不得超過基金資產淨值的一定比例，防止基金過度投機和操縱股市。

（3）貨幣市場基金是以貨幣市場為投資對象的一種基金，其投資工具期限在一年內，包括銀行短期存款、國庫券、公司債券、銀行承兌票據以及商業票據等。通常，貨幣基金的收益會隨市場利率的下跌而降低，與債券基金正好相反。貨幣市場基金通常被認為是無風險或低風險的投資。

(4)指數基金是20世紀70年代以來出現的新的基金品種。為了使投資者能獲取與市場平均收益相接近的投資回報，產生了一種功能上近似或等於編製的某種證券市場價格指數的基金。指數基金的特點是投資組合等同於市場價格指數的權數比例，收益隨著當期的價格指數上下波動。當價格指數上升時基金收益增加，反之收益減少。基金因始終保持當期的市場平均收益水準，因此收益不會太高，也不會太低。指數基金的優勢是：第一，費用低廉。指數基金的管理費較低，尤其交易費用較低。第二，風險較小。由於指數基金的投資非常分散，可以完全消除投資組合的非系統風險，而且可以避免由於基金持股集中帶來的流動性風險。第三，以機構投資者為主的市場中，指數基金可以獲得市場平均收益率，可以為股票投資者提供更好的投資回報。第四，指數基金可以作為避險套利的工具。對於投資者尤其是機構投資者來說，指數基金是其避險套利的重要工具。指數基金由於收益率的穩定性和投資的分散性，特別適用於社保基金等數額較大、風險承受能力較低的資金投資。

(5)黃金基金是指以黃金或其他貴金屬及其相關產業的證券為主要投資對象的基金。其收益率一般隨貴金屬的價格波動而變化。

(6)衍生證券基金是指以衍生證券為投資對象的證券投資基金，主要包括期貨基金、期權基金和認購權證基金。由於衍生證券一般是高風險的投資品種，因此投資這種基金的風險較大，但預期的收益水準比較高。

5.按基金資本來源和運用地域分為國內基金、國際基金、離岸基金與海外基金

(1)國內基金是基金資本來源於國內並投資於國內金融市場的投資基金。一般而言，國內基金在其國內基金市場上應占主導地位。

(2)國際基金是基金資本來源於國內市場但投資於境外金融市場的投資基金。由於各國經濟和金融市場發展的不平衡性，因此在不同國家會有不同的投資回報，通過國際基金的跨國投資，可以為本國資本帶來更多的投資機會以及在更大範圍內分散投資風險，但國際基金的投資成本和費用一般也較高。國際基金有國際股票基金、國際債券基金和全球商品基金等種類。

(3)離岸基金是基金資本從國外籌集並投資於國外金融市場的基金。離岸基金的特點是「兩頭在外」。離岸基金的資產註冊登記不在母國，為了吸引全球投資者的資金，離岸基金一般都在素有「避稅天堂」之稱的地方註冊，如盧森堡、開曼群島、百慕大等，因為這些國家和地區對個人投資的資本利得、利息和股息收入都不收稅。

(4)海外基金是基金資本從國外籌集並投資於國內金融市場的基金。海外基金通過發行受益憑證，把籌集到的資金交由指定的投資機構集中投資於特定國家的股票和債券，把所得收益作為再投資或作為紅利分配給投資者，其發行的受益憑證則在國際著名的證券市場掛牌上市。海外基金已成為發展中國家利用外資的一種較為理想的形式，一些資本市場沒有對外開放或實行嚴格外匯管制的國家可以利用海外基金。

除了上述幾種類型的基金，證券投資基金還可以按募集對象不同分為公募基金和私募基金；按投資貨幣種類不同分為美元基金、英鎊基金、日元基金等；按收費與否分為收費基金和不收費基金；按投資計劃可變更性分為固定型基金、半固定型基金、融通型基金。此外，還有專門支持高科技企業、中小企業的風險基金，因交易技巧而著稱的對沖基金、套利基金以及投資於其他基金的基金中基金等。

本章小結

1. 證券公司（Securities Company）是專門從事有價證券買賣的法人企業，分為證券經營公司和證券登記公司。狹義的證券公司是指證券經營公司，是經主管機關批准並到有關工商行政管理部門領取營業執照後專門經營證券業務的機構。

2. 中國證券公司的業務範圍包括：證券經紀，證券投資諮詢，與證券交易、證券投資活動有關的財務顧問，證券承銷與保薦，證券自營，證券資產管理及其他證券業務。《中華人民共和國證券法》規定，經國務院證券監督管理機構批准，證券公司可以為客戶買賣證券提供融資融券服務及其他業務。

3. 證券市場是股票、債券、投資基金份額等有價證券發行和交易的場所。證券市場是市場經濟發展到一定階段的產物，是為解決資本供求矛盾和流動性而產生的市場。

4. 證券登記結算公司是指為證券交易提供集中的登記、託管與結算服務，是不以營利為目的的法人。

5. 股票是股份公司（包括有限公司和無限公司）在籌集資本時向出資人發行的股份憑證，代表著其持有者（即股東）對股份公司的所有權。這種所有權為一種綜合權利，如參加股東大會、投票表決、參與公司的重大決策、收取股息或分享紅利等。

6. 股票的市場價格一般是指股票在二級市場上交易的價格。股票的市場價格由股票的價值決定，但同時受許多其他因素的影響。其中，供求關係是最直接的影響因素，其他因素都是通過作用於供求關係而影響股票價格的。由於影響股票價格的因素複雜多變，因此股票的市場價格呈現出高低起伏的波動性特徵。

7. 債券是依照法定程序發行，約定在一定期限內還本付息的有價證券。債券是國家或地區政府、金融機構、企業等機構直接向社會借債籌措資金時，向投資者發行，並且承諾按特定利率支付利息並按約定條件償還本金的債權債務憑證。

8. 政府債券有以下特徵：安全性、流通性強、收益穩定、免稅待遇。

9. 證券投資基金是一種利益共存、風險共擔的集合證券投資方式，即通過發行基金份額，集中投資者的資金，由基金託管人託管，由基金管理人管理和運用資金，從事股票、債券等金融工具投資，並將投資收益按基金投資者的投資比例進行分配的一種間接投資

方式。

10. 證券投資基金管理公司（基金公司）是指經中國證券監督管理委員會批准，在中國境內設立，對基金的募集、基金份額的申購和贖回、基金財產的投資、收益分配等基金運作活動進行管理的企業法人。

關鍵概念

1. 證券公司　2. 證券市場　3. 股票　4. 股票價格　5. 債券　6. 基金

思考題

1. 李先生最近聽說投資股票可以賺錢，可是他自己完全不懂，也不知道應該做什麼才能進行股票的投資。請問李先生應該去什麼場所，辦理哪些手續才能進行股票的投資呢？

2. 某人於2013年1月1日以120元的價格購買了面值為100元、利率為10%、每年1月1日支付一次利息的2012年發行的10年期國庫券，並持有到2018年1月1日以140元的價格賣出，則該投資者債券持有期間的收益率為多少？

3. 李某想投資一些基金，但是不知怎麼操作，你能給他一些建議嗎？

練習題

一、單項選擇題

1. 通常由（　　）直接為投資者開立資金結算帳戶。
   A. 證券登記結算公司　　B. 中國證券業協會
   C. 證券交易所　　　　　D. 證券公司

2. 中國證券公司的設立實行審批制，由（　　）依法對證券公司的設立申請進行審查，決定是否批准設立。
   A. 中國人民銀行　　　　B. 財政部
   C. 中國銀監會　　　　　D. 中國證監會

3. 證券市場按縱向結構關係，可以分為（　　）。
   A. 發行市場和交易市場

B. 股票市場、債券市場和基金市場

C. 集中交易市場和場外市場

D. 國內市場和國外市場

4. 場內市場是在固定場所進行交易，一般是指（　　）。

　　A. 證券交易所　　B. 證券公司　　C. 店頭交易　　D. 櫃臺市場

5. 證券市場的基本功能不包括（　　）。

　　A. 籌資功能　　B. 定價功能　　C. 保值增值功能　　D. 資本配置功能

6. 在中國，證券交易所是經（　　）批准設立的。

　　A. 全國人民代表大會　　　　　B. 國務院

　　C. 中國人民銀行　　　　　　　D. 中國證監會

7. 上海證券交易所成立於（　　）。

　　A. 1991 年 6 月　　　　　　　B. 1990 年 6 月

　　C. 1990 年 12 月　　　　　　 D. 1991 年 12 月

8. 股票持有人作為公司股東，享有股份轉讓權、重大決策權、選舉管理權等，表明股票是（　　）。

　　A. 要式證券　　B. 有價證券　　C. 證權證券　　D. 綜合權利證券

9. 下列（　　）不是普通股票股東的權利。

　　A. 公司重大決策參與權　　　　B. 查閱公司債券存根

　　C. 公司資產收益權和剩餘資產分配權　　D. 優先分配公司剩餘資產

10. 優先認股權是指（　　）。

　　A. 當股份公司為增加公司資本發行新股時，原普通股股東享有的按其持股比例、以低於市價的某一特定價格優先認購一定數量新發行股票的權利

　　B. 當股份公司為增加公司資本發行新股時，原普通股股東享有的按其持股比例、以市價優先認購一定數量新發行股票的權利

　　C. 當股份公司為增加公司資本發行新股時，原普通股股東享有的以低於市價的某一特定價格優先認購任意數量新發行股票的權利

　　D. 當股份公司為增加公司資本發行新股時，原普通股股東享有的按其持股比例、以高於市價的某一特定價格優先認購任意數量新發行股票的權利

11. 《中華人民共和國公司法》規定，股份公司向發起人、國家授權投資的機構、法人發行的股票應當是（　　）。

　　A. 不記名股票　　B. 記名股票　　C. 優先股　　D. 國有股

12. 債券持有人可按自己的需要和市場的實際狀況，靈活地轉讓債券提前收回本金和實現投資收益是指（　　）。

　　A. 償還性　　B. 流動性　　C. 安全性　　D. 收益性

13. 下列說法不正確的是（　　）。
    A. 平衡型基金的投資目標是既要獲得當期收入，又要追求長期增值，通常是把資金集中投資於股票和債券，以保證資金的安全性和盈利性
    B. 在成長型基金中，有更為進取的基金，即積極成長型基金
    C. 收入型基金主要投資於可帶來現金收入的有價證券，以獲取當期的最大收入為目的
    D. 成長型基金是基金中最常見的一種，追求基金資產的長期增值，投資於信譽度較高、有長期成長前景或長期盈餘的公司的股票
14. 根據《證券投資基金運作管理辦法》及有關規定，股票基金應有（　　）以上的資產投資於股票。
    A. 30%　　　　B. 50%　　　　C. 60%　　　　D. 80%
15. 認購公司型基金的投資人是基金公司的（　　）。
    A. 債權人　　　B. 收益人　　　C. 股東　　　　D. 委託人

二、多項選擇題

1. 關於證券公司的描述正確的是（　　）。
    A. 在中國，設立證券公司必須經國務院證券監督管理機構審查批准
    B. 證券公司既是證券市場投融資服務的提供者，也是證券市場重要的機構投資者
    C. 在中國，證券公司在境外設立、收購或者參股證券經營機構，必須經證券監督管理機構批准
    D. 美國對證券公司的通俗稱謂是商人銀行
2. 證券交易所的主要職責有（　　）。
    A. 提供交易場所與設施
    B. 制定交易規則
    C. 監管在該交易所上市的證券以及會員交易行為的合規性與合法性
    D. 確保交易市場的公開、公平和公正
3. 不記名股票的特點有（　　）。
    A. 股東權利屬於股票持有人　　　B. 認購股票時要求一次繳納出資
    C. 轉讓相對簡便　　　　　　　　D. 安全性較差
4. 政府債券包括（　　）。
    A. 金融債券　　B. 國債　　　　C. 政府保證債券　　D. 公司債券
5. 證券投資基金的特點是（　　）。
    A. 收益顯著　　B. 集合投資　　C. 分散風險　　　　D. 專業理財
6. 貨幣市場基金的優點是（　　）。

A. 流動性強，資本安全性高　　B. 購買限額低
C. 收益較高　　　　　　　　　D. 管理費用低

7. 契約型基金與公司型基金的區別是（　　）。
A. 資金的性質不同　　　　　　B. 投資者的地位不同
C. 基金的營運依據不同　　　　D. 收益水準不同

三、簡答題

1. 發行市場與流通市場的關係是什麼？
2. 有哪些因素影響了股票價格的波動？
3. 為什麼公司債券的利率要比國債利率高？
4. 貨幣基金有什麼特點？
5. 為什麼大家總說股票的風險>基金的風險>債券的風險？

（練習題參考答案）

第五章　掌握風險管理

學習目標

知識目標
1. 瞭解不確定性與風險的含義
2. 掌握風險的主要分類
3. 理解風險測量的基本工具
4. 熟悉金融風險管理策略的基本類型

能力目標
1. 能對風險進行識別與分析
2. 能對風險管理的各種現代化手段加以分析，提高對金融風險管理策略的比較與選擇能力
3. 能對金融風險進行預警分析
4. 能對各種金融風險進行防範

素養目標
1. 培養不確定性的思維方式
2. 養成管理風險事件的習慣

第一節　風險與不確定性

[案例5-1] 2016年1月農業銀行北京分行發生重大風險事件

農業銀行北京分行與某銀行進行銀行承兌匯票轉貼現業務，在回購到期前，銀票應存放在農業銀行北京分行的保險櫃裡，不得轉出。但實際情況是，銀票在回購到期前，就被某重慶票據仲介提前取出，與另外一家銀行進行了回購貼現交易，而資金並未回到農業銀行北京分行的帳上，而是非法進入了股市，涉及金額39億元。

這是典型的內外勾結的操作風險，按照規定，票據業務按約定封包入庫，票據出庫會經手多人，經辦方不能負責保管，犯罪成本高。據瞭解，由於票據回購業務涉及計財部門、櫃臺部門、信貸部門等前、中、後臺至少四個部門，只有串聯才可以違規操作，因此這一案件顯然不僅僅涉及2人，而是「窩案」。

一、風險和金融風險

（一）風險和金融風險的定義

1. 風險的定義

所謂風險，源於拉丁文「Risicare」一詞。「Risi」之意是由希臘文中的「cliff」（山崖）派生出來的，「Risicare」一詞被解釋為「在山崖中航行」的意思。因此，風險的主要含義是指「事故發生的可能性」。但是，越來越多的人認為不能拘泥於上述唯一含義，還應該從更廣泛的角度來探討風險涉及的對象。因此，在原有的「事故發生的可能性」基礎上，加進了「社會經濟活動結果的不確定性」，就構成了目前的「風險」的定義。國際標準化組織（ISO）發布的《ISO Guide 73：2009 風險管理術語》中將風險定義為：「不確定性對目標的影響。」這一概念包含以下幾層含義：

其一，影響是指偏離預期，可以是正面的和（或）負面的。

其二，目標可以是不同方面（如財務、健康與安全、環境等）和層面（如戰略、組織、項目、產品和過程等）的目標。

其三，通常用潛在事件、後果或兩者的組合來區分風險。

其四，通常用事件後果（包括情形的變化）和事件發生可能性的組合來表示風險。

其五，不確定性是指對事件及其後果或可能性的信息缺失或瞭解片面的狀態。

相比以往的風險的定義，這個定義的一個優點是包容性比較強。

2. 金融風險的定義

金融風險也適用於一般風險的定義，由於風險最主要的含義是「事故發生的可能性」，因此金融風險可以從利益受損的角度來理解。例如，信用風險就是金融交易對象喪失償還能力，應該收取的債權無法回收，這種不確定性就發生在利益受損的時候。關於「社會經濟活動結果的不確定性」，這與既有利益也有損失的金融風險是一樣的。例如，市場風險，由於市場變化，引起金融商品及金融交易的價格波動，其結果是有人受益有人受損。

金融風險是指金融機構在貨幣資金的借貸和經營過程中，由於各種不確定性因素的影響，使得預期收益和實際收益發生偏差，從而發生損失的可能性。金融風險的基本特徵如下：

（1）客觀性。金融風險是不以人的意志為轉移的客觀存在。

（2）不確定性。影響金融風險的因素非常複雜，各種因素相互交織，難以事前完全

把握。

(3) 相關性。儘管金融機構主觀的經營和決策行為會造成一定的金融風險,但是金融機構經營的商品——貨幣的特殊性決定了金融機構同經濟和社會是緊密相關的。

(4) 可控性。雖然金融風險形成的原因十分複雜,但是通過經驗和各種手段避免金融風險的發生也是可能的,同時人們可以通過對風險的各種預防和控制措施,盡量減少風險帶來的損失。

(5) 擴散性。金融機構充當著仲介機構的職能,割裂了原始借貸的對應關係。處於這一仲介網絡的任何一方出現風險,都有可能對其他方面產生影響,甚至發生行業的、區域的金融風險,導致金融危機。

(6) 隱蔽性和疊加性。由於金融機構具有一定的信用創造能力,因此可以在較長時間裡通過不斷創造新的信用來掩蓋已經出現的風險和問題,而這些風險因素不斷地被隱蔽和疊加起來。

(二) 風險的構成要素

我們可以將影響風險的產生、存在和發展的因素歸結為風險因素、風險事故和損失。

1. 風險因素

風險因素是指促使和增加損失發生的頻率或嚴重程度的條件,它是事故發生的潛在原因。

根據風險因素的性質,可以將風險因素分為有形風險因素和無形風險因素。

(1) 有形風險因素。有形風險因素是直接影響事物物理功能的物質性風險因素,又稱實質風險因素。例如,建築物的結構及滅火設施的分佈等對於火災來說就屬於有形因素。假設有兩間房屋,一間是木質結構,另一間是水泥結構。如果其他條件都相同,木質結構的房子顯然比水泥結構的房子發生火災的可能性要大。再假設這兩間房子都是水泥結構的,但一間房子滅火設施非常齊備,而另一間房子滅火設施並不齊備,則兩者一旦發生火災,後者的損失可能會比前者的損失大得多。因此,建築物的結構對損失概率有影響,滅火設施的分佈雖然不能對損失概率發生作用,但可以影響損失幅度。

(2) 無形風險因素。無形風險因素是指文化習俗和生活態度等非物質的、影響損失發生可能性和受損程度的因素,可以進一步分為道德風險因素和心理風險因素。

①道德風險因素。道德風險因素是與人的品德修養有關的無形的因素,指人們以不誠實、不良企圖、詐欺行為故意促使風險事故發生,或者擴大已發生的風險事故造成的損失的原因或條件,如詐欺、盜竊、搶劫、貪污等。對於在路上駕駛汽車的司機來說,故意違規就屬於道德風險因素,對於一個投保了某種財產保險的投保人來說,虛報保險財產價值、對沒有保險利益的標的進行投保、製造虛假賠案、故意縱火或者誇大損失等也屬於道德風險因素。

②心理風險因素。心理風險因素雖然也是無形的,但與道德風險因素不同的是,它是

與人的心理有關的，是指由於人們的疏忽或過失，以致增加風險事故發生的機會或擴大損失程度的因素，並不是故意的行為。例如，駕駛者在行車過程中走神，就會增加車禍的可能；工人對易爆物品進行操作的過程中麻痺大意，就會增加爆炸的可能；人們購買了保險以後，由於保險公司會承擔最終的損失，因此被保險人容易對防損和施救工作產生疏忽，與沒有保險時相比，這會增加損失發生的概率。

道德風險因素和心理風險因素均與人的行為有關，因此也常將二者合併稱為人為風險因素。由於無形風險因素看不見摸不著，具有很大的隱蔽性，往往可以隱藏很長時間，因此在許多情況下，等到人們發覺了，已經釀成了巨大的損失。很多曾經無限風光的大型金融機構都因為道德風險因素或心理風險因素而功虧一簣。例如，在巴林銀行的案例中，尼克·里森的越權投機就是一種道德風險因素。因此，在對風險進行管理時，不僅要注意那些有形的危險，更要嚴密防範這些無形的隱患。

2. 風險事故

風險事故是造成生命財產損失的偶發事件，又稱為風險事件。風險事故是造成損失的直接的或外在的原因，是使風險造成損失的可能性轉化為現實性的媒介，是風險因素到風險損失的中間環節，風險只有通過風險事故的發生，才有可能導致損失。例如，汽車煞車失靈造成車禍與人員損傷，其中煞車失靈是風險因素，車禍是風險事故。

有時風險因素與風險事故很難區分，某一事件在一定條件下是風險因素，在另一事件下則為風險事故。例如，下冰雹使得路滑而發生車禍，造成人員傷亡，這時冰雹是風險因素，車禍是風險事故；若冰雹直接擊傷行人，則它就是風險事故。因此，應以導致損失的直接性與間接性來區分，導致損失的直接原因是風險事故，間接原因則為風險因素。

3. 損失

這裡的損失是指非故意的、非預期的和非計劃的經濟價值的減少或消失。顯然，損失包含兩方面的含義，一方面，損失是經濟損失，即必須能以貨幣來衡量。當然，有許多損失是無法用貨幣衡量的，如親人死亡，誰也無法計算出其家人在精神上遭受的打擊和痛苦值多少人民幣。儘管如此，在衡量人身傷亡時，還是從由此引起的對本人及家庭產生的經濟困難或其對社會創造經濟價值的能力減少的角度來給出一個貨幣衡量的評價。另一方面，損失是非故意、非預期和非計劃的。上述兩個方面缺一不可。例如，折舊雖然是經濟價值的減少，但折的是固定資產自然而有計劃的經濟價值的減少，不符合第二個條件，不在這裡討論的損失之列。

損失可以分為直接損失和間接損失兩種，前者指直接的、實質的損失，強調風險事故對於標的本身造成的破壞，是風險事故導致的初次效應；後者強調由於直接損失引起的破壞，即風險事故的後續效應，包括額外費用損失和收入損失等。

風險本質上是指由風險因素、風險事故和損失三者構成的統一體，這三者之間存在一種因果關係。風險因素增加或產生風險事故，風險事故引起損失。

二、風險與不確定性

在對未來進行安排的過程中，我們理所當然地想要追求準確無誤的預測，因為這會使我們覺得安全，決策的選擇也會比較好判斷。世間萬物雖有其遵循的運動規律，它們之間往往相互影響、相互制約，關係錯綜複雜，人類無法對其運動的結果給出一個唯一的判斷，也就是說，很多事物常常表現為不確定的變化形式。因此，我們每天的生活都無法迴避面臨的種種風險。雖然我們常常提到風險，也明白風險是和不確定事件有關的，但風險涉及哪些不確定性呢？要進行風險管理，必須先弄清楚這些問題。

(一) 不確定的水準與風險

風險總是用在這樣的一些場合，即未來將要發生的結果是不確定的。我們在解釋風險時，很多時候會用到「不確定」這個詞，但不確定並不等同於風險。為了滿足風險測度的需要，有必要將不確定與風險加以區分。

1. 不確定與確定是特定時間下的概念

在《韋伯斯特新辭典》中，「確定」的一個解釋是「一種沒有懷疑的狀態」，而確定的反義詞「不確定」，也就成為「懷疑自己對當前行為所造成的將來結果的預測能力」。因此，不確定這一術語描述的是一種心理狀態，它是存在於客觀事物與人們的認識之間的一種差距，反應了人們由於難以預測未來活動和事件的後果而產生的懷疑態度。有些時候，一項活動雖然有多種可能的結果，人們由於無法掌握活動的全部信息，因此事先不能確切預知最終會產生哪一種結果，但可以知道每一種結果出現的概率。另一些時候，人們可能連這些概率都不能估計出來，甚至未來會出現哪些結果都不可知。

2. 不確定的情況

我們可以把不確定的水準分為以下三級：

第 1 級（客觀不確定）：未來有多種結果，每一種結果及其概率可知。

第 2 級（主觀不確定）：知道未來會有哪些結果，但每一種結果發生的概率無法客觀確定。

第 3 級（主觀、客觀都不確定）：未來的結果與發生的概率均無法確定。

一項活動的結果的不確定程度，一方面和這項活動本身的性質有關，另一方面和人們對這項活動的認知有關。在不確定的這三個水準中，第 1 級是不確定的最低水準。客觀不確定是自然界本身所具有的、一種統計意義上的不確定，是由大量的歷史經歷或試驗揭示出的一種性質，是指那些有明確的定義，但不一定出現的事件中所包含的不確定性。例如，投幣試驗就是一個典型的客觀不確定的例子。我們無法確定未來一次投幣的結果是正面還是反面，但有一點是肯定的，即其正反面出現的概率皆為 0.5。由此可知，客觀不確定不是由於人們對事件不瞭解，而是由於事件結果固有的狹義的不唯一造成的，即雖然結果是正還是反不能唯一確定，但結果的概率分佈唯一確定。概率論是處理客觀不確定的主

要工具。第2級不確定的程度更高一些，對於這一級的活動，雖然知道未來會有哪些結果，但事先既不知道未來哪種結果會發生，也不清楚每種結果發生的概率，即這是一種廣義的結果不唯一。這種不確定是由於我們對系統的動態發展機制缺乏深刻的認識。這一類活動要麼是發生的可能性很小，目前還沒有足夠的數據和信息判斷各種結果出現的概率，如核事故；要麼是影響最終結果的因素很多，事先無法判斷，比如一個司機在行駛的過程中可能遭遇車禍，他可以判斷車禍造成的結果，但一般情況下很難準確估計捲入到一場車禍中的可能性與不同損失程度的可能性，除非事先能夠掌握車輛行駛的地形、行駛的時間、路況、司機以及其他駕駛員的行駛習慣、車輛的性能、保養程度和維修費用等信息。由於在這一級中，結果發生的概率的不確定主要是由於人們沒有足夠的信息來進行判斷，進而帶有一定主觀猜測的成分，因此也稱為「主觀不確定」。第3級的不確定程度最高，早期的太空探險等活動都屬於這種類型。從理論上來說，隨著歷史資料與信息的逐漸增多，高級別的不確定可以轉化為低級別的不確定。

（二）風險的種類與金融風險的種類

1. 風險的種類

風險的種類很多，按照不同的標準，風險可以劃分為以下幾類：

（1）基本風險與特定風險。按照風險的起源及影響範圍不同，風險可以分為基本風險和特定風險。

基本風險是由非個人的或至少是個人往往不能阻止的因素引起的、損失通常波及很大範圍的風險。這種風險事故一旦發生，任何特定的社會個體很難在較短的時間內阻止其蔓延。例如，與社會、政治有關的戰爭、失業、罷工等以及地震、洪水等自然災害都屬於基本風險。基本風險不僅影響一個群體或一個團體，而且影響到很大的一組人群，甚至整個人類社會。由於基本風險主要不在個人的控制之下，又由於在大多數情況下它們並不是由某個特定個人的過錯所造成的，個人無法有效分散這些風險，因此應當由社會而不是個人來應付它們，這就產生了社會保險。社會保險覆蓋的風險也包括那些私營保險市場不能提供充分保障的風險，它被視為對市場失靈的一種補救，同時也表現出社會對於促進公平及保護弱勢人群利益的願望。例如，失業風險一般就不由商業保險公司進行保險，而是由社會保險計劃負責；又如，工傷、健康、退休等保障也是由社會保險來負擔。

特定風險是指由特定的社會個體引起的，通常是由某些個人或某些家庭來承擔損失的風險。例如，由於火災、爆炸、盜竊等引起的財產損失的風險，對他人財產損失和身體傷害所負法律責任的風險等，都屬於特定風險。特定風險通常被認為是由個人引起的，在個人的責任範圍內，因此它們的管理也主要由個人來完成，如通過保險、損失防範和其他工具來應付這一類風險。

（2）純粹風險與投機風險。按照風險導致的後果不同，風險可以分為純粹風險與投機風險。

纯粹风险是指只有损失机会而无获利机会的风险。纯粹风险导致的后果只有两种：或者损失，或者无损失，没有获利的可能性。火灾、疾病、死亡等都是纯粹风险。又如，个人买了一辆汽车，他立即就会面临一些风险，如汽车碰撞、丢失等。对这个车主来说结果只可能有两种：或者发生损失，或者没有损失，因此其面临的这些风险都属于纯粹风险。

投机风险是指那些既存在损失可能性，也存在获利可能性的风险，其导致的结果有三种可能：损失、无损失也无获利、获利。股票是说明投机风险的一个很好的例子。人们购买股票以后，必然面临三种可能的结果：股票的价格下跌，持股人遭受损失；股票的价格不变，持股人无损失但也不获利；股票的价格上涨，持股人获利。又如，生产商面临生产所用原材料的价格风险，当原材料市场价格上涨时，生产商的生产成本增加，这是一种损失；而当原材料市场价格下跌时，生产商的生产成本减少，其盈利就会增大；当原材料市场价格不变时，生产商无损失也不获利。

2. 金融风险的种类

金融风险的种类很多，按照不同的标准，金融风险可以划分为以下几类：

（1）按照金融风险涉及的范围划分，金融风险可以分为微观金融风险和宏观金融风险。微观金融风险是指参与经济活动的主体，因客观环境变化、决策失误或其他原因使其资产、信誉遭受损失的可能性。宏观金融风险则是所有微观金融风险的总和。

（2）按照金融机构的类别划分，金融风险可以分为银行风险、证券风险、保险风险、信托风险等。

（3）按照金融风险产生的根源划分，金融风险可以分为静态金融风险和动态金融风险。静态金融风险是指由于自然灾害或其他不可抗力产生的风险，基本符合大数定律，可以比较准确地进行预测。动态金融风险则是由于宏观经济环境的变化产生的风险，其发生的概率和每次发生的影响力大小都随时间而变化，很难进行准确的预测。

（4）按照动态金融风险产生的具体原因划分，金融风险可以分为信用风险、市场风险、流动性风险、资金筹措风险、清算风险、操作风险、法律风险和其他金融风险。

①信用风险是指交易对象或所持金融商品的发行者出现不能支付行为，或者其信用度发生变化所形成的风险。一般情况下，信用风险的分析对象分为交易对象和金融商品的发行者。信用风险是伴随着金融机构的历史而存续下来的一种传统的风险。当该风险明显化时，往往会导致金融机构破产。因此，对于金融机构来说，信用风险不仅是一种重要的风险，而且是一种始终存在的风险。另外，信用风险还包括因借贷国发生战争、革命、债务累积等，造成无法回收债权所形成的国家风险。

②市场风险是指因利率、有价证券的价格、外汇市场行情和股票价格等市场交易商品的价格变化引起的金融商品或金融交易的风险。依据市场价格和市场种类，市场风险可以划分为利率风险、外汇风险、股票风险和商品风险等。其中，利率风险是指因利率变化而使获利变小或遭受损失的风险；外汇风险是指因外币资产、负债的价格发生变化而造成损

失的風險；股票風險是指因股票價格變動引起的風險；商品風險是指因商品行情變化引起的風險。

③流動性風險分為市場流動性風險和資金籌措風險兩種類型。其中，市場流動性風險是指在比通常不利條件下或無法在通常條件下對所持金融商品進行變現以及對金融交易的餘額進行清算時的風險。金融商品變現和金融交易清算的難易程度被稱為流動性。變現和金融結算容易稱流動性高；反之，則稱流動性低。

④資金籌措風險是指在比通常不利條件或無法在通常條件下為持有金融商品、維持金融交易規模而進行資金籌措的風險。在通過借款籌措實施貸款和持有債券的資金時，為了能夠在到期限後繼續實施貸款和持有債券，就需要再借貸資金。但是，當利率變得比當初預想的要高時，借貸本身就變得困難，這就形成了風險。例如，銀行雖然可以通過存款來籌措貸款和持有債券的資金，但如果在定期存款到期時不能吸收相應的存款，就會因存款流失、不能兌現債務承諾而形成風險。

⑤清算風險是指在有價證券買賣交易和外匯交易結算時，因交易對象的支付能力或業務處理等問題造成不能按合同結算所形成的風險。清算風險具體包括交易對象的信用風險、流動性風險和業務風險等。如果因交易對象不能支付而造成無法按合同進行結算，就形成了信用風險。另外，當因業務失誤造成無法按合同期限進行結算時，必須要籌措資金，這就有可能發生流動性風險。

⑥操作風險包括業務風險和業務系統風險兩種。所謂業務風險，是指在金融交易中進行資金結算、證券交割和擔保管理等業務時因工作失誤或非法操作形成的風險。所謂業務系統風險，是指因業務處理系統不完善或無法應對災害，這樣就存在著非法運用該系統的可能性，從而形成了風險。

⑦法律風險是指在金融交易中，因合同不健全、法律解釋的差異以及交易對象是否具備正當的法律行為能力等法律方面的因素形成的風險。法律風險是因合同內容不充分、不適當而導致合同無法執行而造成的經濟方面的風險。另外，法律風險有時也包括順從風險，即由於遵守法律法規、行業習慣和公司制度而引發的經濟方面的損失（如罰款、停業損失、業務改進費）。

⑧其他金融風險。其他金融風險具體包括損失風險、信息管理風險、稅務風險等。損失風險是指因損失賠償要求造成損失時的風險。信息管理風險是指因事故或犯罪而導致機密洩露、虛假信息以及信息不透明、信息丟失等形成的風險。稅務風險是指稅務當局與金融機關的稅務主管人的立場不一致而引發的損失以及由於實施了當初未能預料的稅務措施而受損的一種風險。例如，政府實行了未曾收繳的利息稅、交易稅、印花稅、法人稅，或者提高了原有的稅率，由此形成的風險就是稅務風險。

綜上所述，在開展金融業務時，有發生各種金融風險的可能性。在這些風險中，金融機構已經對信用風險和市場風險進行了量化管理。而對於流動性風險，儘管也有人進行了量化研究，但卻未形成體系。

第二節　金融風險管理

[案例 5-2] 投資的衝動

　　有一家公司上一年因閒置資金過多，投資部門受到高層的責問。本年年初高層給投資部門下達的指標是投資收入達 1,000 萬元。指標下達後，投資部門開始了大規模的投資行動，在市場回報中收益頗豐，完成了半年進度，但隨之而來的各種市場風險也引起了公司風險管理部門的警覺，認為公司投資部門本年以來的投資行為存在下列風險：

　　(1) 投資了過多的銀行理財產品。銀行理財產品的預期收益率存在風險，《金融時報》發布的上半年到期 300 多種結構性理財產品中有 110 種收益率為零或為負，達不到的預期收益率的理財產品則更多。

　　(2) 在當前利率底部配置了大量的低利率的債券投資。到 6 月份，由於市場流動性泛濫，銀行半年就放出了超過 7 萬億元的貸款，央行已無降息可能，市場利率已經確定了利率底部，未來可能處於利率上升通道。由於投資壓力，公司投資部門上半年投資了大量的中短期債券，在未來利率上升的情況下，這些債券投資有可能有較大的利率風險。

　　(3) 指標考核不夠全面。績效考核中有一句名言：「你考核什麼，就會得到什麼樣的考核結果。」公司高層對投資部門考核的 1,000 萬元投資收入的指標考核是否合理，需要反思。

　　由於各種原因，公司董事會還沒有按公司風險管理辦法確定公司的投資戰略。也就是說，在公司的資產構成中，投資總規模的最高比例是多少？各種投資品種所占規模限額是多少？可接受的損失限額是多少？在多大損失金額下，選擇終止損失或退出該類投資？由於沒有該類指標的限制，造成投資部門在投資收益的壓力下，不斷調動公司資源，在市場上進行大量投資。

　　(4) 由於各種原因，對投資的各種風險控制程序和流程未完全制定、細化或執行，風險管理工作尚未全面展開。

　　這些造成了風險管理部門在風險管理工作的缺位，使投資部門的投資品種、投資規模、投資判斷未受到太多控制和限制，投資部門的衝動沒有受到限制，有可能在未來因市場利率上升而使公司造成收益減少的風險。

　　對一個部門的考核指標要相對合理，因為指標對一個部門的行為起到一個引導作用。另外，風險部門要比業務部門懂得更多，應對業務部門的各種經營行為進行合理控制和指導。

一、金融風險管理的定義、分類

（一）金融風險管理的定義

金融風險管理是指各經濟實體在籌集和經營資產（主要指貨幣資金）的過程中，制定金融風險管理計劃、對金融風險進行識別、衡量和分析，並在此基礎上有效地控制與處置金融風險，用最低的成本，即用最經濟合理的方法來最大限度地保障金融安全。

（二）金融風險管理的分類

1. 按照管理主體不同分類

（1）內部風險管理是指作為風險直接承擔者的經濟個體對其自身面臨的各種風險進行管理。管理主體包括金融機構、企業、個人等金融活動的參與者。

（2）外部風險管理主要包括行業自律管理和政府監管。行業自律管理是指金融行業組織對其成員的風險進行管理；政府監管是指官方監管機構以國家權力為後盾，對金融機構乃至於金融體系的風險進行監控和管理，具有全面性、強制性、權威性。

2. 按照管理對象不同分類

（1）微觀金融風險管理只是對個別金融機構、企業或部分個人產生不同程度的影響，對整個金融市場和經濟體系的影響較小。其管理目標是採用合理的、經濟的方法使微觀金融活動主體因金融風險的影響而受到損失的可能性降到最低。

（2）宏觀金融風險管理可能引發金融危機，對經濟、政治、社會的穩定可能造成重大影響。其管理目標是保持整個金融體系的穩定性，避免出現金融危機，保護社會公眾利益。

二、金融風險管理的意義

（一）金融風險管理對微觀經濟層面的意義

（1）有效的金融風險管理可以使經濟主體以較低的成本避免或減少金融風險可能造成的損失。減少金融交易中虧損、迴避信用風險、內控避免違規交易風險等。

（2）有效的金融風險管理可以穩定經濟活動的現金流量，保證生產經營活動免受風險因素的干擾，並提高資金使用效率。如金融期貨合約達到保值目的；備付金或風險準備金提高資金使用效率等。

（3）有效的金融風險管理為經濟主體做出合理決策奠定了基礎。①金融風險管理為經濟主體劃定了行為邊界，約束其擴張衝動。②金融風險管理有助於經濟主體把握市場機會。

（4）有效的金融風險管理有利於金融機構和企業實現可持續發展。

（二）金融風險管理對宏觀經濟層面的意義

（1）金融風險管理有助於維護金融秩序，保障金融市場安全運行。如合理的融資結

構、最佳的投資組合、資產負債合理搭配、制止惡意操縱和詐欺。

（2）金融風險管理有助於保持宏觀經濟穩定並健康發展。金融危機的破壞性主要表現為導致社會投資水準下降、消費水準下降和經濟結構扭曲。

三、金融風險管理的措施

金融風險管理是指包括制訂金融風險管理計劃、識別金融風險、分析與評價金融風險、選擇處置金融風險的工具及金融風險管理對策等。

（一）制訂金融風險管理計劃

1. 明確風險管理目標

風險管理的成功與否很大程度上取決於是否預先明確一個目標。因此，金融機構或投資者在一開始就要權衡風險與收益，表明對風險管理的態度和願景。例如，對流動性風險管理的目標為確保公司擁有足夠的資金來應付任何潛在的風險。

2. 確定風險管理人員的責任以及與其他部門的合作關係

金融風險管理組織架構以風險管理三道防線為主，即各職能部門與業務單位為第一道防線，風險管理委員會和風險管理部門為第二道防線，審計委員會和內審部門為第三道防線。其中，風險管理組織結構遵循風險分類管理、風險分層管理和風險集中管理原則。例如，風險管理人員的責任是確保公司擁有足夠的資金來應付任何潛在的風險，那麼就要協調各部門預測銷售餘額和企業應持有的風險加權資產以及聯絡其他部門提高預測過程和處理問題的能力。

（二）識別金融風險

識別金融風險是指在進行了實地調查研究的基礎上，運用各種方法對潛在的、顯現的各種風險進行系統的歸類和實施全面的分析研究。

風險管理者進行風險識別主要分析經濟主體的風險暴露和分析金融風險的成因與特徵。金融風險暴露是指金融活動中存在金融風險的部分及受金融風險影響的程度。例如，外匯風險敞口、利率風險敞口、表外業務的風險暴露。又如，某金融企業持有的美元股權資產年末餘額－美元負債年末餘額＝美元外匯風險敞口。風險敞口越大，可能面臨的風險越大。

分析金融風險的成因與特徵主要從誘發金融風險的因素出發，包括客觀因素、主觀因素、系統因素、非系統因素等。

（三）分析與評價金融風險

分析與評價金融風險是指在風險識別的基礎上對金融風險發生的可能性或損失範圍、程度進行估計和衡量，並依據公司的風險態度和風險承受能力對風險的相對重要性及緩急程度進行分析。一般而言，我們如果能對未來情況做出準確的估計，則無風險。對未來情況估計的精確程度越高，風險就越小；反之，風險就越大。金融市場風險評估有一種基本

方法——波動性分析。目前衡量金融風險大小的波動性指標主要有兩種方法：概率法和 β（beta）系數法。

1. 概率法

在實際生活中，我們每一個人對未來所做的決策都不可能百分之百的準確，未來是不確定的。對於未來變化的不確定性，有兩種情況：其一，未來的變化具有統計特徵，可以通過統計方法來分析；其二，未來變化是混沌的，無法通過統計方法來分析。風險是可以通過統計方法來處理的未來收益或損失的不確定性。衡量風險程度的大小與以下幾個概念相聯繫：隨機變量、概率、期望值、平方差、標準差、標準離差率。

（1）隨機變量與概率。

隨機變量（X_i）是指經濟活動中，某一事件在相同的條件下可能發生也可能不發生的事件。

概率（P_i）是用來表示隨機事件發生可能性大小的數值。

通常，我們把必然發生的事件的概率定為 1，把不可能發生的事件的概率定為 0，而一般隨機事件的概率是介於 0 與 1 之間的。概率越大表示該事件發生的可能性越大。

（2）期望值。期望值（E）是指隨機變量以其相應概率為權數計算的加權平均值。其計算公式如下：

$$\bar{E} = \sum_{i=1}^{n} X_i P_i$$

（3）方差與標準差。方差（σ^2）和標準差（σ）都是反應不同風險條件下的隨機變量和期望值之間離散程度的指標。方差和標準差越大，風險也越大。實務中，常常以標準差從絕對量的角度來衡量風險的大小。

方差和標準差的計算公式如下：

$$\sigma^2 = (X_i - \bar{E})^2 P_i$$

$$\sigma = \sqrt{\sigma^2} = \sqrt{(X_i - \bar{E})^2 P_i}$$

例如，某企業有兩個投資方案，其未來的預期報酬率及發生的概率如表 5-1 所示。

表 5-1　　　　　　　　某企業兩個投資方案預期報酬率

經濟情況	發生概率	預期報酬率（X_i）	
		甲方案（%）	乙方案（%）
繁榮	0.4	60	25
一般	0.4	20	20
衰退	0.2	-60	10
合計	1	—	—

試採用概率法比較甲乙兩方案的風險大小。

計算期望報酬率（E）

$\bar{E}_甲 = 0.4×0.6+0.4×0.2+0.2×(-0.6) = 20\%$

$\bar{E}_乙 = 0.4×0.25+0.4×0.2+0.2×0.1 = 20\%$

計算標準差（σ）

$\sigma_甲 = [0.4×(60\%-20\%)^2+0.4×(20\%-20\%)^2+0.2×(-60\%-20\%)^2]^{1/2} = 43.82\%$

$\sigma_乙 = [0.4×(25\%-20\%)^2+0.4×(20\%-20\%)^2+0.2×(10\%-20\%)^2]^{1/2} = 5.48\%$

由於 $\sigma_甲$ 大於 $\sigma_乙$，因此甲方案的風險比乙方案大。

(4) 標準離差率。標準差只能從絕對量的角度衡量風險的大小，但不能用於比較不同方案的風險程度，在這種情況下，可以通過標準離差率進行衡量。

標準離差率（q）是指標準差與期望值的比率。其計算公式如下：

$$q = \frac{\sigma}{\bar{E}} × 100\%$$

例如，A、B 兩種股票各種可能的投資收益率以及相應的概率如表 5-2 所示，由兩種股票組成的投資組合中 A、B 兩種股票的投資比例分別為 40% 和 60%。

表 5-2　　　　　　　　A、B 兩種股票未來可能的投資收益率

發生概率	A 的投資收益率（%）	B 的投資收益率（%）
0.2	40	30
0.5	10	10
0.3	-8	5

採用標準離差率比較 A、B 兩種股票的風險大小。

A 股票的期望收益率 = 0.2×40%+0.5×10%+0.3×(-8%) = 10.6%

B 股票的期望收益率 = 0.2×30%+0.5×10%+0.3×5% = 12.5%

A 股票收益率的標準差 = $[0.2×(40\%-10.6\%)^2+0.5×(10\%-10.6\%)^2+0.3×(-8\%-10.6\%)^2]^{1/2} = 16.64\%$

B 股票收益率的標準差 = $[0.2×(30\%-12.5\%)^2+0.5×(10\%-12.5\%)^2+0.3×(5\%-12.5\%)^2]^{1/2} = 9.01\%$

A 股票收益率的標準離差率 = 16.64%/10.6% = 156.98%

B 股票收益率的標準離差率 = 9.01%/12.5% = 72.08%

由於 A 股票收益率標準離差率大於 B 股票收益率的標準離差率，因此 A 股票的風險要比 B 股票的風險大。

2. β（beta）係數法

通過概率法可以測量某項投資風險的大小，也可以比較不同時期同一個項目或不同項目同一時期的風險的大小，但由於計算複雜，難以理解，一般投資者很難掌握；而採用β係數法測量風險大小就比較容易被投資者接受。β係數是一種用來測定一種證券的收益受整個證券市場收益變化影響程度的指標，用來衡量個別證券的市場風險（也稱系統風險），而不是公司的特有風險（也稱非系統風險）。

根據資本資產定價理論，證券或其組合i的期望收益率（r_i）等於無風險收益率r_F加上市場投資組合的風險溢價（r_M-r_F）與證券或其組合i的系統風險β_i之積，即$r_i = r_F + \beta_i(r_M-r_F)$。在此式中$\beta$係數的計算公式為：

$$\beta_i = \frac{\sigma_{iM}}{\sigma_M^2}$$

其中，β_i為證券或其組合i的β係數；σ_{iM}為證券或其組合i與市場投資組合M之間的協方差；σ_M^2為市場投資組合M的方差。

β係數在投資理財中是一個核心概念，β係數告訴我們：任何投資項目的超額收益率與整個市場的超額收益率呈線性正比關係。β係數來度量了包括股票在內的證券市場等各種投資項目的系統風險，β係數越大，系統風險越高。當某證券的β係數等於1時，說明其風險與整個市場的平均風險相同，也就是說，市場收益率上漲1%，該證券的收益率也上升1%；如果某種證券的β係數大於1時，說明其風險大於整個市場的平均風險，並且數值越大，其風險越大；如果某證券的β係數小於1，說明其風險比整個市場的平均風險要小，並且數值越小，其風險越小。

由於證券的特有風險可以通過投資組合的方式分散掉，市場風險就成了投資者關注的焦點，因此β係數就成為證券投資決策的重要依據。

例如，某公司擬進行股票投資，計劃購買A、B、C三只股票，已知三只股票的β係數分別為1.5、1.0和0.5，根據A、B、C股票的β係數，分別評價三只股票相對於市場投資組合而言的投資風險大小。

A股票β係數為1.5，說明其投資風險高於市場投資組合的風險；B股票β係數為1.0，說明其投資風險等於市場投資組合的風險；C股票β係數為0.5，說明其投資風險小於市場投資組合的風險。投資風險的大小依次為A風險大，B次之，C最小。

資本資產定價理論還告訴我們，證券組合的β_P與組成證券組合的若干證券的β_j係數也為線性關係，即$\beta_P = \sum_{j=1}^{n} x_j\beta_j = x_1\beta_1 + x_2\beta_2 + \cdots + x_n\beta_n$。其中，$x_j$為$j$證券在證券組合$P$中的投資比例。

例如，市場上A、B、C三只股票的β係數分別為0.91、1.17、1.8，假定投資者購買A、B、C三種股票的比例分別為1：3：6，計算A、B、C投資組合的β係數，並判斷其風

險大小。

投資組合中 A 股票的投資比例＝1／（1+3+6）＝10%

投資組合中 B 股票的投資比例＝3／（1+3+6）＝30%

投資組合中 C 股票的投資比例＝6／（1+3+6）＝60%

投資組合的 β 系數＝0.91×10%＋1.17×30%＋1.8×60%＝1.52

由於投資組合的 β 系數大於 1，說明它的風險比市場風險要大。

總之，金融風險的度量對資產投資組合、資產業績評價、風險控制等方面有著十分重要的意義。針對不同的風險源、風險管理目標，產生了不同的風險度量方法，它們各有利弊，反應了風險的不同特徵和不同側面。

（四）選擇處置金融風險的工具及金融風險管理對策

風險管理過程既是一個自上而下的過程，又是一個自下而上的過程。之所以說是自上而下過程是因為先要從金融企業整體角度確定目標收益和風險限額，然後自上而下，整體目標被分解成為對某部門和對負責與客戶交易的項目經理的具體目標。這些目標包括目標收入、風險限額和與整體政策相符合的具體業務細則。自下而上的過程是指對風險監控和報告的路線是從交易產生開始，到將風險、收入和交易量匯總為止。無論是自上而下的目標分解，還是自下而上的風險信息匯總，金融風險管理體系整體是集中、統一的，這意味著這個系統要覆蓋所有客戶、各類投融資業務，在控制環節上要覆蓋投融資業務的全過程。因此，風險管理是一個完整的控制過程，這個過程包括預先控制、過程控制和事後控制。

預先控制包括制定風險管理政策、辦法，制定資金投向政策，核定客戶信用等級和風險限額，確定客戶授信總量。

過程控制包括按照授權有限的原則，制訂授權方案，完善盡職調查和風險評審機制，對各類超越權限授信業務進行審查。

事後控制包括對授信風險管理政策制度執行情況和授信項目執行情況進行現場或非現場檢查，對投資後管理、資產質量狀況做出評價，並以此相應調整授信政策和授權方案。

金融風險的控制和處置是金融風險管理的對策範疇，是解決金融風險的途徑和方法。從方法上講金融風險管理措施包括控制型風險管理措施、融資型風險管理措施以及內部風險抑制。控制型措施和融資型措施從降低損失期望值的角度對風險進行管理，控制型措施著眼於通過降低損失頻率或損失幅度事先對風險本身進行改變，融資型措施則著眼於事後的經濟補償。內部風險抑制從降低損失標準差的角度對風險進行管理。

1. 控制型風險管理措施

控制型風險管理措施是指在損失發生之前，實施各種控制工具，力求消除各種隱患，減少金融風險發生的因素，將損失的嚴重後果減少到最低程度的一種方法。從實踐順序的角度看，控制型風險管理措施位於風險評估與融資型風險管理措施之間的位置。其主要方

式有規避策略、損失控制策略、損失減少策略。

（1）金融風險的規避策略。金融風險的規避策略是指經濟主體根據一定原則，採取一定措施避開金融風險，以減少或避免由於風險引起的損失。規避較為消極，在避開風險的同時，或許也放棄了收益的可能性。例如，規避匯率風險，出口商、債權人可以要求對方支付硬通貨，而進口商、債務人希望使用軟通貨和貨幣互換等，如果規避利率風險，可以縮小利率敏感性缺口或持續期缺口、利率互換等。

（2）金融風險的損失控制。損失控制是指通過降低損失頻率或減小損失程度來減少期望損失成本的各種行為。一般降低損失頻率稱為金融風險的預防，減少損失程度稱為金融風險的損失減少。

金融風險的預防策略是指在風險尚未導致損失之前，經濟主體採用一定的防範性措施，以防止損失實際發生或將損失控制在可承受的範圍以內的策略。金融風險的預防策略主要改變風險因素、風險因素所處的環境以及它們交互作用向好的方向轉變。對信用風險、流動性風險、投資風險、經營風險等的預防策略包括：第一，信貸風險預防策略。貸款調查、審查、審批、貸後管理制度。第二，經營風險預防策略。銀行資本對經營中面臨的風險損失能夠起到緩衝作用。在資本充足度的約束下，銀行為單純追逐利潤而擴張風險資產的衝動受到制約，銀行作為一個整體的經營風險與財務風險被預先控制在可以承受的範圍內，其安全性得到保障。第三，流動性風險預防策略。銀行流動性由資產負債結構及規模、自身信譽、外部環境等因素決定。若銀行的流動性來源不能滿足流動性需求，就會引發銀行的清償問題或影響銀行與核心客戶的關係。銀行適當地持有一、二級準備，也是一種對流動性風險進行預防的策略。第四，投資風險預防策略。債券信用評級在一定程度上有助於預防由於市場信息不完全、不對稱而生成投資風險的問題。

（3）金融風險的損失減少策略。金融風險的損失減少策略是指在風險尚未導致損失之前，經濟主體採用一定的防範性措施，以將損失控制在可承受的範圍之內的策略。金融風險的損失減少策略的目的是減少損失的潛在嚴重程度。損失減少是一種事後措施。所謂事後，是指雖然很多措施是事先設計好的，但是這些措施的作用和實施都是在損失發生之後。對於一個企業來說，損失減少非常重要，一方面，損失預防不可能萬無一失；另一方面，融資型風險管理措施只能彌補事故發生後的經濟損失，有些結果是無法挽回的，如人的生命，而且即便是經濟損失，有時更希望保留原有物品，而不是得到經濟賠償。因此，損失減少在風險管理中的重要地位不言而喻。常用的損失減少措施包括搶救和災難計劃。災難計劃也稱為預案，即事先想像出來事故發生後的情況，然後對所有的行動進行部署。預案一般在事先都要進行培訓或演練，以便真正實施時能夠迅速到位。

一些措施同時具有損失預防和損失減少兩種功能，如對員工進行安全與救助的培訓，可以從人為因素方面減少事故發生的頻率；事故發生時，員工可以懂得一些救助的方法，有效降低損失程度。

2. 融資型風險管理措施

融資型風險管理措施是指在金融風險事件發生後已造成損失時，運用財務工具，對已發生的損失給予及時的補償，以促使盡快恢復的一種方法。

風險補償具有雙重含義：一是指經濟主體在風險損失發生前，通過金融交易的價格補償，獲得風險回報；二是指經濟主體在風險損失發生後，通過抵押、質押、保證、保險等獲得補償。例如，債券信用等級高則利率低，貸款的優質客戶利率低，進出口貿易中加價或壓價獲得匯率波動補償。

控制型措施都屬於「防患於未然」的方法，目的是避免損失的發生。但由於經濟性等原因，很多情況下，人們對風險的預測不可能絕對準確，而損失控制無法解決所有的風險問題，因此某些風險事故的損失後果仍不可避免，這就需要融資型風險管理措施來處理。與控制型措施的事前防範不同，融資型風險管理措施的目的在於通過發生前所做的財務安排，使得在損失一旦發生後能夠獲取資金以彌補損失，為恢復正常的經濟活動和經濟發展提供財務基礎。融資型措施的著眼點在於事後的補償。

根據資金的來源不同，融資型措施可以分為風險自留措施和風險轉移措施兩類，風險自留措施的資金來自企業內部，風險轉移措施的資金來自企業外部。

風險自留是由經歷風險的單位自己承擔風險事故所致損失的一種方法，它通過內部資金的融通來彌補損失。一些發生頻率高但損失幅度很小的風險，經常自留於企業內部。如果有一個正式的計劃，通常稱為自我保險（Sef-insurance）計劃。風險自留也被視為一種殘餘技術。一般來說，在指定風險管理決策的時候，總是先考慮控制型措施和融資型措施，其他的風險適合於自留的，就進行自留安排。另外，還有一些風險事先沒有考慮到，也被動地自留下來。

如果進行風險自留，風險事故一旦發生後用於彌補損失的資金一般來源於以下幾個方面：一是將損失攤入營業成本，二是用專用基金彌補。

保險和套期保值是兩類重要的融資型風險轉移措施，分別應對可保的純粹風險和投機風險。風險轉移是指經濟主體通過各種合法手段將其承受的風險轉移給其他經濟主體。融資型風險轉移措施主要轉移的是系統性風險。經濟主體通常將風險轉嫁給保險公司，如出口信貸保險、存款保險、投資風險保險、住房貸款保險。對於證券價格風險、匯率風險、利率風險等市場風險經濟主體可以通過其他途徑轉嫁，比如運用遠期及期貨產品等進行風險轉嫁。

3. 內部風險抑制管理措施

評價風險大小的最主要的兩個方面，一個是損失期望值，一個是損失方差。前面的控制型措施和融資型措施都在從不同角度影響損失期望值，而內部風險抑制的目的在於降低損失方差。其主要的內部控制措施包括分散與複製、信息管理和風險交流等。

（1）分散與複製。分散是指公司把經營活動分散以降低整個公司損失的方差。這類似

於「不把雞蛋放在一個籃子裡」的道理，即通過多樣化的投資組合分散風險。

管理證券價格風險：如果各資產彼此間的相關係數小於1，資產組合的標準差就會小於單個資產標準差的加權平均數，因此有效的資產組合就是要尋找彼此相關關係弱的資產進行組合，在不影響收益的前提下盡可能地降低風險。當資產組合中資產數目趨於無窮大時，組合的非系統性風險趨於零。

管理匯率風險：持有多種外匯頭寸。

管理信貸風險：分散貸款對象。

複製主要指備用財產、備用人力、備用計劃的準備以及重要文件檔案的複製。當原有財產、人員、資料以及計劃失效時，這些備用措施就會派上用場。

（2）信息管理。在現有的技術條件下，怎樣能對風險進行有效的管理呢？信息在其中起著舉足輕重的作用。我們反覆強調，風險是未來的一種狀態，而且不只是一種結果，但我們所做的決策卻只有一個，只有對未來的這些不確定結果有正確的認識，才能保證決策確實達到了我們所要達到的目的。否則，按照錯誤的預測進行風險管理決策，採取的措施再高明，也是「無的放矢」。信息就是正確認識風險的保證。

信息管理包括對純粹風險的損失頻率和損失幅度進行估計，對潛在的價格風險進行市場調研，對未來的商品價格進行預測，對數據進行專業化的分析等。

（3）風險交流。風險交流是指企業內部傳遞風險和不確定結果及處理方式等方面信息的過程。風險交流一般具有五個特徵：第一，一般的「聽眾」不瞭解風險管理基本概念和基本原則；第二，即使向一般的員工介紹風險管理，仍然有很多方面過於複雜，難以理解；第三，理解風險經理提出的問題往往需要一定的專業知識，這對其他經理來說是一個挑戰；第四，人們對風險管理的態度非常主觀；第五，很多人常常低估風險管理的重要性。風險經理進行交流的內容和結構應當反應以上這些特徵。

本章小結

1. 國際標準化組織（ISO）發布的《ISO Guide 73：2009 風險管理術語》中將風險定義為：「不確定性對目標的影響。」

2. 金融風險是指金融機構在貨幣資金的借貸和經營過程中，由於各種不確定性因素的影響，使得預期收益和實際收益發生偏差，從而發生損失的可能性。

3. 風險的本質是指構成風險的特徵，影響風險的產生、存在和發展的因素。我們可以將其歸結為風險因素、風險事故和損失。

4. 不確定的水準分為以下三級：第1級（客觀不確定），第2級（主觀不確定），第3級（主、客觀都不確定）。

5. 風險的種類很多，按照不同的標準，風險可以劃分為以下幾類：基本風險與特定風險，純粹風險與投機風險等。

6. 金融風險的種類很多，按照不同的標準，金融風險可以劃分為以下幾類：

(1) 按照金融風險涉及的範圍劃分，包括微觀金融風險和宏觀金融風險。

(2) 按照金融機構的類別劃分，包括銀行風險、證券風險、保險風險、信託風險等。

(3) 按照金融風險產生的根源劃分，包括靜態金融風險和動態金融風險。

(4) 按照動態金融風險產生的具體原因劃分，包括信用風險、市場風險、流動性風險、資金籌措風險、清算風險、操作風險、法律風險和其他金融風險。

7. 金融風險管理是指各經濟實體在籌集和經營資產（主要指貨幣資金）的過程中，制訂金融風險管理計劃，對金融風險進行識別、衡量和分析，並在此基礎上有效地控制與處置金融風險，用最低成本，即用最經濟合理的方法來最大限度地保障金融安全。

8. 金融市場風險評估有一種基本方法：波動性分析。目前衡量金融風險大小的波動性指標主要有兩種方法：概率法和 β（beta）係數法。

9. 從方法上講，金融風險管理措施包括控制型風險管理措施、融資型風險管理措施以及內部風險抑制。控制型措施和融資型措施從降低損失期望值的角度對風險進行管理，控制型措施著眼於通過降低損失頻率或損失幅度事先對風險本身進行改變，融資型措施則著眼於事後的經濟補償。內部風險抑制從降低損失標準差的角度對風險進行管理。

關鍵概念

1. 風險　2. 金融風險　3. 不確定性　4. 風險衡量　5. 風險管理措施

思考題

1. 某銀行分支機構（下稱 A 支行）與 B 公司簽訂了委託代理合同。根據該合同約定，A 支行通過總行國際業務部代 B 公司進行 1,000 萬美元的外匯理財。與此同時，A 支行又以該 1,000 萬美元作為質押，向 B 公司發放貸款 6,000 萬元人民幣。後 B 公司經營惡化，眾多債權單位紛紛起訴、查封其資產。由於已質押貸款的 1,000 萬美元已劃轉至總行，因此 A 支行的質物 1,000 萬美元已與質押合同分離，A 支行發放的巨額貸款變成了信用貸款，已無優先受償權。

請問：面對突發的經營風險，A 支行應該怎樣化解該項金融風險。

2. 目前，國家助學貸款已成為運用金融手段支持高等教育，資助經濟困難學生完成學

業的一項重要舉措。國家助學貸款政策的順利推行對於實施科教興國戰略，促進經濟長期、可持續發展具有重要的戰略意義。但是，實施這項政策的商業銀行又面臨著降低不良貸款的巨大壓力，當銀行發現國家助學貸款的還貸記錄不佳後，就在部分高校暫停了這項業務。帶有很強政策性卻又被定性為商業貸款的國家助學貸款正處於兩難境地。2002年，第一批申請貸款的部分學生進入還貸期，貸款風險首次凸顯。2003年以來，國家助學貸款進入首批還貸高峰，但不少高校畢業生此項貸款的違約率超過了20%，有的高校畢業生此項貸款的違約率甚至達30%~40%，高校被停發助學貸款已成為全國性的普遍現象。國家助學貸款屬於信用貸款，無需擔保或抵押。商業銀行開辦此項業務完全憑藉在對借款學生未來收入良好預期基礎上的潛在的信用資源。一旦貸款出現問題，就會變成銀行的呆壞帳，根據現行的銀行核銷呆壞帳的操作，一筆助學貸款的壞帳需要幾年才可以核銷。而商業銀行的管理越來越嚴格，為規避國家助學貸款的信用風險，降低不良貸款率，大多數銀行選擇了少貸或停貸。

請根據以上資料分析國家助學貸款風險發生的主要原因並嘗試幫助銀行建立防範該項貸款出現風險的方案。

練習題

一、單項選擇題

1. 銀行在日常經營中因各種人為的失誤、詐欺及自然災害、意外事故引起的風險被稱為（　　）。
   A. 信用風險　　　B. 操作風險　　　C. 市場風險　　　D. 利率風險
2. 借款人或交易對象一旦不能或不願履行承諾而產生的風險被稱為（　　）。
   A. 信用風險　　　B. 國家風險　　　C. 市場風險　　　D. 流動性風險
3. 以下對風險的理解不正確的是（　　）。
   A. 是未來結果的變化　　　　　B. 是損失的可能性
   C. 是未來結果對期望的偏離　　D. 是未來目標的不確定性
4. 一家商業銀行購買了某公司發行的公司債券，此公司極有可能因經營不善而面臨評級的降低，銀行因持有此公司債券而面臨的風險屬於（　　）。
   A. 市場風險　　　B. 操作風險　　　C. 聲譽風險　　　D. 信用風險
5. 在以下商業銀行風險管理的主要策略中，最消極的風險管理策略是（　　）。
   A. 風險分散　　　B. 風險對沖　　　C. 風險轉移　　　D. 風險規避
6. 一家商業銀行對所有客戶的貸款政策均一視同仁，對信用等級低或高的客戶均適

用同樣的貸款利率，為改進業務，此銀行應採取以下風險管理措施（　　）。

  A. 風險分散 B. 風險對沖 C. 風險規避 D. 風險補償

7. 對大多數商業銀行來說，最顯著的信用風險來源於（　　）業務。

  A. 信用擔保 B. 貸款 C. 衍生品交易 D. 同業交易

8. （　　）是指因市場價格（利率、匯率、股票價格和商品價格）的不利變動而使銀行表內和表外業務發生損失的風險。

  A. 信用風險 B. 市場風險 C. 操作風險 D. 流動性風險

9. （　　）不包括在市場風險中。

  A. 利率風險 B. 匯率風險 C. 操作風險 D. 商品價格風險

10. （　　）是指銀行掌握的可用於即時支付的流動資產不足以滿足支付需要，從而使銀行喪失清償能力的可能性。

  A. 流動性風險 B. 國家風險 C. 聲譽風險 D. 法律風險

11. 商業銀行通過進行一定的金融交易來對沖其面臨的某種金融風險，這屬於（　　）的風險管理方法。

  A. 融資型風險管理方法 B. 風險分散

  C. 風險規避 D. 風險轉移

12. 在商業銀行的下列活動中，不屬於風險管理流程的是（　　）。

  A. 風險識別 B. 風險承擔能力確定

  C. 風險計量 D. 風險控制

二、多項選擇題

1. 某國家的一家銀行為避免此國的金融動盪給銀行帶來損失，可以採用的風險管理方法有（　　）。

  A. 積極開展國際業務來分散面臨的風險

  B. 通過相應的衍生品市場來進行風險對沖

  C. 通過資產負債的匹配來進行自我風險對沖

  D. 更多發放有擔保的貸款為銀行保險

  E. 提高低信用級別客戶貸款的利率來進行風險補償

2. 商業銀行因承擔下列風險，獲得風險補償而盈利的是（　　）。

  A. 違約風險 B. 操作風險 C. 市場風險 D. 流動性風險

  E. 結算風險

3. 商業銀行風險管理的主要策略中，可以降低系統風險的風險管理策略是（　　）。

  A. 風險分散 B. 風險對沖 C. 風險轉移 D. 風險規避

  E. 風險補償

4. 以下風險管理方法屬於事前管理，即在損失發生前進行的有（　　）。
   A. 風險轉移　　　B. 風險規避　　　C. 風險對沖　　　D. 風險分散
   E. 風險補償
5. 可以用來量化收益率的風險或者說收益率的波動性的指標有（　　）。
   A. 預期收益率　　B. 標準差　　　C. 方差　　　D. 中位數
   E. 眾數
6. 金融風險按照產生根源分為（　　）。
   A. 宏觀金融風險　　　　　　　B. 微觀金融風險
   C. 靜態金融風險　　　　　　　D. 動態金融風險
   E. 國家風險
7. 金融風險的管理方法有（　　）。
   A. 控制型風險管理措施　　　　B. 融資型風險管理措施
   C. 內部風險抑制措施　　　　　D. 概率法
   E. β（beta）系數法
8. 金融風險的主要特徵是（　　）。
   A. 客觀性　　　B. 不確定性　　　C. 相關性　　　D. 可控性
   E. 隱蔽性

三、簡答題

1. 金融風險形成的主要因素有哪些？
2. 金融風險管理的意義是什麼？
3. 金融風險管理的方法有哪些？
4. 金融風險計量的方法有哪些？
5. 按照形成原因分析金融風險的主要類型。

（練習題參考答案）

第六章　善於應用保險

學習目標

知識目標
1. 掌握保險的概念
2. 掌握保險公司的分類和仲介機構
3. 掌握商業保險的概念，理解商業保險的特徵
4. 掌握人身保險的概念，瞭解人身保險的主要分類，理解人身保險的功能
5. 掌握財產保險的概念，瞭解財產保險的主要分類
6. 掌握責任保險的概念，瞭解責任保險的主要分類
7. 掌握社會保險的概念，理解社會保險的特徵

能力目標
1. 能明白保險的含義
2. 能認識保險在企業經營中的作用
3. 能認識保險在社會中的地位和作用
4. 能運用政府的養老保險制度初步規劃自身的養老計劃
5. 能運用政府的醫療保險制度規劃自身的醫療保險計劃

素養目標
1. 通過保險的學習，能具有危機意識，能養成誠信守法的品德
2. 通過保險作用的學習，能明白保險的風險保障的道理，養成正確的保險觀念

引導案例

[案例 6-1] 寶馬汽車和牛

在一起交通事故中，一輛寶馬汽車和一頭牛相撞，牛死了，開寶馬汽車的司機也身亡了。由於司機是肇事方，按照有關規定，養牛的農民得到司機家人給的 1,000 元補償金，

而對司機卻沒有任何的補償。

牛居然比人還值錢,這個事例聽起來近乎殘酷,但這樣的事並不少見。

中國珍貴動物金絲猴珍珍和寶寶赴日展覽期間,日本猴園向保險公司投保了意外傷害保險,保險金額為 2 億日元(約合 1,200 萬元人民幣),而負責飼養金絲猴的中國職工卻沒有一個人擁有此項保險保障。

其實,人的生命價值是無法估量的,只是當過去人們仍處在溫飽狀態時,填飽肚子才是最主要的需求,哪還敢奢談什麼生命價值。

改革開放使中國人生活逐漸富裕起來之後,一種自我保障的潛意識終於開始在中國人頭腦中湧動:來之不易的好日子不能再付之東流,我們需要提高生命的質量,為自己和家人購買各種形式的保險已逐漸成為許多人的必然選擇。

第一節　保險公司

一、保險公司概述

(一)保險的概念

保險(Insurance)本意是穩妥、可靠和保障,後延伸成一種保障機制,是用來規劃人生財務的一種工具,是市場經濟條件下風險管理的基本手段,是金融體系和社會保障體系的重要的支柱。

保險通常是指投保人根據合同約定向保險人支付保險費,保險人對於合同約定的可能發生的事故因其發生所造成的財產損失承擔賠償保險金責任,或者當被保險人死亡、傷殘、疾病或者達到合同約定的年齡、期限等條件時承擔給付保險金責任的商業保險行為。

從經濟角度看,保險是分攤意外事故損失的一種財務安排;從法律角度看,保險是一種合同行為,是一方同意補償另一方損失的一種合同安排;從社會角度看,保險是社會經濟保障制度的重要組成部分,是社會生產和社會生活「精巧的穩定器」;從風險管理角度看,保險是風險管理的一種方法。

(二)保險公司的概念

保險公司是指依保險法和公司法設立的公司法人。保險公司收取保費,將保費所得資本投資於債券、股票、貸款等資產,運用這些資產所得收入支付保單確定的保險賠償。保險公司通過上述業務能夠在投資中獲得高額回報並以較低的保費向客戶提供適當的保險服務,從而盈利。

保險業屬於經營風險的特殊行業,各國對於保險業的經營主體都有嚴格的限制性條件

和資格要求。中國對保險實行專營原則。《中華人民共和國保險法》規定,保險業務由依照《中華人民共和國保險法》設立的保險公司以及法律、行政法規規定的其他保險組織經營,其他單位和個人不得經營保險業務。

(三) 保險公司的組織形式

1. 公司制

公司是市場經濟條件下的一種現代企業組織形式。公司是依法設立的,以營利為目的的企業法人。公司是一種資本的組合,具有獨立的民事法律主體資格,享有獨立的法人財產權,依法獨立享有民事權利和承擔民事責任。保險作為提供保險產品的機構,應當以公司製作為基本組織形式,這是市場經濟的要求。

公司制是隨著商品經濟的發展,適應市場經濟要求而形成、發展起來的相對成熟的一種組織形式。根據《中華人民共和國公司法》的規定,公司是企業法人,有獨立的法人財產,享有法人財產權。公司以其全部財產對公司的債務承擔責任。這以法律形式明確了公司獨立的經濟利益和作為經濟組織的獨立性,同時賦予了公司獨立行使民事權利和承擔民事責任應具備的經濟能力。依法建立的公司具有完善的組織體系,具備其行使民事權利和承擔民事責任時應具備的組織能力。因此,保險人作為市場主體,參與市場競爭,採取公司制的形式,符合市場經濟的基本要求。

2. 股份有限公司

根據保險業經營的特點,保險公司的組織形式在可選擇的公司形式之中,最佳的選擇是股份有限公司。這是因為:保險業與其他產業的最根本區別在於保險公司依賴其信譽與客戶建立密切的關係,保險行業具有鮮明的公眾性。一方面,由於保險業經營的是被保險人的風險,被保險人一旦投保,其風險保障就主要依賴於保險人。特別是長期壽險的被保險人,在繳納了幾年甚至幾十年的保險費後,其退休金、養老金以及其他一系列關係到本人或家庭生老病死的基本問題就依靠保險人來解決。不論是財產保險還是人身保險的被保險人,總是在發生意外事故或遭受災害損失而急需幫助,或者在死亡、疾病、年老等家庭收支出現劇烈波動而需要支援的時候,與保險人發生實質性的關係,保險的社會效益也正體現於此。鑒於此,被保險人關心保險人的經營狀況和財務穩定情況勝於關心其他機構。另一方面,被保險人必須依照約定按期向保險人繳納保險費,而保險人向被保險人提供的經濟補償或給付則是或然發生的。長時期來看,作為兩個相對的整體,保險人流向被保險人整體的現金流量與被保險人整體流向保險人的現金流量應該存在近似的平衡。但是,僅就某一具體的保險關係而言,保險人與個別具體被保險人兩者之間一般是不平衡的。這樣被保險人就有理由、有必要關心保險人整體收支情況,以確認自己的合法利益是否因保險人經營不善而受到影響。

由於保險業具有的特徵,社會公眾和政府監管機關都對保險人的經營提出了兩個共同的要求:第一是公開性和高度的透明性,以利於公眾和監管機關的監督。在公司組織形式

中，有限責任公司由少數股東共同投資設立，股份的退出和轉讓受到嚴格的限制。因此，有限責任公司的股東之間都比較瞭解，關係密切，對公司的經營成績特別關心。公司經營和公司以外的其他人沒有必然的聯繫，也不能要求公司向社會公眾公開其經營狀況。而在股份有限公司，大部分股都是在社會上招募的，股份的流動性受到法律的保護，特別是上市公司，股東數量多，分佈廣，股東有權瞭解公司的經營狀況，公司必須向社會提供相應信息資料。從理論上說，上市股份有限公司的股東是不確定的社會公眾，因此股份有限公司向社會公開經營業績，披露重大經營事宜是受法律強制要求的。保險人採用股份有限公司的組織形式，可以使保險行業的公眾性與股份公司的公眾性很好地結合起來，較好地滿足了保險經營公開性和高度透明性的要求，保護被保險人利益。第二是經營的相對穩定性。保險人必須穩健經營，因為一旦保險人經營上出現問題，致使被保險人的人身、財產保障落空，其後果將是非常嚴重的。相對而言，有限責任公司因為股東集中而穩定，股東與公司的經濟利益更加緊密，股東從自身利益出發對公司經營的干涉更加頻繁；而股份有限公司由於其股東的高度流動性和不確定性，股東實際上只是一個抽象權利、義務的結合，並不指某一特定的人或機構，因此股東對公司經營的干涉相對較少，公司的經營一般比較穩定，由經營管理層負責，接受股東和社會的監督。總之，對被保險人來說，有限責任公司的組織形式始終存在這樣一種威脅，即當保險公司與被保險人的利益發生衝突時，股東為自身利益或追求短期利益，可能幹涉公司的經營或放棄管理，甚至關閉公司，從而使公司面臨巨大風險。因此，保險人採用股份有限公司的組織形式，對增加經營的穩定性是有好處的。

由於市場經濟規律和保險業經營特點的要求，世界上不少國家都立法要求保險人採用公司制，而且主要是股份有限公司的組織形式。這一命題已得到市場和歷史的檢驗，股份有限公司是保險人可以採用的較好的經營組織形式。

3. 國有獨資公司

《中華人民共和國公司法》第六十四條規定：「本法所稱國有獨資公司，是指國家單獨出資、由國務院或者地方人民政府授權本級人民政府國有資產監督管理機構履行出資人職責的有限責任公司。」這一規定明確了兩點：一是國有獨資公司是有限責任公司。二是國有獨資公司的股東是國家，而且國家是唯一股東。

如上所述，有限責任公司的組織形式不符合保險業對於穩健經營和公開性、透明度的要求，那麼為何又能允許國有獨資公司這種特殊的有限責任公司作為保險人的組織形式呢？

第一，由於國家是國有保險公司的唯一股東，作為股東的國家資本在選擇保險業經營的社會效益和經濟效益時，一般更傾向於追求社會效益，從而保持公司經營的穩定性和連續性，而不會像其他有限責任公司的股東那樣，為自己的經濟利益干涉公司經營。

第二，由於國家是唯一股東，因此國有獨資保險公司或多或少帶有一定的國家色彩，

在一定程度上體現著國家的意志。這就使投保人或被保險人有理由相信：國家保險公司能在追求經濟效益的同時兼顧社會效益，以體現互助共濟、保障人民生活安定和經濟發展的意義。國有保險公司在市場中能以公平合理的價格向被保險人提供經濟保障。國有保險公司在保險業務經營中同樣有義務保持其資產及經營狀況的高度公開性和透明性。

由於國有獨資公司的這兩個特點，多數國家允許保險人採用國有公司的組織形式。在一些國家，國有保險公司在保險業中發揮著舉足輕重的作用。

中國的社會主義市場經濟起步較晚，市場機制尚不完善。公司制度有一個逐步完善的過程。目前情況下，股份有限公司的股權流動雖有法律保護，卻無資本市場的基礎；股份有限公司的信息披露尚不充分。這樣股份有限公司的組織形式尚不能完全滿足保險市場對保險人穩健性和公開性的要求。相反，中國在經歷了幾十年的計劃經濟以後，國家信譽深入人心，國有獨資公司體現的實力保證公平交易的性質，短期內是非國有公司無法比擬的。但是，必須明確，如果國有獨資保險公司的投資者——國家只對公司承擔有限責任，那麼國有獨資保險公司因經營不善而破產，國家在法律上並無義務出資求助或彌補。因此，《中華人民共和國保險法》認可國有獨資公司是保險人的合法組織形式，而事實上，由於歷史發展的原因，國有獨資保險公司將在一定的歷史時期內在中國保險市場中發揮主導作用。

同時必須看到，國有獨資保險公司又帶來一個問題，即競爭機制的問題。國有獨資保險公司能否在市場上與其他保險公司以平等地位參與競爭，取決於國有獨資公司在組織形式和組織機構的設置上是否完善，也取決於國企政策的進一步深化。因此，國有獨資保險公司在設置時，除了需遵守《中華人民共和國保險法》的有關規定外，還需嚴格遵照《中華人民共和國公司法》的有關規定，在組織形式和組織機構上體現有限責任公司的獨立法人性質、責任有限性和企業行為上的獨立性，創造公平競爭、優勝劣汰的市場機制。

4. 相互保險公司

相互保險公司是國外普遍存在的保險業特有的公司組織形式。在各國關於公司的法律中，一般都只認可有限責任公司和股份有限公司是合法的公司組織形式。但是各國的保險法律卻普遍承認相互保險公司是保險業經營的一種合法組織形式。相互保險公司的產生、存在和發展，同樣是由保險業經營的特點決定的。

相互保險公司是在互助共濟的思想基礎上產生和發展起來的。在相互保險公司中，保險單持有人投保以後，同時成為公司的成員，成員在公司的法律地位類似於股份有限公司的股東，對公司資產享有一定的所有權，憑該所有權，成員可以分享公司經營的利益。成員分享公司經營盈餘的比例，是與成員，即保險單持有人向公司繳納的保險費金額多少是一致的。因此，保險單持有人繳納保險費以後，既享有作為被保險人得到的保險保障的權利，同時又享有作為成員對公司資產的所有權和收益權，兩者在理論上具有一定的對價關係，兩者之和，即保險單持有人從公司享有的權利的總和基本對等於其對公司承擔的義

第六章 善於應用保險

務,即作為投保人向公司繳納的保險費。至此,保險單持有人的保險保障權與「股東」的所有權得到了有機的統一,保險單持有人的利益從制度上得到了保證。

相互保險公司是互助的、非盈利的「公司」,沒有真正的股東,只有保單持有人,當然也沒有股東出資形成的公司資本。其特點為:一方面,由於相互保險公司的保險單持有人同時也是公司的所有權人,因此相互保險公司的業務帶有「互助互濟,內部經營」的特點,如果公司出現承保虧損,應由成員補繳保險費或削減成員的保險金額。從這個角度來看,可以認為相互保險公司基本不與外界發生經濟交流。因此,市場也無需要求其提供足夠的經濟能力的保證。另一方面,相互保險公司又具有社會性,它向不特定的公眾出售保險單,不同於一般的互助合作組織。

相互保險公司的組織形式,特別適應人壽保險,尤其是長期人壽保險的發展。這是因為:第一,保險單持有人既是被保險人,又是「股東」,保險資金的投資收益可以為全部保險單持有人擁有。由於壽險資金的長期性,可以像雪球一樣越滾越大,從而保證保險單持有人的利益。第二,被保險人的利益與公司利益的一致性,有利於促進業務的發展,增強市場競爭力。第三,有利於取得國家優惠的稅收政策。第四,有利於降低展業費用和經營成本。第五,人壽保險的經營並不真的需要大量資本金,相互保險公司沒有資本金相應降低了成本。正因為相互保險公司在一定時期內的競爭優勢,使得當前世界前五大人壽保險公司均為相互保險公司。

事實上,相互保險公司也並非毫無經濟能力的保證。首先,成員繳納保險費以後,既享有獲得保險保障的權利,同時對公司經營的利益享有所有權。因此,成員繳納的保險費實際上同時具有保險費和資本金的雙重性質,只是兩者在數量上的區分不確定而已。其次,各國保險法一般都要求相互保險公司在設立之時必須擁有一定數量的成員,這些成員在初期繳納的保險費保證了相互保險公司從設立之時就具有相應的運轉能力。另外,相互保險公司在設立時還需募集一筆借款作為基金,該項基金是公司的負債,用於支付公司的創建費用和初期的經營費用,債權人不僅對基金享有債權,同時可以獲取利息,並在一定時間內收回借款。基金是相互保險公司的負債而非資本,會計年度末,如果業務收入扣除業務費用支出後尚有剩餘,剩餘部分可用於償還基金的利息。公司在攤銷創建費用和經營費用,並扣除用於損失補償的準備金以後,如剩餘金額大於基金金額,可以向債權人償還基金。

相互保險公司也存在一些自身無法克服的缺點,這些缺點阻礙了相互保險公司的進一步發展。

首先,相互保險公司增加資本有困難。如前所述,相互保險公司的成員繳納的保險費既具有保險費的性質,又具有資本的性質。因此,相互保險公司增加資本的過程實際上與其展業過程合二為一,只有保險公司增加新成員,或者老成員繳納保險費,相互保險公司的資本才能隨之增加。與之相反,股份有限公司可以向股東和社會公眾募集資本,增資的

困難大大減少。相互保險公司的這一缺點增加了公司資產經營的難度，一旦資金週轉出現問題，即使遠未達到資不抵債的境地，也可能破產。而股份有限公司則可以通過增資等手段，提高償付能力。

其次，經營相互保險公司的技術要求很高。相互保險公司的成員既作為保險單持有人，又作為公司所有權人。兩權的統一，理論上簡單明了，而在操作中則存在很大的困難。如何確定公司經營的剩餘利益及不同保險單持有人以何種比例分配該剩餘利益，這些問題如果解決不好，那麼相互保險公司在解決了被保險人和保險人身分之間的利益衝突以後，又在成員之間即被保險人之間產生了新的利益分配不公甚至對立的問題。相對而言，財產保險公司面臨的風險更為明顯。即使同一種風險，風險的等級也千差萬別，因此要確定財產保險中不同保險單持有人應享有的公司經營的剩餘利益，即使在理論上都有牽強之處。由於這一原因，財產保險業的經營很少採用相互公司的組織形式。

最後，為了與相互保險公司進行競爭，越來越多的經營人壽保險業務的股份有限保險公司都先後開辦壽險分紅保險、變額保險等新險種，將公司在經營過程中獲得的利潤，按照保險單的規定，提取一定比例，返還給被保險人，從而減少被保險人繳納保險費或增加保險保障。這樣相互保險公司原有的被保險人可以分享公司經營的剩餘利益的優越性就不那麼明顯了。因此，發達國家新成立的人壽保險公司已很少採用相互保險公司的組織形式，不少相互保險公司也醞釀改變成為股份有限保險公司。

二、保險機構

（一）保險公司

依據不同的劃分標準，保險公司主要有以下幾種類型：

1. 根據保險的基本業務分類

根據保險的基本業務劃分，有人壽保險公司、財產保險公司、再保險公司。

（1）人壽保險公司。人壽保險公司的保險品種主要是基於對受保人壽命或健康狀況預期而提供的健康保險、傷殘保險。此外，人壽保險公司還提供年金、養老基金、退休金等保險產品。

（2）財產保險公司。財產保險公司主要針對一定範圍的財產損失提供保險。財產保險產品分為個人部分和商業部分，個人部分包括家庭財產保險和汽車保險等；商業部分包括產品責任保險、商業財產保險和內部玩忽職守損失保險等。

（3）再保險公司。再保險是保險公司（讓與公司）對承擔的來自投保人風險進行再次分散的一種方法。在再保險中，讓與公司通過購買再保險可以把部分或全部的償付責任轉移給再保險公司，而再保險公司為讓與公司的保險人提供再保險協議中包括的賠償支付項目進行償付。該方法可以使行業損失在一組公司內被吸收和分佈，因而不會使一家單個公司在為投保人提供償付時承受過重的財務負擔。大災難、無法預見的賠償責任和一系列

大的損失可以通過再保險來處理。沒有再保險，多數保險公司將只能承接比較安全的保險業務，對於許多有風險但有價值的商業機會無法承保。

2. 根據經營目的分類

根據經營目的劃分，有商業性保險公司和政策性保險公司。

（1）商業性保險公司。商業性保險公司是經營保險業務的主要組織形式，商業性保險公司多是股份制有限責任公司，只要有保險意願並符合保險條款要求的法人、自然人都可在商業性保險公司投保。

（2）政策性保險公司。政策性保險公司是指依據國家政策法令專門組建的保險機構，不以營利為經營目的，風險內容關係到重大經濟目標的實現，如國民經濟發展與社會安定等。政策性保險公司主要有出口信用保險公司、投資保險公司、存款保險公司等，它們是保險市場中特殊的業務機構，往往是出於國家對某個領域的保護意圖而成立的。

3. 根據經營方式分類

根據經營方式劃分，有互助保險公司、行業自保公司。

（1）互助保險公司。互助保險是由一些對某種危險有相同保障要求的人或單位，合股集資積聚保險基金，組織互助性保險合作社來經營的保險。在互助保險中，當其中某個成員受到災害損失時，其餘成員將共同分擔，即全體社員分攤應支付的賠償損失保險金。

（2）行業自保公司。行業自保是指某一行業為本系統企業提供保險，行業自保的組織形式一般是成立自營保險公司。自保公司主要辦理本系統企業的保險業務，並通過累積一定的保險基金作為損失補償的後備。世界各國的行業自保公司多屬於航空產業、石油產業等。但是，由於行業自保公司多是股份制有限公司，獨立經營，其資信與母公司企業分離，因此在一些國家和地區比較重視對這類保險公司的監督，並不鼓勵它們過度發展。在中國保險改革初期，經中國人民銀行批准也建立了行業自保公司，如 1986 年 7 月成立的新疆生產建設兵團農牧業生產保險公司，專營新疆生產建設兵團內部種植業、養殖業保險，2000 年 7 月，更名為「新疆兵團財產保險公司」，在新疆維吾爾自治區開展業務。

（二）保險仲介機構

保險仲介是指依照保險法的規定，並根據保險公司的委託或基於被保險人的利益而代為辦理保險業務的單位或個人。保險仲介主要包括保險代理人、保險經紀人和保險公估人。根據《中華人民共和國保險法》的規定，保險代理機構、保險經紀人應當具備國務院保險監督管理機構規定的資格條件，取得經營保險代理業務許可證、經紀業務許可證後，向工商行政管理機關辦理登記，領取營業執照，並繳存保證金或投保職業責任保險。

1. 保險代理人

保險代理人是根據保險公司的委託，向保險公司收取代理手續費，並在保險司授權的範圍內代為辦理保險業務的單位和個人。《中華人民共和國保險法》第一百一十七條規定，保險代理人是根據保險人的委託，向保險人收取代理手續費，並在保人授權的範圍內代為

辦理保險業務的機構或者個人。保險代理是代理行為，屬民事法律行為。從經營角度看，保險代理是保險人委託保險代理人擴展保險業務的一種制度。保險代理人權利來自保險代理合同中規定的保險人的授權。

2. 保險經紀人

《中華人民共和國保險法》第一百一十八條規定，保險經紀人是基於投保人的利益，為投保人與保險人訂立保險合同提供仲介服務，並依法收取佣金的機構。在中國，保險經紀人的存在形式是保險經紀公司。

保險經紀人的發展，經歷了較長的歷史。17世紀和18世紀，英國成為海上貿易大國，海上保險業務隨之興起。由於早期保險業承保能力較低，沒有哪個商人敢於單獨承擔一次航行的全部風險，一些人不得不跑遍倫敦全城安排許多商人來共同為一次遠航的輪船提供保險，於是產生了早期的保險經紀人。此後，保險經紀人的數量不斷發展壯大，業務量也不斷上升。發展到現在，保險經紀已經成為世界性的行業，不僅其經紀的險種已經到了無所不包的地步，而且出現了一些大型的保險經紀跨國公司，控制著大量保源業務。在英國，勞合社承保的每一筆業務都是以保險經紀人為媒介而實現的。作為保險經紀人，無論辦理哪類業務，都必須進行以下的業務操作：選擇市場，接受委託，尋找業務接受人，準備必要的文件和資料；監督保險合同的執行情況，協助索賠。要熟練地開展以上業務，成為一名合格的保險經紀人，必須掌握大量的保險法律知識和保險業務實踐經驗，瞭解投保人所在行業的專業知識，並具有良好的道德品質。世界各國對保險經紀人都有較高的資格要求，並規定有專門的資格考試。

中國保險經紀人發展的歷史比較短，而且發展得相當緩慢，規模也很有限。大約在20世紀初，中國開始出現保險經紀人。到20世紀30年代，在幾個主要城市保險經紀人具有了一定的規模，當時的保險經紀人多為「洋商」所控制。20世紀50年代以後，中國保險經紀人逐漸在保險市場上消失。20世紀90年代以來，隨著改革開放步伐的加快，保險市場主體的增加，保險經紀人的市場需求日益明顯。對此，保險監督管理機構加大了保險經紀人隊伍的建設力度，建立經紀人資格考試制度，已有一批保險經紀人活躍在中國保險市場上。

3. 保險公估人

保險公估人是指依照法律規定設立，受保險人、投保人或被保險人委託辦理保險標的的查勘、鑒定、估損以及賠款的理算，並向委託人收取酬金的機構。

保險理賠是保險經營的重要環節。在保險業發展初期，對保險標的的檢驗、定損等工作往往由保險公司自己進行。隨著業務的發展，其中的局限性日益暴露。一是保險理賠人員專業的局限性越來越難以適應複雜的情況。二是保險公司從經營成本考慮，也不可能專門配備眾多的、門類齊全的工程技術人員。三是保險公司既是承保人又是理賠人，直接負責對保險標的進行檢驗和定損，其做出的結論難以令被保險人信服。於是，地位獨立、專

門從事保險標的查勘、鑒定、估損的保險公估人應運而生。保險公估人的出現，使保險賠付趨於公平、合理，有利於調停保險當事人之間關於保險理賠方面的矛盾。正因為如此，保險公估人在全球各個保險市場上均得到快速發展，現已成為保險市場中不可缺少的重要一環。

保險公估人的主要職能是按照委託人的委託要求，對保險標的進行檢驗、鑒定和理算，並出具保險公估報告。保險公估人的作用體現在其工作的公平、公正、公開、合理性方面。保險公估人及其工作人員在對保險標的進行評估時，主要通過查勘、檢驗（包括必要的檢測及分析）、鑒定與估損等幾大步驟，再通過綜合匯總，最後提出一個完整的保險公估報告。保險公估報告必須基於公開、公正、公平、合理的理念做出，不能偏袒任何一方當事人。因此，保險公估報告可以作為保險合同各方當事人處理保險理賠的重要依據。保險公估制度的確立，使得保險合同當事人出具的保險公估報告在解決保險合同當事人的爭議或訴訟過程中具有一定的權威性，但是並不具有法律約束力。保險公估人對其提出的保險公估報告及有關文件材料負有相關的法律責任。

第二節　商業保險

一、商業保險概述

（一）商業保險的概念

商業保險是指通過訂立保險合同營運，以營利為目的的保險形式，由專門的保險企業經營。商業保險關係是由當事人自願締結的合同關係，投保人根據合同約定，向保險公司支付保險費，保險公司根據合同約定的可能發生的事故因其發生造成的財產損失承擔賠償保險金責任，或者當被保險人死亡、傷殘、疾病或達到約定的年齡、期限時承擔給付保險金責任。商業保險通常解決的是人們高層次的風險保障的需要，並且商業保險提供風險保障的範圍更加多樣和靈活。我們通常所說的保險主要是指商業保險。

（二）商業保險的特徵

（1）商業保險的經營主體是商業保險公司。

（2）商業保險反應的保險關係是通過保險合同體現的。

（3）商業保險的對象可以是人和物（包括有形的和無形的），具體標的有人的生命和身體、財產以及與財產有關的利益、責任、信用等。

（4）商業保險的經營要以營利為目的，而且要獲取最大限度的利潤，以保障被保險人享受最大限度的經濟保障。

二、人身保險

（一）人身保險的概念

為了避免和補償風險造成的損失，人類總結出了各種形式的後備基金和處理風險的辦法，保險是其中最為有效也最為常見的方法之一。人身保險作為保險學的重要組成部分，是以人的身體或壽命為保險標的，當被保險人發生死亡、傷殘、疾病等保險事件或生存到保險期滿時，保險人給付保險金的一種保險。其基本內容是：投保人與保險人通過訂立保險合同明確各自的權利和義務，投保人向保險人繳納一定數量的保費；在保險的有效期內，當被保險人發生死亡、殘疾、疾病等保險事故或被保險人生存到保險期滿時，保險人向被保險人或其受益人給付約定數量的保險金。

具體而言，人身保險包含以下基本內容：

1. 人身保險的保險標的

人身保險的保險標的是人的生命或身體。人的生命被作為保險保障的標的時，是指在約定的時期內人的生存或死亡兩種狀態。人的身體被作為保險保障的標的時，是指人的健康與生理機能、勞動能力等狀態的存在與否。

2. 人身保險的保險責任

人身保險的保險責任包括人們在日常生活中可能遭受的意外傷害、疾病、衰老、死亡等不幸事故造成生、老、病、死、傷、殘等各個方面。

3. 人身保險的給付條件

在保險有效期內，當被保險人遭受了保險合同範圍內的保險事故而造成了被保險人死亡、傷殘、喪失工作能力等；或者當保險有效期屆滿時，被保險人仍然存活；或者被保險人年老退休時，保險人依據合同規定給付保險金的責任。

（二）人身保險的種類

人身保險的種類繁多，按照不同的分類標準，可以分為不同的類別。

1. 按照保障責任分類

按照保障責任分類，人身保險可以分為人壽保險、人身意外傷害保險和健康保險。

（1）人壽保險。人壽保險是以人的生命為保險標的，以被保險人在保險期內死亡或生存到保險期滿為保險事故的一種人身保險。在全部人身保險業務中，人壽保險占絕大部分。由於人壽保險是以人的生存或死亡為給付條件的，因此按照保險金給付條件的不同可以分為生存保險、死亡保險和兩全保險。

①生存保險。如果被保險人在合同有效期滿時仍然存活，保險公司按照事先約定的金額給付保險金；如果被保險人在合同的有效期內死亡，保險公司不承擔保險金的給付責任。

②死亡保險。死亡保險是一種以被保險人的死亡為給付保險金條件的人身保險。當被

保險人在合同的有效期內死亡時，保險公司按照事先約定的金額將保險金支付給其受益人。死亡保險是人身保險的重要組成部分。

③兩全保險。兩全保險是當被保險人在保險有效期內死亡或當保險有效期滿時被保險人仍然存活時，都由保險公司按照合同約定的金額進行給付的一種保險，又稱「生死合險」。

（2）人身意外傷害保險。人身意外傷害保險是以被保險人在保險有效期內遭受意外傷害造成死亡或殘疾為保險事故的一種保險。其中，意外傷害是指在被保險人沒有預見到或與其意願相左的情況下，突然發生的外來致害物對被保險人的身體造成明顯、劇烈侵害的事實。意外傷害保險可以單獨承保，也可以作為人壽保險的附加責任承保。單獨承保的意外傷害保險，保險期限較短，一般不超過一年。意外傷害保險在全部人身保險業務中所占比重雖然不大，但由於其保費低廉、投保人只需支付少量保費就可以獲得高額保障以及投保手續簡便等受到投保人特別是從事較高風險活動的投保人的歡迎，因此投保人次較多。

（3）健康保險。健康保險是以人的身體為保險對象，以被保險人因疾病或意外事故所致的醫療費用支出或工作能力喪失、收入減少為保險事故的人身保險業務。健康保險可以單獨承保，也可以作為人壽保險或意外傷害保險的附加責任承保。習慣上，通常將不屬於人壽保險、人身意外傷害保險的人身保險業務全部歸到健康保險中。

2. 按照保險期限分類

按照保險期限分類，人身保險可以分為長期業務、一年期業務和短期業務。

（1）長期業務。長期業務是保險期限超過一年的人身保險業務。人壽保險一般屬於長期業務，健康保險也可以是長期業務。

（2）一年期業務。一年期業務是保險期限為一年的人身保險業務。一年期業務主要是人身意外傷害保險，健康保險也可以是一年期業務。

（3）短期業務。短期業務是保險期限不足一年的人身保險業務。短期業務通常指那些只保一次航程或一次旅程的意外傷害保險或公共場所遊客意外傷害保險。

3. 按照投保方式分類

按照投保方式分類，人身保險可以分為個人保險、聯合保險和團體保險。

（1）個人保險。個人保險是指單個被保險人在自願選擇的基礎上投保的人身保險，保險對象為個人。保險人在承保時要對被保險人進行較嚴格的審查，必要時要對被保險人的身體進行醫學檢查，如個人壽險、個人健康保險，但也有不需要體檢的，如簡易人身保險、人身意外傷害保險等。

（2）聯合保險。聯合保險是指將存在一定利害關係的2個或2個以上的人，如父母、夫妻、子女、兄弟、合作者等，視為一個被保險人同時投保的人身保險。在保險有效期內，聯合保險中第一個被保險人死亡，保險金將支付給其他生存的人；如果在保險期內無人死亡，則在保險有效期滿時將保險金支付給所有聯合被保險人或其他指定的受益人。

(3) 團體保險。團體保險是以法人團體為投保人,以一份總的保險合同承保某一機關、企業、事業單位或其他團體的全體或大多數成員的人身保險。在團體保險中,投保人是團體組織,被保險人是團體中的在職人員。保險人在承保時考慮的是該團體的總體風險,並不對團體內的各個被保險人進行一一審查。由於管理費用相對減少,團體保險的費率低於個人保險。團體保險可以分為團體人壽保險、團體意外傷害保險和團體健康保險。

4. 按照金融特性分類

按照人身保險所具有的金融特性分類,人身保險可以分為純保障型的人身保險、儲蓄型的人身保險和投資型的人身保險。

(1) 純保障型的人身保險。這種保險的保單裡不含現金價值,其純保費就是根據被保險人的保險事故發生概率計算而來的,沒有儲蓄的性質,因此保費比較低廉。例如,定期壽險,特別是1年定期壽險就是典型的純保障型的人身保險。在相同的保險金額和投保條件下,純保障型的人身保險的保費低於任何一種人壽保險。

(2) 儲蓄型的人身保險。這種保險主要指的是保險期限比較長的人身保險。因為採取均衡繳費的方式,保費中含有儲蓄成分,保單生效一定時期後具有現金價值。若投保人中途退保則可以獲得一定數額的退保金。例如,終身人壽保險、兩雙保險、養老保險等。

(3) 投資型的人身保險。20世紀70年代以後,保險公司為適應新的保險需求,增加產品競爭力而開發了一系列新型產品,集保障和投資功能於一身,如變額保險、萬能壽險和變額萬能壽險等,都屬於投資型的人身保險。這些險種讓客戶繳納的保費分別進入「保障」和「投資」兩個帳戶,保障帳戶中的基金用於保險保障,即使投資收益不理想,客戶在保險期限內也可以獲得基本的保險金;投資帳戶中的資金則由保險公司的投資部門通過專業理財渠道進行投資運作,投資收益全部歸客戶所有,使客戶在獲得保險保障的同時,也能享有專業理財帶來的投資收益,當然也要承擔相應的投資風險。

(三) 人身保險的功能

人身保險的主要目的在於保證經濟生活的安定,因此對於個人、企業和社會以及整個國民經濟的發展,人身保險都將產生積極、重要的影響。

1. 微觀功能

(1) 解除個人和家庭對人身風險的憂慮。死亡、傷殘、疾病、衰老等人身風險對每個人都是客觀存在的。當家庭成員尤其是家庭收入主要來源者發生死亡、傷殘、疾病、衰老等事故時,會導致家庭收入減少或支出增加,嚴重的還會使家庭陷入困境。人身保險可以將這些風險轉嫁給保險人,消除個人和家庭對人身風險的憂慮,獲得家庭生活的積極保障。例如,一旦家庭的主要收入者過早死亡,其家屬可能在其死後的一段相當長的時間內面臨財務困難,如家庭日常開支還在繼續,住房抵押貸款、汽車貸款還要分期償還等。人壽保險可以提供這些方面的資金需求,並在一定時期內為家庭收入需要提供保障。通常,受益人獲得的保險金不是應稅收入,不必繳納個人所得稅,能為其提供必要的經濟安全保

障。個人除了在工作期間購買年金，以便在退休後可以按月領取年金給付外，當被保險人接近於退休年齡時，也可以將一些長期人壽保單的現金價值作為躉繳保費購買年金，為被保險人提供退休收入和滿足其他退休需求。

（2）具有一定的儲蓄和投資功能。壽險保單的現金價值具有儲蓄和投資的功能，因此可以將其視為一種金融資產，投保人可以將壽險保單作為抵押向保險公司借款，也可以在退保時領取退保金。由於在長期壽險保單中，保險公司要對投保人繳納的保費計算利息，期滿給付的保險金大大高於其繳納的保費，因此投保長期壽險被視為一種投資手段。儘管其收益率可能低於其他投資工具，但仍具有一定的優越性。例如，傳統的壽險使用固定的保證利率計算價值的增值，這種利率不會受到市場利率變化的影響。當市場利率下降時，保單的現金價值仍然要按保證的利率增值。而一些創新型的險種如「投資連結保險」和「萬能壽險」等，除了具有人壽保險基本的保障功能外，還具有更強的投資功能，可以將保單項下的投資帳戶資金作為投資組合，為保單所有者提供更高的投資價值增長潛力。此外，人身保險一般採用定期繳納保費的方式，這有利於投保人養成勤儉儲蓄的習慣，具有強制儲蓄的效應。

（3）保單所有人或受益人可享受稅收優惠。稅法規定，被保險人死亡時給付的保險金可以免繳所得稅；向保單所有人支付如退保金、紅利，兩全保險期滿時給付的生存保險金，相當於所繳保費金額的部分免繳所得稅；對於年金保險的給付也只對其中的利息收入部分徵稅。另外，人壽保險金不作為投保人項下的資產，也不計入其遺產，在開徵遺產稅的國家和地區，人壽保險在規避遺產稅和保全遺產方面起著重要的作用。例如，美國法律規定，當遺產超過規定的金額需要繳納遺產稅，如果死者的遺產中沒有足夠的現金來支付時，遺囑執行人必須變賣部分遺產以滿足現金需求，使遺產繼承人的利益受損，購買人壽保險則可以很好地解決這一問題，即利用從保險人那裡獲得的死亡保險金來支付高額的遺產稅。

（4）分擔企業對雇員的人身風險責任。隨著現代社會工業化進程的加快，越來越多的人能夠在企業獲得就業機會。如果雇員在工作過程中受到了某種傷害，企業就要承擔相應的賠償責任，而一旦企業為其員工投保了意外傷害保險等團體人身保險，就能夠將對雇員負有的人身風險責任轉嫁給保險公司。可見，人身保險可以化解企業對員工的經濟賠償責任，減少、穩定企業的支出，有利於降低企業產品的成本，增強企業的凝聚力。

（5）增加員工福利，提高企業對人才的吸引力。現代企業在競爭中取勝的關鍵是擁有人才。企業能否吸引和留住人才，決定著企業能否生存和不斷發展。為重要的員工投保人身保險相當於增加對其勞動回報，使得員工不僅增加了經濟收入，而且獲得了對其未來的保障，有一種被重視、被關心的感覺。並且員工在企業工作時間越久，獲得的人身保障和能領取的保險金就越多，如果離開企業就會有一定的經濟損失，因此能增加企業對人才的吸引力。此外，通過投保人身保險，尤其是人壽保險，可以使企業經營不受重要員工突然

死亡的影響，可以使合夥事業不因任何一位合夥人的死亡而解散，同時可以提高企業的信用。世界上許多國家規定企業為員工投保人身保險的支出在一定金額內可以列入成本，在稅前列支。

2. 宏觀功能

（1）有助於促進社會穩定。人身風險隨時會對每個社會成員構成威脅，給人們的日常工作和學習帶來不良影響，加重整個社會成本，往往會破壞正常的社會生活秩序，是社會的不安定因素。人身保險是社會保障制度的必要補充，各國都把建立和健全社會保障制度作為現代化國家的重要標誌之一，但社會保障制度不能完全解決個人和家庭的經濟保障問題，需要由各種商業性人身保險作為重要補充，人身保險可以為社會成員提供多層次風險保障的經濟補償。也正因為如此，美國學者把社會保險、企業保險和個人保險比喻為「三條腿的椅子」，如果還有社會儲蓄，那就為「四條腿的椅子」。因此，人們通過平等自願地參加人身保險，能夠在很大程度上消除自身的後顧之憂，或者補償因人身風險遭受的經濟損失，促進社會穩定和持續發展。

現在人身保險與社會保險的相互補充，已經成為社會穩定的基礎。中國目前正處於發展階段，社會財力有限，社會保障的覆蓋面還比較窄，保障程度比較低，災害救濟能力也比較有限，因此人身保險更是成為中國社會救濟和社會保險的重要補充，以解決年老、疾病、傷殘等引起的特殊救濟需要。在世界上，凡是經濟發達的國家都建立有發達的人身保險體系。一國的經濟發展水準越高，人身保險制度也越發達。

此外，因為人身保險多具有儲蓄性質，並且中國近年來還推出了一些具有投資功能的創新型險種，從而人身保險也日益成為一種新的家庭理財工具，有助於投保人有計劃地安排家庭生活，增強人們的家庭責任感和社會責任感。

（2）有助於解決社會老齡化問題。隨著生活質量的不斷改善和技術水準的日益進步，人們的預期壽命不斷延長，人口老齡化已經成為世界性問題，同時也正成為當前各國政府急於解決的一個非常棘手的問題。根據聯合國的劃分標準，當一國老年人口比例超過10%時，就屬於老齡化社會。中國在2000年60歲以上的老年人口接近1.3億人，約占人口總數的10%，並以每年3.2%的速度急遽增長，到2026年，中國60歲以上的老年人口預計將占人口總數的18%。因此，探索一條有效解決老齡化問題的途徑，使老年人能夠老有所養，已是一個迫在眉睫的任務。雖然目前大多數國家都已經採用社會保障來解決這個問題，但由於保障範圍、保障程度等因素的限制，單靠社會保障解決該問題是遠遠不夠的。而人身保險與社會保障相比，有著無可比擬的優勢，因此將兩者有機地結合起來，取長補短，互為補充，構建一個全面、有效的社會保障體系，可以更好地解決人類社會面臨的老齡化問題。

（3）金融市場重要的資金來源。大多數人身保險具有長期儲蓄的性質，可以積聚成巨額資金並運用於金融市場投資，因此是金融市場重要的資金來源，成為推動國民經濟發展

的重要因素。例如，日本的生命保險公司的資金運用金額曾占金融市場上資金來源的10%左右；美國的人壽保險公司一直以來都是公司債券市場的最大投資者，而且在不動產抵押貸款領域也僅次於儲蓄機構和商業銀行。

目前，中國人身保險可運用的資金有限，但隨著人身保險業務的發展、投資環境的改善、投資手段的多樣化，必將會充分發揮其融通資金的功能，人身保險會成為金融市場上資金的主要來源之一。

三、財產保險

(一) 財產保險的概念

財產保險是保險學科的重要組成部分，是中國保險立法按保險業務範圍劃分的兩大保險類別之一。財產保險是以財產及其相關利益和損害賠償責任為保險標的，以自然災害、意外事故為保險責任，以補償被保險人的經濟損失為基本目的的保險。對於財產保險的含義，可以從三方面理解：第一，保險標的是以物質形態、非物質形態存在的財產及其相關利益；第二，承保風險一般是災害事故；第三，當被保險人因保險事故遭受經濟損失時，保險人負責賠償。

財產保險有廣義和狹義之分。在國外，習慣上把保險分為壽險與非壽險，因而廣義的財產保險通常是指除壽險以外的一切保險，包括財產損失保險、責任保險、信用保證保險、健康保險和人身意外傷害保險等。狹義的財產保險僅指財產損失保險，其保險標的是各種有形的財產物資，包括火災保險、運輸工具保險、運輸貨物保險和工程保險等。

在中國，傳統上把保險分為財產保險與人身保險，而人身保險通常又包括人壽保險、人身意外傷害保險和健康保險。因此，財產保險通常不包括健康保險和人身意外傷害保險。

財產保險在不同國家或地區還有不同的名稱，其含義與承保範圍也有一定的差異。例如，臺灣地區稱財產保險為產物保險，其範圍較窄，強調以物質性財產為保險標的，類似中國大陸的財產損失保險。又如，日本稱財產保險為損害保險，其範圍要廣得多，不僅承保物質性財產，還承保責任和信用風險，甚至包括意外傷害和醫療費用。再如，在歐洲很多國家，財產保險直接被稱為非壽險，其含義是最廣泛的，是除人壽保險以外的所有險種的總稱。

(二) 財產保險的種類

1. 火災保險

火災保險是指以存放在固定場所並處於相對靜止狀態的財產物資為保險標的，由保險人承擔財產遭受火災及其他自然災害、意外事故損失的經濟賠償責任的一種財產保險。

火災保險是一個發展歷史悠久的險種，之所以命名為火災保險，是強調這類財產保險承保的是火災這種風險造成的財產損失。事實上最初的火災保險承保的風險的確只有火災

一種，以後才將承保風險逐步擴展到火災以外的其他自然災害和意外事故，但人們習慣上還是稱之為火災保險。如今的火災保險，從保險責任範圍看，已經從傳統的火災擴展到爆炸、雷擊和空中運行物體墜落等意外事故，而後又擴展到暴風、暴雨、洪水、雪災、崖崩、泥石流等各種自然災害；從保險標的範圍看，從最初的不動產（建築物）逐步擴大到動產（室內各種財產），再擴大到與物質財產有關的利益，如預期收入和租金收入等；從承保的損失看，從承保直接損失，擴大到部分間接損失，如利潤損失等；從賠償範圍看，從最初僅賠償物質財產損失，擴大到因災害事故發生時對保險標的採取施救措施而引起的必要合理的施救費用。

火災保險的主要險種有企業財產保險、家庭財產保險和利潤損失保險。

（1）企業財產保險。企業財產保險是承保國內各種經濟組織形式的企事業單位、團體法人和其他民事主體合法擁有、占用、使用、經營、管理、租賃、保管或其他與之有經濟利害關係的財產。從保險責任範圍看，企業財產保險分為基本險和綜合險兩種。

（2）家庭財產保險。家庭財產保險是承保國內城鄉居民、個體工商戶、家庭手工業者及其家庭成員合法擁有、佔有、使用以及代他人保管或與他人共有的財產。

（3）利潤損失保險。利潤損失保險是承保企業單位因自然災害、意外事故導致廠房、機器設備等財產發生物質上直接毀損，使企業單位在一個時期內停產、減產造成減少或喪失的利潤收入。該險種是從屬於企業財產保險的，只能以企業財產保險的附加險形式予以承保。

2. 運輸工具保險

運輸工具保險承保用於載人、載運貨物或從事某種交通作業的各類運輸工具。運輸工具的一個顯著特徵是經常處於移動狀態中，在移動過程中面臨的地區、環境和自然風險又各不相同，加上駕駛人員的素質有別，它們發生的風險事故複雜多樣，一旦發生事故，不但運輸工具本身遭受損失，而且還會因運輸工具本身發生意外而產生對所載人、貨物以及對運輸工具以外的人員和財產造成損害，依法應承擔民事賠償責任。因此，運輸工具保險通常把第三者責任保險列入基本險範圍，或者乾脆作為一項基本的保險責任，如船舶保險。

運輸工具保險主要險種有機動車輛保險、船舶保險和飛機保險。

（1）機動車輛保險。機動車輛保險包括機動車輛損失保險與機動車輛第三者責任保險兩個基本險與若干附加險。它主要承保汽車、摩托車、拖拉機等各種機動車輛，因機動車輛遭受自然災害、意外事故造成車輛本身損失以及在使用車輛過程中依法應承擔的民事損害賠償責任，由保險人給予賠償。

（2）船舶保險。船舶保險承保在國際航線上航行的遠洋船舶和在國內沿海內河航行的各類船舶。船舶保險保障的範圍涉及船舶本身損失以及與船舶有關的各種利益、船舶在航行中引起的碰撞責任、共同海損等。船舶保險主要有遠洋船舶保險和沿海內河船舶保

兩種。

（3）飛機保險。飛機保險承保各種類型的客機、貨機、客貨兩用機以及從事各種專業用途的民用飛機。飛機保險保障的範圍包括飛機本身及其設備、儀器和其他附件的損失以及在營運過程中應對公眾、機上旅客和托運貨物承擔的法定責任。飛機保險主要有機身保險、第三者法定責任保險和旅客法定責任保險三個基本險，另設承運貨物責任險和戰爭劫持險等若干附加險。

3. 貨物運輸保險

貨物運輸保險承保裝載在運輸工具上、處於運輸過程中的各種貨物。運輸過程中的貨物的顯著特點是具有流動性，這使它們有可能遭受到的自然災害和意外事故更多、更複雜，發生事故損失的地點也不確定，而不同地點的貨物價格存在差異，使保險人難以按出險時的實際價值來核定損失，因此一般都實行定值保險。

貨物運輸保險主要險種有國內水陸路貨物運輸保險、國內航空貨物運輸保險和海上貨物運輸保險。

（1）國內水陸路貨物運輸保險。國內水陸路貨物運輸保險承保通過國內沿海、江河、公路、鐵路等運輸的各種貨物，在運輸過程中因保險責任事故發生造成的損失由保險人承擔賠償責任。

（2）國內航空貨物運輸保險。國內航空貨物運輸保險承保通過飛機運輸的各種貨物，承保的風險以空運途中發生的自然災害和意外事故為主。

（3）海上貨物運輸保險。海上貨物運輸保險承保以海上運輸方式運輸的各種貨物，承保的風險以海上自然災害、意外事故和其他特殊風險為主。

4. 工程保險

工程保險的承保標的是在建工程和安裝工程項目。現代建築工程和安裝工程的特點是規模宏大，設計與施工技術日趨複雜，建築材料、施工機械、大型機器設備的價值及工程造價昂貴。工程項目在施工、安裝、試運行過程中，既有遭受火災、雷擊、洪水、暴風、暴雨等自然災害和意外事故的可能，又可能因設計錯誤、工藝不善，甚至施工人員違規操作或破壞行為引起事故損失。一旦事故發生往往損失巨大，傳統的財產保險根本適應不了現代工程項目對風險保障的需要，工程保險應運而生。

工程保險主要險種有建築工程保險、安裝工程保險和機器損壞保險。

（1）建築工程保險。建築工程保險承保各類建築工程項目及在建築施工過程中的物料、機器、設備和裝置等，並設第三者責任險作為附加險，對工程項目在建築期間造成第三者財產損失或人身傷亡而依法應由被保險人承擔的經濟賠償責任予以承保。

（2）安裝工程保險。安裝工程保險承保各類安裝工程項目及在安裝施工過程中的機器、機械設備、裝置和物料等，並附設第三者責任險加保第三者責任。

（3）機器損壞保險。機器損壞保險承保各類已安裝完畢並投入運行的機器設備因人為

的、意外的或物理的原因造成的物質損失。

5. 農業保險

農業保險是農業生產者以支付保險費為代價把農業生產經營過程中由於災害事故造成的財產損失轉嫁給保險人的一種制度安排。農業保險源於18世紀德國農戶互助的合作組織。後來，私人保險公司曾涉足農業保險領域，但由於農業生產的高風險，商業化經營大都失敗。後來只有少數農業險種實行商業化經營。從20世紀30年代開始，一些國家政府開始從政策方面扶持農業保險，建立政策性農業保險制度模式，使之成為支持農業的一種政策工具。

農業保險主要險種有種植業保險和養殖業保險。

(1) 種植業保險。種植業保險承保植物性生產為保險標的的保險，如農作物保險、林木保險等。

(2) 養殖業保險。養殖業保險承保動物性生產為保險標的的保險，如牲畜保險、家禽保險、水產養殖保險等。

四、責任保險

(一) 責任保險的概念

《中華人民共和國保險法》第六十五條對責任保險的定義為：「責任保險是指以被保險人對第三者依法應負的賠償責任為保險標的的保險。」

從責任保險的定義中可以看出，責任保險應滿足以下條件：一是被保險人對第三者依法負有賠償責任；二是受害的第三者必須向被保險人請求賠償；三是賠償責任必須在保險人承保的責任範圍之內。

責任保險具有以下幾層含義：一是責任保險在性質上是填補損害保險責任的保險，並且其保險目的是保障第三者因被保險人的原因而受到損害的權益；二是通過責任保險被保險人將責任風險轉移給保險人，並且該責任風險一般是法律責任風險，也可以是約定的責任風險，但一定是民事責任風險；三是責任保險人的保險責任一般為過失責任而不包括故意行為所致的民事損害賠償責任，但是由於法律上嚴格責任的存在，責任保險的承保範圍可以擴展到無過失責任風險。

(二) 責任保險的種類

根據不同的劃分標準，責任保險的險種類別多種多樣，我們主要介紹以下六種分類方法。

1. 按責任保險發生效力的方式劃分

(1) 強制責任保險。強制責任保險又稱為法定責任保險，是指國家或政府通過制定法律、頒發法規或行政命令，強行建立起的關於投保人與保險人責任保險關係的責任保險。責任保險具有保險人代替被保險人向第三者賠償的特點，為保障無辜受害者的經濟利益，

很多國家對某些責任風險實行強制性的保險，如中國的第三者交通強制責任保險。

（2）自願責任保險。自願責任保險指投保人和保險人在平等互利、等價有償的原則上，經過雙方協商，完全自願訂立責任保險合同的責任保險。因此，是否參與、選擇險種以及責任保險的具體內容等完全由保險雙方自願協商決定，不受任意第三者干預。

這種分類方法是按照責任保險的自願原則進行劃分的，兩者之間既是互補關係，又有替代關係。強制責任保險一般僅僅提供法定的基本保障，而自願責任保險能更靈活地滿足消費者的不同需求。但是如果強制責任保險的範圍較廣，可能會抑制自願責任保險的需求。

2. 按責任保險的保險標的劃分

責任保險的保險標的是被保險人對第三者依法應當承擔的損害賠償責任。

（1）民事損害賠償責任保險。民事損害賠償責任保險是指以民事損害賠償責任為保險標的的責任保險。民事損害賠償的主要作用在於維護公民、法人的合法權益不受侵犯。

（2）合同責任保險。合同責任保險是指經過特別約定，責任保險人願意將合同責任作為承保對象的責任保險。責任保險一般不承保被保險人的合同責任，但經過特別約定，保險人也可以承保合同責任保險。

3. 按責任保險的險別劃分

根據不同的險別，責任保險可以分為公眾責任保險、產品責任保險、雇主責任保險、職業責任保險和機動車輛第三者責任保險等五類，其中每一類保險又可以分為若干具體的險種。

（1）公眾責任保險。公眾責任保險又稱為普通責任保險或綜合責任保險，它以被保險人的公眾責任為承保對象，是責任保險中獨立的、適用範圍最為廣泛的保險類別。

所謂公眾責任，是指致害人在公眾活動場所的過錯行為致使他人的人身或財產遭受損害，依法應由致害人承擔的對受害人的經濟賠償責任。公眾責任的構成，以在法律上負有經濟賠償責任為前提，其法律依據是各國的民法及各種有關的單行法規制度。此外，在一些並非公眾活動的場所，如果公眾在該場所受到了應當由致害人負責的損害，亦可以歸屬於公眾責任。因此，各種公共設施場所、工廠、辦公樓、學校、醫院、商店、展覽館、動物園、賓館、旅店、影劇院、運動場所以及工程建設工地等，均存在著公眾責任事故風險。這些場所的所有者、經營管理者等均可以通過投保公眾責任保險來轉嫁其風險。

公眾責任保險可以分為綜合公眾責任保險、場所責任保險、承包人責任保險和承運人責任保險等四類，每一類又包括若干個險種，它們共同構成了公眾責任保險業務體系。

（2）產品責任保險。產品責任保險是指以產品製造者、銷售者、維修者等的產品責任為承保風險的一種責任保險，而產品責任又以各國的產品責任法律制度為基礎。

所謂產品責任，是指產品在使用過程中因其缺陷而造成用戶、消費者或公眾的人身傷亡或財產損失時，依法應當由產品供給方（包括製造者、銷售者、修理者等）承擔的民事

損害賠償責任。

產品的製造者包括產品生產者、加工者、裝配者。產品的修理者指被損壞產品、陳舊產品或有缺陷的產品的修理者。產品的銷售者包括批發商、零售商、出口商、進口商等各種商業機構，如批發站、商店、進出口公司等。此外，承運人如果在運輸過程中損壞了產品並因此導致產品責任事故，應當承擔起相應的產品責任。

產品責任保險承保的產品責任是以產品為具體指向物，以產品可能造成的對他人的財產損害或人身傷害為具體承保風險，以製造或能夠影響產品責任事故發生的有關各方為被保險人的一種責任保險。

(3) 雇主責任保險。雇主責任保險是指以被保險人（雇主）雇傭的員工在受雇過程中，從事與被保險人經營業務有關的工作而遭受意外或患與業務有關的國家規定的職業性疾病，所致傷殘或死亡，被保險人根據《中華人民共和國勞動法》及勞動合同應承擔的醫藥費用及經濟賠償責任為承保風險的一種責任保險。

保險人承擔的責任風險將被保險人（雇主）的故意行為列為除外責任，主要承保被保險人（雇主）的過失行為所致的損害賠償，或者將無過失風險一起納入保險責任範圍。構成雇主責任的前提條件是雇主與雇員之間存在著直接的雇傭合同關係。

三資企業、私人企業、國內股份制公司、國有企業、事業單位、集體企業以及集體或個人承包的各類企業都可為其所聘用的員工投保雇主責任險。

(4) 職業責任保險。職業責任保險是指以各種專業技術人員在其從事專業技術性工作時，因工作上的疏忽或過失，造成第三人人身損害或財產損失，依法需要由其承擔的經濟賠償責任為保險標的的責任保險。

職業責任保險承保的職業責任風險是從事各種專業技術工作的單位或個人因工作上的失誤導致的損害賠償責任風險，它是職業責任保險存在和發展的基礎。

職業責任的特點在於：屬於技術性較強的工作導致的責任事故；不僅與人的因素有關，同時也與知識、技術水準以及原材料等的欠缺有關；限於技術工作者從事本職工作中出現的責任事故。

目前，存在著職業責任風險的各種技術工作人員，均可以通過職業責任保險方式來轉嫁其風險。

(5) 機動車輛第三者責任保險。機動車輛第三者責任保險是指被保險人或其允許的駕駛人員在使用保險車輛過程中發生意外事故，致使第三者遭受人身傷亡或財產直接損毀，依法應當由被保險人承擔的經濟責任，保險公司負責賠償。同時，若經保險公司書面同意，被保險人因此發生仲裁或訴訟費用的，保險公司在責任限額以外賠償，但最高不超過責任限額的 30%。

絕大多數的地方政府將機動車輛第三者責任保險列為強制保險險種。

4. 按與責任風險的關係劃分

（1）直接責任保險。直接責任保險是指以被保險人直接責任風險為承保風險的責任保險。直接責任是指行為主體自身的行為直接導致他人的財產損失或身體損害而承擔的法律責任。

（2）間接責任保險。間接責任保險又稱為替代責任保險，是指保險人以被保險人為行為人或被保險人自己管理下的物件致使他人的財產損失或身體損害所負民事賠償責任為承保風險的責任保險。

5. 按責任保險的承保方式劃分

（1）獨立責任保險。獨立責任保險是指作為單獨的責任保險以簽發專門的保險單方式承保，如公眾責任保險、產品責任保險、雇主責任保險、職業責任保險等。

（2）附加責任保險。附加責任保險是指以作為各種損害賠償保險（主要是各種財產保險）的組成部分或以附加責任的方式承保，不簽發專門的責任保險單，如汽車保險的第三者責任險、船舶保險的碰撞責任險、保賠責任險、飛機保險的第三者責任險、建築或安裝工程的第三者責任險等。

（3）混合責任保險。混合責任保險是指非獨立也非附加的責任保險，是將多種責任保險組合在一份分不同項目的保險單內，由被保險人按需選擇的責任保險。混合責任保險是介於獨立責任保險與附加責任保險之間的責任保險。保險期限視承保方式而定，可單獨承保的保險險種，保險期限為1年，到期可續保。以附加方式投保的責任保險的期限通常與被附加的主險相一致。

6. 按責任保險承保的範圍和對象的不同劃分

（1）個人責任保險。個人責任保險是指保險人以個人或家庭成員的行為導致的民事損害賠償責任為保險標的的責任保險。個人責任保險的特點主要有：投保人或被保險人可以是有民事行為能力的單個自然人，也可以是以單個自然人組合的家庭；非工作期間的所有單個自然人的行為活動均可以納入個人責任保險的範圍；經過特別約定，自然人個人在工作期間造成他人的財產或人身損害的民事損害賠償責任也可以投保個人責任保險。

（2）企業責任保險。企業責任保險是指保險人以承保企業在經營活動過程中造成他人財產或身體損害而應當承擔的民事賠償責任為保險標的的責任保險。企業責任保險為企業生產經營過程中需承擔的各種經濟賠償責任提供了保障，如企業生產的產品缺陷、業務經營場所中給消費者或公眾造成人身、財產損失以及雇員因公傷亡等。

第三節　社會保險

一、社會保險概述

(一) 社會保險的概念

社會保險是指國家通過立法形式為工薪階層提供基本生活保障，促進社會和諧安定的一種社會保障制度。社會保險是國家以法律形式規定的強制保險，由政府、單位和個人三方共同籌資，旨在保證勞動者在遭遇年老、疾病、工傷、生育、失業等風險時，暫時或永久喪失勞動能力而失去收入來源時，能夠得到國家或社會的物質幫助，以保障其基本生活需求。社會保險的對象是最重要的社會群體——勞動者，並突出了以勞動權利為基礎，在實踐中實行權利與義務相結合以及勞動者個人、單位和國家三方責任共擔。

社會保險的概念包括了以下五層含義：

(1) 社會保險帶有一定的立法強制性。社會保險的保險制度的成員資格是通過立法確定的，也就是說，在立法指定範圍內的每個勞動者都必須參加社會保險。

(2) 社會保險強調個人繳費。這在形式上與商業保險的保險費有些相似之處，但社會保險的繳費是完全建立在自助自保和互助互濟基礎上的。參加社會保險的勞動者通過繳費獲得成員資格，即「先盡義務，後享權利」。同時，這種權利和義務是對等的，在遭遇法定範圍內的各種風險時，參保成員都可以得到保障其基本生活需求的津貼。

(3) 社會保險強調勞動者及所在工作單位、國家三方共同籌資。這體現了國家和社會對勞動者提供基本生活保障的責任。勞動者所在工作單位的繳費，使社會保險避免了資金來源渠道的單一，增加了社會保險制度本身的安全系數。而國家的參與，更使社會保險制度有了強大的經濟後盾。

(4) 社會保險具有積極預防的含義。社會保險對法定範圍之內的風險起到了未雨綢繆的作用，使參加社會保險制度的成員獲得心理上的安全感，從而體現了社會保障的穩定機制的作用。

(5) 社會保險是依法建立、促進社會和諧安定的一種社會保障制度。全球大多數國家都制定、出抬了各具特色的社會保險法規，規範和保障社會保險事業的發展。

(二) 社會保險的特徵

1. 強制性

所謂強制性，是指社會保險是通過國家或政府立法強制實施的，其內容和實施都是通過法律進行的，凡屬於法律規定範圍內的成員都必須無條件地參加社會保險，按規定履行繳納保險費的義務，並受到該保險的保障。這也是社會保險區別於自願性商業保險的重要

標志之一。

2. 社會性

所謂社會性，是指社會保險的保障對象是全社會的勞動者，是面對整個社會的系統工程。一般來說，社會保險的對象在整體上具有普遍性。

3. 福利性

所謂福利性，是指社會保險一般不以營利為目的，實施社會保險完全是為了保障社會成員的基本生活。社會保險是國家和社會基本惠民政策的直接體現，目的在於保證與安定社會成員的物質生活，促進經濟可持續發展，增進社會福利。

4. 互濟性

這是指社會保險通過法律的形式，向全社會有繳納義務的單位和個人收取社會保費建立社會保障基金，並在全社會範圍內統一用於濟助被保障的對象。同時，各項社會保險基金可以從統一基金中相互調節使用。

5. 公平性

公平分配是宏觀經濟政策的目標之一，社會保險作為一種分配形式具有明顯的公平特徵。首先，社會保險中不能存在任何特殊階層，同等條件下的公民得到的保障是相同的；其次，在保險基金的形成過程中，高收入社會成員比低收入社會成員繳納較多的保險費；最後，在使用的過程中，一般都是根據實際需要進行調劑，不是完全按照繳納保險費的多少給付保險金，個人享有的權利與承擔的義務並不嚴格對價，從而體現出一定程度的社會公平性。

二、養老保險

（一）養老保險的概念

社會養老保險是指由國家和社會依法為老年勞動者定期提供一定物質幫助，保障其晚年基本生活的社會保障制度。養老保險是社會保險體系的重要組成部分，也是世界各國普遍實行的、最受人們關注的險種之一。

養老保險的含義有以下三個：

（1）養老保險在法定範圍內的老年人完全或基本退出社會勞動生活後才自動發生作用。這裡所說的「完全」，是以勞動者與生產資料的脫離為特徵；「基本」是指參加生產活動已不成為主要社會生活內容。

（2）養老保險的目的是保障老年人的基本生活需求，為其提供穩定可靠的生活來源。

（3）養老保險是以社會保險為手段來達到保障的目的。

（二）養老保險制度

1990年以來，世界銀行等國際組織提倡並根據各國改革經驗，將社會養老保險概括為基本養老保險、企業補充養老保險、個人儲蓄性養老保險三個層次。

1. 基本養老保險

基本養老保險是按國家統一政策規定強制實施，為保障廣大離退休人員基本生活需要的社會保險制度。企業和職工依法繳納養老保險費，在職工達到國家規定的退休年齡或因其他原因而退出勞動崗位並辦理退休手續後，社會保險經辦機構向退休職工支付基本養老保險金。中國的基本養老保險制度實行社會統籌與個人帳戶相互結合的模式。

2. 企業補充養老保險

企業補充養老保險也稱企業年金，是由企業根據自身經濟實力而決定為其職工建立的一種輔助性養老保險。該保險所需費用是從企業自有資金中的獎勵、福利基金中提取的。該保險是對基本養老保險的補充，兩者既有聯繫也有區別。其聯繫主要體現在兩種養老保險的政策和水準上；區別主要體現在兩種養老保險的層次和功能上的不同。因此，企業補充養老保險既不能由企業完全自願，又不能由國家強制實施，而應該由國家規定實施政策和實施條件，企業達到規定條件的可以實行。企業補充養老保險費可由企業完全承擔，或者由企業和員工雙方共同承擔，承擔比例由勞資雙方協議確定。企業內部一般都設有由勞資雙方組成的董事會，負責企業補充養老保險事宜。

3. 個人儲蓄性養老保險

職工個人儲蓄性養老保險是由職工自願參加、自願選擇經辦機構的一種補充保險形式。由社會保險機構經辦的職工個人儲蓄性養老保險，由社會保險主管部門制定具體辦法，職工個人根據自己的工資收入情況，按規定繳納個人儲蓄性養老保險費，計入當地社會保險機構在有關銀行開設的養老保險個人帳戶，並應按不低於或高於同期城鄉居民儲蓄存款利率計息，以提倡和鼓勵職工個人參加儲蓄性養老保險，所得利息計入個人帳戶，歸個人所有。職工達到法定退休年齡經批准退休後，憑個人帳戶將儲蓄性養老保險金一次總付或分次支付給本人。職工跨地區流動，個人帳戶的儲蓄性養老保險金應隨之轉移。職工未到退休年齡而死亡，計入個人帳戶的儲蓄性養老保險金應由其指定人或法定繼承人繼承。

(三) 中國的養老保險制度

中國現行的個人養老保險政策，主要是依據1999年1月22日國務院發布實施的《社會保險費徵繳暫行條例》和2005年12月13日國務院出抬的《國務院關於完善企業職工基本養老保險制度的決定》(國發〔2005〕38號) 而制定的。

1. 基本養老保險制度的覆蓋範圍

城鎮各類企業職工、個體工商戶和靈活就業人員都要參加企業職工基本養老保險。隨著中國養老保障體系的不斷改革和完善，到2020年，所有老年居民均能享受到基本的生活保障，以實現所有居民「老有所養」。

2. 基本養老保險費的籌集

現階段中國實行社會統籌與個人帳戶相結合的基本養老保險制度，基本養老保險費由

企業和職工共同負擔。

（1）《社會保險費徵繳暫行條例》規定，中國基本養老保險費的徵繳範圍為國有企業、城鎮集體企業、外商投資企業、城鎮私營企業和其他城鎮企業及其職工，實行企業化管理的事業單位及其職工。

（2）企業依法繳納基本養老保險費，繳費比例一般不得超過企業工資總額的20%；企業繳費部分不再劃入個人帳戶，全部納入社會統籌基金，並以省（自治區、直轄市）為單位進行調劑。

（3）個人依法繳納的基本養老保險費，從2006年1月1日起，個人帳戶的規模統一由本人繳費工資的11%調整為8%，全部由個人繳費形成，單位繳費不再劃入個人帳戶。城鎮個體工商戶和靈活就業人員參加基本養老保險的繳費基數為當地上年度在崗職工平均工資，繳費比例為20%，其中8%記入個人帳戶。

（4）有條件的企業可為職工建立企業年金（補充養老保險），並實現市場化營運和管理。企業年金實行基金完全累積，採用個人帳戶方式進行管理，費用由企業和職工個人繳納，企業繳費在工資總額4%以內的部分，可以從成本中列支。

（5）個人帳戶基金只用於職工養老，不得提前支取。職工跨統籌範圍流動時，個人帳戶隨同轉移；職工或退休人員死亡，個人帳戶可以繼承。

（6）個人帳戶基金由省級社會保險經辦機構統一管理，按國家規定存入銀行，全部用於購買國債，以實現保值增值，收益率要高於銀行同期存款利率。

（7）2006年在總結黑龍江、吉林、遼寧東北三省做實個人帳戶試點經驗的基礎上，做實帳戶試點擴大到天津、上海、山西、山東、河南、湖北、湖南、新疆8個省（市、區）。對做實個人帳戶後出現的當期養老金發放缺口，中央財政將給予部分補貼。根據東中西部不同省情，做實辦法有所差異，即對中西部試點省份做實部分由中央財政劃撥75%的補助，地方財政擔25%，而東部地區則基本由地方財政自籌。

3. 職工領取基本養老金的條件

符合下列條件的職工，可以按月領取基本養老金：

（1）達到法定退休年齡，即男職工年滿60歲，從事管理和科研工作的女職工年滿55歲，從事生產和工勤輔助工作的女職工年滿50歲，並已辦理退休手續。

（2）所在單位和個人依法參加了養老保險並履行了養老保險繳費義務。

（3）個人繳費至少累計滿15年（過渡期內繳費年限包括視同繳費年限）。

4. 基本養老保險待遇與計發辦法

中國企業職工的基本養老金由基礎養老金和個人帳戶養老金組成。其具體計發辦法如下：

（1）退休時的基礎養老金月標準以當地上年度在崗職工月平均工資和本人指數化月平均繳費工資的平均值為基數，繳費每滿1年發給1%。個人帳戶養老金月標準為個人帳戶

儲存額除以計發月數，計發月數根據職工退休時城鎮人口平均預期壽命、本人退休年齡、利息等因素確定。

（2）在1997年《國務院關於建立統一的企業職工基本養老保險制度的決定》（國發〔1997〕26號）實施後參加工作、繳費年限（含視同繳費年限，下同）累計滿15年的人員，退休後按月發給基本養老金。

（3）在1997年《國務院關於建立統一的企業職工基本養老保險制度的決定》（國發〔1997〕26號）實施前參加工作、在2005年《國務院關於完善企業職工基本養老保險制度的決定》（國發〔2005〕38號）實施後退休、已繳費年限累計滿15年的人員，在發給基礎養老金和個人帳戶養老金的基礎上，再發給過渡性養老金。各省、自治區、直轄市人民政府要按照待遇水準合理銜接。新老政策平穩過渡的原則，在認真測算的基礎上，制定具體的過渡辦法，並報勞動保障部、財政部備案。

在2005年《國務院關於完善企業職工基本養老保險制度的決定》（國發〔2005〕38號）實施後到達退休年齡但繳費年限累計不滿15年的人員，不發給基礎養老金；個人帳戶儲存額一次性支付給本人，終止基本養老保險關係。在2005年《國務院關於完善企業職工基本養老保險制度的決定》（國發〔2005〕38號）實施前已經離、退休的人員，仍按國家原來的規定發給基本養老金，同時執行基本養老金調整辦法。

2005年《國務院關於完善企業職工基本養老保險制度的決定》（國發〔2005〕38號）實施後城鎮個體工商戶和靈活就業人員參加基本養老保險的繳費基數為當地上年度在崗職工平均工資，繳費比例為20%，其中8%記入個人帳戶，退休後按企業職工基本養老金計發辦法計發基本養老金。

達到國家規定的退休年齡，累計繳費年限滿10年不滿15年的被保險人（不含建設徵地農轉工人員），如果本人願意，可以選擇一次性補繳所差年限的繳費，然後按月領取基本養老金。

自2005年起到2007年，國家連續三年提高企業退休人員基本養老金，企業月人均養老金從714元提高到963元。2007年8月1日，國務院總理溫家寶主持召開國務院常務會議，研究調整企業退休人員基本養老金的有關政策。2008—2010年，國家連續三年提高企業退休人員基本養老金。

加快實行「跨省市養老保險轉移接續辦法」，要在2008年、2009年實行全國各省份都實現養老保險的省級統籌的基礎上，加快實現養老保險省內「一卡通」；切實加強全國養老保險信息網的建設，制定全國統一的社會保險關係轉續辦法，抓緊制定適合農民工特點的養老保險辦法，力爭盡快在全國實行社會保險的「一卡通」。

基本養老保險費的稅務優惠依據國務院制定並發布實施的《社會保險費徵繳暫行條例》的規定，企事業單位按照國家或省（自治區、直轄市）人民政府規定的繳費比例或辦法實際繳付的基本養老保險費，免徵個人所得稅；個人按照國家或省（自治區、直轄

市）人民政府規定的繳費比例或辦法實際繳付的基本養老保險費，允許在個人應納稅所得額中扣除。

企事業單位和個人超過規定的比例和標準繳付的基本養老保險費，應將超過部分並入個人當期的工資、薪金收入計徵個人所得稅。個人實際領（支）取原提存的基本養老保險金、基本醫療保險金、失業保險金和住房公積金時，免徵個人所得稅。

6. 基本養老保險基金的管理

（1）養老保險社會統籌基金納入財政專戶，實行收支兩條線管理，不能占用個人帳戶基金，嚴禁截留、擠占、挪用。徵收的基本養老保險費存入財政部門在國有商業銀行開設的基本養老保險基金財政專戶並進行獨立核算。

（2）任何單位、個人挪用社會保險基金的，追回被挪用的社會保險基金；有違法所得的，沒收違法所得，並入社會保險基金；構成犯罪的，依法追究刑事責任；尚不構成犯罪的，對直接負責的主管人員和其他直接責任人員依法給予行政處分。

（3）按照省、自治區、直轄市人民政府關於社會保險費徵繳機構的規定，勞動保險行政部門或稅務機關依法對單位繳費情況進行檢查時，被檢查的單位應當提供繳納社會保險費有關的用人情況、工資表、財務報表等資料，如實反應情況，不得拒絕檢查，不得謊報、瞞報。

（4）任何組織和個人對有關基本養老保險費徵繳的違法行為，有權舉報。勞動保障行政部門或稅務機關對舉報應當及時調查，按照規定處理，並為舉報人保密。

（5）繳費單位應當每年向本單位職工公布本單位全年社會保險費繳納情況，接受職工監督。社會保險經辦機構應當定期向社會公告社會保險費徵收情況，接受社會監督。

（6）繳費單位必須按月向社會保險經辦機構申報應繳納的社會保險費數額，經社會保險經辦機構核定後，在規定的期限內繳納社會保險費。

（7）繳費單位和繳費個人應當以貨幣形式全額繳納社會保險費；繳費個人應當繳納的社會保險費，由所在單位從其本人工資中代扣代繳，不得減免任何單位和個人應繳納的基本養老保險費。

（8）繳費單位的社會保險登記事項發生變更或繳費單位被依法終止的，應當自變更或終止之日起30日內，到社會保險經辦機構辦理變更或註銷社會保險登記手續。

（9）基本養老金水準的調整，由勞動和社會保障部和財政部參照城市居民生活費用價格指數和在職職工工資增長情況，提出方案報國務院審定後統一組織實施。根據職工工資和物價變動等情況，國務院適時調整企業退休人員基本養老金水準，調整幅度為省、自治區、直轄市當地企業在崗職工平均工資年增長率的一定比例。

（10）凡是參加企業職工基本養老保險的單位和個人，都必須按時足額繳納基本養老保險費；對拒繳、瞞報少繳基本養老保險費的，要依法處理。繳費單位未按照規定辦理社會保險登記、變更登記或註銷登記，或者未按照規定申報應繳納的社會保險費數額的，由

勞動保障行政部門責令限期改正；情節嚴重的，對直接負責的主管人員和其他直接責任人員可以處1,000元以上5,000元以下的罰款；情節特別嚴重的，對直接負責的主管人員和其他直接責任人員可以處5,000元以上10,000元以下的罰款。

（11）繳費單位違反有關財務、會計、統計的法律、行政法規和國家有關規定偽造、變造、故意毀滅有關帳冊、材料，或者不設帳冊，致使社會保險費繳費基數無法確定的，除依照有關法律、行政法規的規定給予行政處罰、紀律處分、刑事處罰外，應依照相關規定徵繳；遲延繳納的，由勞動保障行政部門或稅務機關依照相關規定加收滯納金，並對直接負責的主管人員和其他直接責任人員處5,000元以上20,000元以下的罰款。

（12）繳費單位未按規定繳納和代扣代繳基本養老保險費的，由勞動保障行政部門或稅務機關責令限期繳納；逾期仍不繳納的，除補繳欠繳數額外，從欠繳之日起，按日加收0.2‰的滯納金。滯納金並入基本養老保險基金。繳費單位逾期拒不繳納社會保險費、滯納金的，由勞動保障行政部門或稅務機關申請人民法院依法強制徵繳。

（13）確保基本養老金按時足額發放。各地要繼續把確保企業離退休人員基本養老金按時足額發放作為首要任務，進一步完善各項政策和工作機制，確保離退休人員基本養老金按時足額發放，不得發生新的基本養老金拖欠，切實保障離退休人員的合法權益。對過去拖欠的基本養老金，各地要根據《中共中央辦公廳 國務院辦公廳關於進一步做好補發拖欠基本養老金和企業調整工資工作的通知》要求，認真加以解決。

（14）勞動保障行政部門、社會保險經辦機構或稅務機關的工作人員濫用職權、徇私舞弊、玩忽職守，致使社會保險費流失的，由勞動保障行政部門或稅務機關追回流失的社會保險費。構成犯罪的，依法追究刑事責任；尚不構成犯罪的，依法給予行政處分。

[案例6-2] 寶馬汽車和牛

「養老金繳滿15年要不要續繳」一直是不少參保人員格外關注的話題，那麼養老金繳得多好，還是「點到即止」比較好？哪種更劃算？我們通過公式和數據，進行一個直觀的認識。

對於這個問題，我們需要知道與養老金計算有關的四個公式：

（1）每月領取的養老金＝基礎養老金＋個人帳戶養老金

（2）基礎養老金＝全省上年度在崗職工月平均工資×（1+本人平均繳費指數）÷2×繳費年限×1%

（3）本人平均繳費指數＝本年繳費工資與上一年本地平均工資之比相加÷實際繳費年限

（4）個人帳戶養老金＝個人帳戶儲存額÷計發月數

我們可以看出，養老金和個人的繳費年限、繳費工資有關。這些公式中，本人平均繳費指數較複雜，但是它的值與個人繳費的工資呈正相關關係。一般隨著工作時間的增加，

繳費工資、繳費年限都會增加，繼而影響個人平均繳費指數。

在一個理想化的情況下，假設小明在北京25歲入職，65歲正常退休，活到了80歲，每月稅前工資10,000元。已知北京市2015年在崗職工月平均工資為6,463元。分成兩種情況來看，第一種小明繳納滿15年後不再續繳，第二種小明繳納滿40年，直至退休。假設第一種情況個人平均繳費指數為1，第二種情況個人平均繳費指數為1.2。

（1）退休前個人繳納的費用。

第一種情況：個人繳納費用＝10,000×0.08×12×15＝144,000（元）

第二種情況：個人繳納費用＝10,000×0.08×12×40＝384,000（元）

（2）退休後每月領取養老金。

第一種情況：退休後每月領取養老金＝6,463(1+1)÷2×15×1%+10,000×0.08×12×15÷101＝2,395（元）

第二種情況：退休後每月領取養老金＝6,463(1+1.2)÷2×40×1%+10,000×0.08×12×40÷101＝6,646（元）

（3）到去世時個人領取的養老金總額。

第一種情況：個人領取的總額＝2,395×12×15＝431,100（元）

第二種情況：個人領取的總額＝6,646×12×15＝1,196,280（元）

（4）回報率。

第一種情況：比例＝(431,100－144,000)÷144,000＝1.99

第二種情況：比例＝(1,196,280－384,000)÷384,000＝2.12

因此在這樣簡單的計算下，繳費年限長和繳費工資高還是比較合適的，會有更高的回報率。

三、醫療保險

（一）醫療保險的概念

醫療保險與人們日常生活的關係最為密切，對提高人們的生活質量的意義也最為明顯。但由於醫療保險在各國間的運作模式、內涵與外延均有不同，名稱也就不盡相同，有的稱為疾病保險，有的稱為醫療保險，還有的稱為健康保險，國內外學術界對此尚無統一的定義。本章採用國內學者鄭功成教授對醫療保險的界定，即把醫療保險作為社會保險制度中的一個項目來定位，專指社會醫療保險，它是由國家立法規範並運用強制手段，向法定範圍內的勞動者及其他社會成員提供必要的疾病醫療服務和經濟補償的一種社會化保險機制。

這一概念的界定，包括如下五層含義：

第一，醫療保險是由國家立法強制實施的。1883年5月31日，世界上第一部社會保險法律《疾病社會保險法》在德國誕生。從19世紀末到20世紀末，全世界有110多個國

家或地區通過立法先後建立了自己的社會醫療保險制度，立法規範和強制實施構成了各國社會醫療保險的共同特點，法律不僅規範了主體各方的權利和義務，而且對保險對象範圍、醫療保障待遇以及強制實施的程序等做出了明確規範，從而體現了社會醫療保險與自願參與的商業醫療保險的區別。

第二，醫療保險的對象通常是勞動者，尤其是工薪勞動者。這一點與其他社會保險相似，均是從保護勞動力和解除勞動者的後顧之憂出發的。不過，在一些國家的社會醫療保險制度中，也會放寬到勞動者的家屬。

第三，醫療保險強調權利義務相結合和互助共濟。對於每一個人來說，其生病和受傷害的概率是不可預測的，而對於一個群體來說，則通過大數法則可以預測。因此，社會醫療保險通過保險精算，確定被保險人的繳費（稅）義務和獲取醫療服務或補償醫療費用的權利，履行繳費義務構成社會成員獲得醫療保障權利的前提條件。同時，由於每個參與者是否患病或何時患病都具有不確定性，真正享受社會醫療保險待遇的人及受益多少也是不確定的，正是在這種不確定中，大數法則與互助共濟功能才在社會醫療保險中得到了充分體現。

第四，醫療保險保障的內容主要是疾病。勞動者面臨的風險很多，與身體直接相關的事件既有疾病，也有職業傷害、生育等，但社會醫療保險保障的主要是各種疾病，而職業傷害風險由工傷保險制度來承擔，生育事件由生育保險制度來承擔。不過，在一些國家也將女職工的生育行為納入醫療保險範圍，或者由其他普惠性質的生育津貼來保障。

第五，醫療保險必須社會化。與其他保障制度相比，醫療保險服務更強調社會化，因為醫療保險服務必須由第三方即醫療機構來提供，這就使得醫療保障制度不可能由社會保險機構直接實施，而只能由眾多的醫療機構來承擔組織實施任務，因此非供給者與受益方的直接對應行為。需要指出的是，在把握醫療保險（本章專指社會醫療保險）概念並將其與商業醫療保險或健康保險加以區別的同時，還應當區分醫療保險與醫療保障兩個概念。儘管在某些國家或地區以及一些文獻中，醫療保險與醫療保障被混用，但一般而言，醫療保障的範圍要大得多，醫療保險只是醫療保障的一種方式。以中國為例，醫療保險僅指社會保險制度中的基本醫療保險，而以保障國民疾病醫療的相應政策還有農村合作醫療、補充醫療保險、社會醫療救助以及婦幼保健、兒童免疫、地方病防治、傳染病防治等，這些制度安排與醫療保險共同構成了中國的醫療保障體系。

（二）醫療保險制度

實行醫療保險制度的國家，由於各自的經濟發展水準不同、傳統文化和價值觀念不同，其制度運行也呈現出不同的特點。綜觀世界各地的醫療保險制度，形式多種多樣，可以從不同的角度進行不同的分類。

1. 按醫療服務的供求關係分類

按醫療服務的供求關係分類，醫療保險制度有直接關係型和間接關係型之分。直接關

係型是指醫療保險的承辦機構同時又是醫療服務的提供機構，在醫療單位（供方）與患者（需方）之間不存在償付醫療費用的「第三方」，如中國的勞保醫療和公費醫療。間接關係型是指醫療保險承辦機構與醫療服務機構不是同一個機構，在醫療單位與患者之間還存在償付醫療費用的「第三方」。三者的關係是由僱主、僱員組成的需方將保險費交給社會保險機構（第三方），當僱員發生疾病風險時，由醫療服務提供者（供方）提供治療服務，社會保險機構向醫療服務提供者支付醫療費用。

2. 按醫療保險基金籌集方式分類

按醫療保險基金籌集方式分類，醫療保險制度有國家醫療保險、社會醫療保險、社區合作醫療保險、儲蓄醫療保險等類型。其中，社會醫療保險按醫療保險的體制安排及保障對象的限定，又可分為基本統一型、分類對口型和特別限定型。基本統一型制度模式以德國為代表，它將一些城市中的全體勞動者及其家屬都囊括進去，因此是一種覆蓋面很廣的全國統一醫療保險制度。分類對口型制度模式以日本為代表，日本的醫療保險制度根據對象分為兩大類：一類是以產業工人、公務員等在職職工及其家屬為對象的「職工醫療保險」，又稱僱用者醫療保險；另一類是以農民、自營業者、小企業（5人以下）職工、學生為對象的「國民健康保險」。其中，參加「職工醫療保險」的人數占絕大多數。特別限定型制度模式以美國為代表，美國沒有全國性的醫療社會保險制度，僅有限定對象的所謂「老殘健康保險」，如退休的鐵路員工、慢性腎臟病患者、有持續 24 個月領取殘疾補助金記錄的未滿 65 歲殘疾者等。由於特別限定對象，美國不少人只能參加私人醫療保險。

此外，按醫療費用的支付方式劃分，醫療保險制度有按服務項目付費、按病種付費、按人頭付費等類型。

（三）中國的醫療保險制度

中國醫療保險制度由三部分組成：城鎮職工基本醫療保險、城鎮居民基本醫療保險、新型農村合作醫療。

1. 城鎮職工基本醫療保險

城鎮職工基本醫療保險是為補償勞動者因疾病風險遭受經濟損失而建立一項社會保險制度。通過用人單位和個人繳費，建立醫療保險基金，參保人員患病就診發生醫療費用後，由醫療保險經辦機構給予一定的經濟補償，以避免或減輕勞動者因患病、治療等所承受的經濟風險。

（1）原則。城鎮職工基本醫療保險的水準要與社會主義初級階段生產力發展水準相適應；城鎮所有用人單位及其職工都要參加城鎮職工基本醫療保險，實行屬地管理；城鎮職工基本醫療保險費由用人單位和職工雙方共同負擔；城鎮職工基本醫療保險基金實行社會統籌和個人帳戶相結合。

（2）覆蓋範圍和繳費辦法。城鎮所有用人單位，包括企業（國有企業、集體企業、外商投資企業、私營企業等）、機關、事業單位、社會團體、民辦非企業單位及其職工，

都要參加城鎮職工基本醫療保險。鄉鎮企業及其職工、城鎮個體經濟組織業主及其從業人員是否參加基本醫療保險,由各省、自治區、直轄市人民政府決定。

城鎮職工基本醫療保險原則上以地級以上行政區(包括地、市、州、盟)為統籌單位,也可以以縣(市)為統籌單位,北京、天津、上海3個直轄市原則上在全市範圍內實行統籌(以下簡稱統籌地區)。所有用人單位及其職工都要按照屬地管理原則參加所在統籌地區的城鎮職工基本醫療保險,執行統一政策,實行基本醫療保險基金的統一籌集、使用和管理。鐵路、電力、遠洋運輸等跨地區、生產流動性較大的企業及其職工,可以以相對集中的方式異地參加統籌地區的城鎮職工基本醫療保險。

城鎮職工基本醫療保險費由用人單位和職工共同繳納。用人單位繳費率應控制在職工工資總額的6%左右,職工繳費率一般為本人工資收入的2%。隨著經濟的發展,用人單位和職工繳費率可做相應調整。

(3)建立城鎮職工基本醫療保險統籌基金和個人帳戶。城鎮職工基本醫療保險基金由統籌基金和個人帳戶構成。職工個人繳納的基本醫療保險費,全部計入個人帳戶。用人單位繳納的基本醫療保險費分為兩部分,一部分用於建立統籌基金,一部分劃入個人帳戶。劃入個人帳戶的比例一般為用人單位繳費的30%左右,具體比例由統籌地區根據個人帳戶的支付範圍和職工年齡等因素確定。

統籌基金和個人帳戶要劃定各自的支付範圍,分別核算,不得互相擠占。要確定統籌基金的起付標準和最高支付限額,起付標準原則上控制在當地職工年平均工資的10%左右,最高支付限額原則上控制在當地職工年平均工資的4倍左右。起付標準以下的醫療費用,從個人帳戶中支付或由個人自付。起付標準以上、最高支付限額以下的醫療費用,主要從統籌基金中支付,個人也要負擔一定比例。超過最高支付限額的醫療費用,可以通過商業醫療保險等途徑解決。統籌基金的具體起付標準、最高支付限額以及在起付標準以上和最高支付限額以下醫療費用的個人負擔比例,由統籌地區根據以收定支、收支平衡的原則確定。

(4)城鎮職工基本醫療保險基金的管理和監督機制。城鎮職工基本醫療保險基金納入財政專戶管理,專款專用,不得擠占挪用。

社會保險經辦機構負責城鎮職工基本醫療保險基金的籌集、管理和支付,並要建立健全預決算制度、財務會計制度和內部審計制度。社會保險經辦機構的事業經費不得從基金中提取,由各級財政預算解決。

城鎮職工基本醫療保險基金的銀行計息辦法為:當年籌集的部分,按活期存款利率計息;上年結轉的基金本息,按3個月期整存整取銀行存款利率計息;存入社會保障財政專戶的沉澱資金,比照3年期零存整取儲蓄存款利率計息,並不低於該檔次利率水準。個人帳戶的本金和利息歸個人所有,可以結轉使用和繼承。

各級勞動保障和財政部門要加強對城鎮職工基本醫療保險基金的監督管理。審計部門

要定期對社會保險經辦機構的基金收支情況和管理情況進行審計。統籌地區應設立由政府有關部門代表、用人單位代表、醫療機構代表、工會代表和有關專家參加的醫療保險基金監督組織,加強對城鎮職工基本醫療保險基金的社會監督。

保險報銷需要到當地醫療管理中心或指定醫療機構醫保結帳窗口報銷。其辦理材料包括本人身分證、醫保卡、原始發票、用藥清單、病歷本、清單、入/出院證等其他材料。醫療保險的報銷是按比例進行的,一般在70%左右浮動。其報銷的比例和多少跟自己的檢查和用藥情況、醫療等級等因素有關。舉個例子就比較清晰了,A類藥品可以享受全報,C類藥品就需要全部自負費用,而B類藥品可報80%,自負20%。

2. 城鎮居民基本醫療保險

城鎮居民基本醫療保險是社會醫療保險的組成部分,具有強制性,採取以政府為主導,以居民個人(家庭)繳費為主,政府適度補助為輔的籌資方式,按照繳費標準和待遇水準相一致的原則,為城鎮居民提供醫療需求的醫療保險制度。城鎮居民基本醫療保險是政府組織實施,以家庭繳費為主,財政給予適當補助,以大病統籌為主的醫療保險制度。

目前沒有醫療保障制度安排的主要是城鎮非從業居民。為實現基本建立覆蓋城鄉全體居民的醫療保障體系的目標,國務院決定,從2007年起開展城鎮居民基本醫療保險試點(以下簡稱試點)。各地區各部門要充分認識這項工作的重要性,將其作為落實科學發展觀、構建社會主義和諧社會的一項重要任務,高度重視,統籌規劃,規範引導,穩步推進。

(1)保險待遇。

①城鎮居民基本醫療保險基金主要用於支付參保居民的住院和門診大病、門診搶救醫療費,支付範圍和標準按照城鎮居民基本醫療保險藥品目錄、診療項目和醫療服務設施範圍和標準執行。

②起付標準(也就是通常說的門檻費)與城鎮職工基本醫療保險一樣,即三級980元、二級720元,一級540元。

③就醫管理。城鎮居民基本醫療保險參保居民就醫實行定點首診和雙向轉診制度,將社區衛生服務中心、專科醫院、院店合作和二級及其以下醫療機構確定為首診醫療機構,將部分三級綜合和專科醫療機構確定為定點轉診醫療機構,參保居民就醫時應首先在定點首診醫療機構就診,因病情確需轉診轉院治療的,由定點首診醫療機構出具轉院證明,方可轉入定點轉診醫院接受住院治療,等病情相對穩定後,應轉回定點首診醫院。

④支付比例。基金支付比例按不同級別醫療機構確定,一級(含社區衛生服務中心)、二級、三級醫療機構基金支付比例為75%、60%、50%。城鎮居民連續參保繳費滿2年後,可分別提高到80%、65%、55%。

⑤基本保額。一個自然年度內,基本醫療保險統籌基金的最高支付限額為每人每年1.6萬元。如果是由於慢性腎功能衰竭(門診透析治療)、惡性腫瘤(門診放、化療)、器

官移植抗排異治療、系統性紅斑狼瘡、再生障礙性貧血（簡稱「門診大病」）患者，年統籌基金最高支付限額可提高到每人 2 萬元。

（2）起付標準和報銷比例。

①學生、兒童。在一個結算年度內，發生符合報銷範圍的 18 萬元以下醫療費用，三級醫院起付標準為 500 元，報銷比例為 55%；二級醫院起付標準為 300 元，報銷比例為 60%；一級醫院不設起付標準，報銷比例為 65%。

②年滿 70 週歲以上的老年人。在一個結算年度內，發生符合報銷範圍的 10 萬元以下醫療費用，三級醫院起付標準為 500 元，報銷比例為 50%；二級醫院起付標準為 300 元，報銷比例為 60%；一級醫院不設起付標準，報銷比例為 65%。

③其他城鎮居民。在一個結算年度內，發生符合報銷範圍的 10 萬元以下的醫療費用，三級醫院起付標準為 500 元，報銷比例為 50%；二級醫院住院起付標準為 300 元，報銷比例為 55%；一級醫院不設起付標準，報銷比例為 60%。

城鎮居民在一個結算年度內住院治療兩次以上的，從第二次住院治療起，不再收取起付標準的費用。轉院或者兩次以上住院的，按照規定的轉入或再次入住醫院起付標準補足差額。

例如，一名兒童生病，如果在三級醫院住院，發生符合規定的醫療費用 6 萬元，可以報銷 32,725 元〔（60,000−500）×55%〕；如果在一級醫院住院，醫療費用 5,000 元，可以報銷 3,250 元（5,000×65%）。

（3）主要特點。

①參保人患病特別是患大病時，一定程度上減輕了經濟負擔。

②參保人身體健康時，繳納的保險費可以用來濟助其他參保病人，從而體現出「一人有病萬家幫」的互助共濟精神。

③解除參保人的後顧之憂。為鼓勵城鎮居民參加保險，符合參保條件的城鎮居民按其參保時間劃分，設定不同的醫療待遇起付期，6 個月內參保者，醫療待遇起付期為 3 個月，未成年居民醫療待遇無起付期；6 個月後參保者（含未成年居民，下同），醫療待遇起付期為一年；一年後參保者，醫療待遇起付期延長至兩年；低保居民醫療待遇無起付期。

（4）城鎮居民基本醫療保險與城鎮職工基本醫療保險的區別。

①城鎮職工基本醫療保險和城鎮居民基本醫療保險是兩種不同的醫療保險形式。

②各自具有不同的針對性和受眾範圍，城鎮職工基本醫療保險是針對與單位建立了勞動關係的城鎮職工，單位和個人共同繳納基本醫療保險費用，單位繳大頭，個人繳小頭；而城鎮居民基本醫療保險是國家就城鎮無業人員、城鎮低收入家庭，建立的基本醫療保險。

③城鎮職工基本醫療保險繳費基數是職工本人的工資，每月扣繳，城鎮居民基本醫療保險的繳費基數是城鎮最低生活保障，一年繳一次，二者在繳費基數上相差很大。

④在保障範圍上，相差較大。城鎮職工基本醫療保險每年返所繳保險費的 30% 左右到個人帳戶，可以作為門診費用，由職工個人自行支配，住院按社保醫療範圍報銷費用；而城鎮居民基本醫療保險只報銷在二級以上醫院住院醫療費的 50%~70%，門診費不報銷。

⑤在時效上，城鎮職工基本醫療保險為按月繳費，繳夠 25 年後可不再繳，之後可以一直享受醫保待遇，包括門診和住院。城鎮居民基本醫療保險，繳一年享受一年，不繳費不享受。

3. 新型農村合作醫療

新型農村合作醫療（簡稱新農合）是指由政府組織、引導、支持，農民自願參加，個人、集體和政府多方籌資，以大病統籌為主的農民醫療互助共濟制度。其採取個人繳費、集體扶持和政府資助的方式籌集資金。

2002 年 10 月，中國明確提出各級政府要積極引導農民建立以大病統籌為主的新型農村合作醫療制度。2009 年，中國做出深化醫藥衛生體制改革的重要戰略部署，確立新農合作為農村基本醫療保障制度的地位。2015 年 1 月 29 日，國家衛計委、財政部印發《關於做好 2015 年新型農村合作醫療工作的通知》提出，各級財政對新農合的人均補助標準在 2014 年的基礎上提高 60 元，達到 380 元。

2017 年，各級財政對新農合的人均補助標準在 2016 年的基礎上提高 30 元，達到 450 元。其中，中央財政對新增部分按照西部地區 80%、中部地區 60% 的比例進行補助，對東部地區各省份分別按一定比例補助。農民個人繳費標準在 2016 年的基礎上提高 30 元，原則上全國平均達到 180 元左右。中國努力探索建立與經濟社會發展水準、各方承受能力相適應的穩定可持續籌資機制。

（1）基本原則。

①堅持農民自願參加、多方籌資、縣辦縣管、以收定支、保障適度的原則。

②堅持以收定支，收支平衡，略有結餘；以住院補償為主、兼顧受益面；保持相對穩定，不斷完善；充分體現互助共濟，以大病統籌為主。

（2）資金來源。

①籌資渠道。根據國家有關規定，全國新型農村合作醫療試點縣（市）籌集資金的主要渠道有兩條：一是各級財政補貼；二是參加合作醫療的農民繳納。

從 2006 年開始，開展新型農村合作醫療試點的縣（市），按參加合作醫療的人數計算，每人每年總資金為 50 元，其中中央財政補助 20 元，省、州、縣（市）財政共計配套 20 元，參加合作醫療的農民繳納 10 元。

新型農村合作醫療的性質是「互助共濟」，即自願參加合作醫療的農民，必須每年繳納一定的費用。繳納標準可以根據當地經濟發展水準而定。國務院規定，參加合作醫療的農民個人繳費數額，原則上每人每年不低於 10 元，經濟發達地區可以在農民自願的基礎上，根據農民收入水準及實際需要相應提高繳費標準。

②資金籌集。新型農村合作醫療的籌資原則是農民自願參加，集體和政府多方籌資，即在農民自願參加的基礎上，首先是農民繳納部分，按照相關規定，收繳入庫，進入縣（市）新型農村合作醫療專用帳戶，然後縣（市）財政按照實際參加人數，將配套資金撥付到位。根據縣（市）統計報表、縣級撥款通知書複印件和縣合作醫療進帳憑據複印件，財政按照實際參加人數，撥付市級財政應配套的資金。市級財政根據各試點縣（市）資金到位情況，統一報省級財政，申請省級財政及中央財政的補助資金。

（3）基金組成。新農合基金分為三個部分，即風險基金、住院統籌基金和門診家庭帳戶基金（簡稱家庭帳戶），新農合基金不再單獨設立其他基金。

①風險基金。風險基金是從新農合總基金中提取和新農合基金結餘中劃轉的用於彌補新農合基金非正常超支的專項儲備資金。風險基金由各縣（市、區）每年從籌集的新農合基金總額中按3%的比例提取，基金結餘較多的各縣（市、區）也可以按結餘資金的50%劃入風險基金。風險基金的規模應保持在年籌資總額的10%，達到規定的規模後，不再繼續提取。

②住院統籌基金。住院統籌基金是指用於參加新農合（以下簡稱參合）農民住院醫療費用、門診大病（慢性病）醫療費用和孕產婦住院分娩的補償。中央及地方財政對參合農民的補助資金全部納入住院統籌基金，農民參合自繳經費不低於30%的部分納入住院統籌基金。住院統籌基金用於對參合農民住院可報費用達到起付線標準的補償、各縣（縣、區）規定的門診大病（慢性病）的補償以及住院分娩的定額補償。

③家庭帳戶基金。農民參合自繳經費納入統籌基金後剩餘部分為參合農民本人的家庭帳戶，中央及地方政府對參合農民的補助資金不得納入家庭帳戶。家庭帳戶由家庭成員共同使用，也可用於住院醫藥費用的自付部分和健康體檢，家庭帳戶內的金額可一次性用完，當年結餘部分可轉入下一年度使用，但不得用於沖抵下一年度參加新農合繳費資金。

（4）報銷範圍。參合農民，無論門診或住院，實際發生的醫療費用只要符合合作醫療相關規定，均可獲得一定比例的補償。

①門診補償。參合農民在定點醫療機構門診就醫，其醫藥費用，可按縣（市）制定的門診補償辦法及補償程序，獲得補償，但在非定點醫療機構就醫的不予補償。

②住院補償。參合農民因病需住院治療，必須在合作醫療定點醫療機構住院，其補償方式及補償比例，需按縣（市）制定的實施細則（方案）要求進行補償。

參合農民在定點醫療機構住院治療發生的醫療費用，首先扣除起付標準規定的數額，再扣除超出基本用藥目錄範圍的藥品費和有關特殊檢查費後，按比例補償。起付標準按不同級別的醫療機構確定。越是基層醫療機構，起付標準越低；越是上級醫療機構，起付標準越高。

確定起付標準是按一級醫院（鄉鎮衛生院）、二級醫院（縣市級醫院及部分州級醫院）、三級醫院和省級及以上醫院四個等級劃分的。

參合農民在定點醫療機構住院發生醫療費用，減去起付標準的金額，再減去應當自付的部分金額，就是計算補償的範圍。以此為基數，按補償比例計算出應當補償參合人的具體數額。

具體補償比例也是按照一級醫院、二級醫院、三級醫院和省級及以上醫院級別確定的，具體比例分別為60%、50%、30%、20%。個別縣（市）在制訂實施細則（方案）時，適當提高了基層定點醫療機構的補償比例，屬正常情況。

③大病補償。凡參加合作醫療的住院病人一次性或全年累計應報醫療費超過5,000元以上分段補償，即5,001~10,000元補償65%，10,001~18,000元補償70%。鎮級合作醫療住院及尿毒症門診血透、腫瘤門診放療和化療補償年限額為1.1萬元/年。

（5）報銷標準。原則上規定，參合農民每人每年補償標準最高不超過6,000元。參合農民因患大病，當年醫療費數額特大的實行二次補償。二次補償最高限額不超過6,000元，即參合農民當年因患大病住院治療，當年可享受最高12,000元的補償。少數縣（市）制訂的實施細則（方案）略高於此標準。

2011年，新農合政策範圍內的住院費用和報銷比例由60%提高到了70%，最高的支付限額已經從3萬元提高到不低於5萬元。同時，各地普遍開展新農合的門診統籌，農民門診就醫也可以按照比例來報銷。這個報銷比例是根據醫院等級來的，而不是按照市級或縣級來的。另外，各地根據當地經濟水準不同，報銷比例也會有5%的差異。

門診報銷比例上調至30%，住院報銷比例一級醫院不低於75%、二級醫院不低於55%、三級醫院不低於45%，政策範圍內住院實際補償比達到70%，最高封頂線10萬元，達到農民年人均純收入10倍以上。基本藥物、中藥飲片（包括院內中藥制劑）及中醫針灸、推拿、拔罐、刮痧等中醫適宜技術報銷比例提高10%。

2010年6月，衛生部會同民政部啓動農村居民重大疾病醫療保障工作，由農村兒童先心病和急性白血病開始，逐步擴大到20種疾病。新農合在限定費用基礎上，將重大疾病的報銷比例提高到70%，對於符合條件的救助對象醫療救助再補償20%。

2012年，根據醫改要求，各地將以省（市）為單位全面推開兒童白血病、先心病、終末期腎病、乳腺癌、宮頸癌、重性精神疾病、耐藥肺結核、愛滋病機會性感染等8類重大疾病保障工作，並在1/3左右的統籌地區，將血友病、慢性粒細胞白血病、唇腭裂、肺癌、食道癌、胃癌、Ⅰ型糖尿病、甲亢、急性心肌梗死、腦梗死、結腸癌、直腸癌等12類疾病納入農村居民重大疾病保障試點範圍。

本章小結

1. 保險（Insurance）是用來規劃人生財務的一種工具，是市場經濟條件下風險管理的基本手段，是金融體系和社會保障體系的重要的支柱。

2. 保險公司收取保費，將保費所得資本投資於債券、股票、貸款等資產，運用這些資產所得收入支付保單確定的保險賠償。

3. 商業保險關係是由當事人自願締結的合同關係，投保人根據合同約定，向保險公司支付保險費，保險公司根據合同約定的可能發生的事故因其發生所造成的財產損失承擔賠償保險金責任，或者當被保險人死亡、傷殘、疾病或達到約定的年齡、期限時承擔給付保險金責任。

4. 人身保險的基本內容是：投保人與保險人通過訂立保險合同明確各自的權利和義務，投保人向保險人繳納一定數量的保費；在保險的有效期內，當被保險人發生死亡、殘疾、疾病等保險事故或被保險人生存到保險期滿時，保險人向被保險人或其受益人給付約定數量的保險金。

5. 人身保險的功能：解除個人和家庭對人身風險的憂慮，具有一定的儲蓄和投資功能，保單所有人或受益人可以享受稅收優惠，分擔企業對雇員的人身風險責任，增加員工福利，提高企業對人才的吸引力，有助於促進社會穩定，有助於解決社會老齡化問題，是金融市場重要的資金來源。

6. 財產保險是以財產及其相關利益和損害賠償責任為保險標的，以自然災害、意外事故為保險責任，以補償被保險人的經濟損失為基本目的的保險。

7. 責任保險應滿足以下條件：一是被保險人對第三者依法負有賠償責任，二是受害的第三者必須向被保險人請求賠償，三是賠償責任必須在保險人承保的責任範圍之內。

8. 社會保險是國家以法律形式規定的強制保險，由政府、單位和個人三方共同籌資，旨在保證勞動者在遭遇年老、疾病、工傷、生育、失業等風險時，暫時或永久喪失勞動能力而失去收入來源時，能夠得到國家或社會的物質幫助，以保障其基本生活需求。

9. 基本養老保險制度的覆蓋範圍：城鎮各類企業職工、個體工商戶和靈活就業人員都要參加企業職工基本養老保險。隨著中國養老保障體系的不斷改革和完善，到2020年，所有老年居民均能享受到基本的生活保障，以實現所有居民「老有所養」。

10. 中國醫療保險的組成由三部分組成：城鎮職工醫療保險、城鎮居民醫療保險、新型農村合作醫療。

關鍵概念

1. 保險 2. 商業保險 3. 人身保險 4. 財產保險 5. 社會保險
6. 養老保險 7. 醫療保險

思考題

1. 某家銀行投保火險附加盜竊險，在投保單上寫明 24 小時有警衛值班，保險公司予以承保並以此作為減費的條件。後銀行被竊，經調查某日 24 小時內有半小時警衛不在崗。請問：保險公司是否承擔賠償責任？

2. 李某 2017 年 12 月 23 日向某保險公司投保了保險期間為 1 年的家庭財產保險，其保險金額為 20 萬元。2018 年 2 月 26 日，李某家因意外發生火災。火災發生時，李某的家庭財產實際價值為 30 萬元。請問：若按第一危險賠償方式，財產損失 15 萬元時，保險公司應賠償多少？為什麼？家庭財產損失 25 萬元時，保險公司又應賠償多少？為什麼？

3. 李某在游泳池內被從高處跳水的王某撞昏，溺死於水池底。由於李某生前投保了一份健康保險，保額為 5 萬元，而游泳館也為每位遊客投保了一份意外傷害保險，保額為 2 萬元。事後，王某承擔民事損害賠償責任 10 萬元。請問：因未指定受益人，李某的家人能領取多少保險金？對王某的 10 萬元賠款應如何處理？請說明理由。

4. 某人在行走時因心臟病突然發作跌倒死亡，他生前投保了意外傷害險 1 萬元，單位為他投保了團體人身險（既保意外，也保疾病）3,000 元。請問：其受益人可獲得多少保險金？

練習題

一、單項選擇題

1. 保險是指投保人根據合同的約定，向保險人支付保險費，保險人對於合同的約定的事項承擔（　　）保險金責任的商業保險行為。

　　A. 賠償和給付　　B. 賠償和分攤　　C. 分攤和分散　　D. 分散和給付

2. 保險在一定條件下，分擔了個別單位和個人所不能承擔的風險，從而形成了一種

經濟關係。這一特徵所體現的保險特性是（　　）。

  A. 商品性　　　B. 互助性　　　C. 契約性　　　D. 經濟性

3. 設立保險公司應當經（　　）批准。

  A. 國務院

  B. 國務院保險監督管理機構

  C. 國務院保險監督管理機構和人民銀行共同

  D. 國務院保險監督管理機構、人民銀行和財政部共同

4. 基於投保人的利益，為投保人和保險人訂立保險合同提供仲介服務，並依法收取佣金的單位是（　　）。

  A. 保險代理人　　B. 保險經紀人　　C. 保險公估人　　D. 保險律師

5. 國家或政府通過立法形式，採取強制手段對勞動者因遭遇年老、疾病、生育、傷殘、失業和死亡等社會特定風險失去生活來源時提供經濟保障的一種制度是（　　）。

  A. 人身保險　　B. 強制保險　　C. 社會保險　　D. 社會救濟

6. 人壽保險是以人的壽命為保險標的，是以（　　）為保險事件的一種人身保險。

  A. 人的生存　　B. 人的健康　　C. 人的死亡　　D. 人的生存或死亡

7. 按（　　）分類，可以將人身保險分為人壽保險、意外傷害保險和健康保險。

  A. 風險程度　　B. 投保方式　　C. 實施形式　　D. 保障範圍

8. 通常情況下，投保團體的規模越大，則保險公司可以給予的折扣率（　　）。

  A. 越高　　　B. 越低　　　C. 一樣　　　D. 與投保規模無關

9. 承保雇主對雇員在受雇期間，因發生意外事故或職業病而造成的傷殘、疾病或死亡，依法應承擔的經濟賠償責任的保險是（　　）。

  A. 職業責任保險　　　　　　B. 公眾責任保險

  C. 雇主責任保險　　　　　　D. 雇員忠誠保證保險

10. 受保險人或被保險人的委託，以第三者的身分對保險標的、保險事故等進行鑒定、勘察、評估的機構是（　　）。

  A. 保險監督管理機構　　　　B. 保險代理人

  C. 保險經紀人　　　　　　　D. 保險公證人

11. 人身意外傷害保險屬於（　　）保險。

  A. 補償性　　B. 短期性　　C. 儲蓄性　　D. 分紅性

12. （　　）是指以一張總的保險單為某一團體單位的所有成員，或者其中的大多數員工提供保險保障的保險。

  A. 個人保險　　B. 團體保險　　C. 健康保險　　D. 意外保險

13. 保險人承保從事各種專業技術工作的單位或個人在履行自己的職責過程中，因疏忽或過失行為而對他人造成的損失或傷害產生的經濟賠償責任，稱為（　　）。

A. 產品責任保險　　B. 雇主責任保險　　C. 公眾責任保險　　D. 職業責任保險

14. 國內工程保險的主要險種分為建築工程保險、安裝工程保險和（　　）。
　　A. 機器損壞保險　　B. 企業財產保險　　C. 家庭財產保險　　D. 間接損失保險

15. 財產面臨的最基本和最主要的風險是（　　）。
　　A. 地震　　　　　　B. 洪水　　　　　　C. 爆炸　　　　　　D. 火災

16. 產品責任保險在確定損害賠償時，要求產品事故必須發生在（　　）。
　　A. 用戶家中
　　B. 製造或銷售場所以內的地方
　　C. 製造或銷售場所以外的地方
　　D. 任何地方

17. 責任保險中最早興起並最早實行強制保險的險種是（　　）。
　　A. 產品責任保險　　B. 職業責任保險　　C. 公眾責任保險　　D. 雇主責任保險

18. 社會保障制度旨在滿足人們（　　）水準的生活需要。
　　A. 小康生活需要　　　　　　　　B. 基本生活需要
　　C. 富裕生活需要　　　　　　　　D. 現代化生活需要

19. 職工應當按照國家規定的（　　）的比例繳納基本養老保險費，記入個人帳戶。
　　A. 單位平均工資　　　　　　　　B. 社會平均工資
　　C. 用工地最低工資　　　　　　　D. 本人工資

20. 參加基本養老保險的個人，達到法定退休年齡時累計繳費滿（　　）年的，按月領取基本養老金。
　　A. 5　　　　　　　　B. 10　　　　　　　　C. 15　　　　　　　　D. 20

21. 下列不屬於社會醫療保險基本屬性的是（　　）。
　　A. 公益性　　　　　B. 福利性　　　　　C. 保障性　　　　　D. 盈利性

二、多項選擇題

1. 下列關於團體保險特徵的描述正確的是（　　）。
　　A. 團體保險合同設計可以享受的靈活性的程度與團體規模有關
　　B. 在團體保險定價過程中，如果團體的人數超過一定人數，則可以使用經驗費率
　　C. 因為只有身體好的團體成員才可以參加團體保險，因此團體保險的核保成本較低
　　D. 團體保險不僅限制團體最低規模，還對應參保比例有所限制

2. 在傳統上，按保險利益類型劃分，人壽保險可歸納為（　　）。
　　A. 定期壽險　　　　B. 終身壽險　　　　C. 生死兩全保險　　D. 萬能壽險

3. 下列事項中屬於不可保意外傷害的有（　　）。
　　A. 被保險人在犯罪活動中所受的意外傷害
　　B. 被保險人在醉酒後發生的意外傷害
　　C. 核輻射造成的意外傷害

D. 因被保險人的自殺行為造成的傷害
4. 關於保險經紀人的說法不正確的是（　　）。
A. 保險經紀具有獨立代理人的某些特徵
B. 是以投保人的名義進行的仲介行為
C. 是基於投保人利益的仲介行為，其佣金由投保人支付
D. 因過錯，給投保人、被保險人造成的損失由保險人承擔法律後果
5. 根據給付保險金條件的不同，人壽保險可以分為（　　）。
A. 定期壽險　　B. 死亡保險　　C. 生存保險　　D. 兩全保險
6. 養老保險方面，中國經歷（　　）三個階段。
A. 社會保險　　　　　　　　B. 統帳結合
C. 自籌　　　　　　　　　　D. 統一企業職工基本養老保險制度
7. 國家建立的基本社會保險制度中包括（　　）等險種。
A. 養老保險　　B. 意外傷害保險　　C. 失業保險　　D. 醫療保險
8. 城鎮居民基本醫療保險實行個人繳費和政府補貼相結合，但（　　）等所需個人繳費部分，由政府給予補貼。
A. 享受最低生活保障的人
B. 喪失勞動能力的殘疾人
C. 低收入家庭60週歲以上的老年人和未成年人
D. 失業人員

三、簡答題

1. 人身保險的功能是什麼？
2. 構成財產保險的風險責任須符合哪些基本條件？
3. 試比較財產保險與人壽保險。
4. 商業保險與社會保險的區別是什麼？
5. 保險的意義與功能是什麼？

（練習題參考答案）

第七章　巧妙使用外匯

學習目標

知識目標
1. 掌握外匯的概念
2. 掌握匯率標價的三種方法
3. 熟悉世界主要貨幣名稱及符號
4. 熟悉不同種類的匯率，並能熟練進行匯率套算
5. 瞭解外匯市場的概念與構成
6. 熟悉外匯市場的類型、特點和功能

能力目標
1. 能從動態和靜態兩個角度理解外匯的含義
2. 能理解外匯在國家經濟發展中的作用
3. 能識別世界主要貨幣名稱及符號
4. 能區分匯率的三種標價方法，並能根據交易需要計算應支付的本國貨幣
5. 能熟練進行匯率套算
6. 能理解外匯市場的主要參與者及其不同類型
7. 能區分不同外匯市場

素養目標
1. 通過外匯的學習，形成金融全球化的思維和觀念
2. 通過匯率和外匯市場的學習，樹立匯率波動及外匯市場的風險意識

引導案例

[案例 7-1] 外幣不等於外匯[①]

近年來,騙子利用面值較小的外幣或無使用價值的外幣作案時有發生。犯罪分子抓住一般群眾「崇尚洋幣」的心理,以低值外幣(如越南幣、秘魯幣)冒充高值外幣(如美元、歐元、英鎊),誘騙群眾用人民幣進行兌換。

2015 年,《大河報》以《詐騙團伙持外幣騙 20 多萬,外幣面額不值一毛錢》為題報導了一則警方偵破的案例:一個詐騙團伙用不值 1 角人民幣的 50 印蒂(秘魯舊貨幣,1991 年發行新貨幣後已停止使用,目前無貨幣價值,僅有「收藏」價值)在豫、皖、魯、蘇四省行騙,並屢屢得手。

《揭穿「外幣」詐騙各種伎倆》一文中分享了另外的案例:2011 年 7 月 14 日,河南某縣一名劉姓青年找到當地人民銀行貨幣金銀股,要求將自己的「2,000 美元」兌換成人民幣。經技術人員鑒定,該「美元」為目前在中國尚不能兌換的低值越南盾。經查問得知,劉某 7 月 13 日晚從外地打工回來,剛下車便有兩名打扮時髦的中年人迎上前來,表情十分焦急,二人自稱是南方某外資企業的業務員,不慎將公文包丟失,身上只有 2,000 美元,現在急等趕回,又恰逢銀行下班,不能兌換,願以 100 美元兌換 200 元人民幣。劉某心想,美元在當地銀行都可以兌換,而且兌換值遠遠超出他們要求兌換的數目。於是經過一番討價還價,劉某便將一年來打工掙回的 4,000 元錢換回所謂的「2,000 美元」。劉某求財心切,事後方知上當,後悔晚矣。

外幣不能同外匯畫等號。有的外幣因為不具備可兌換性、可償付性和國際性,不是外匯的組成部分,價值也極低。當今世界上共有 170 餘種貨幣,按照中國外匯管理規定,中國銀行只收兌其中的 20 多種。這 20 多種外幣中,中國只辦理美元、日元、歐元、英鎊等貨幣的現鈔兌換和匯戶存款。越南盾不屬於可兌換貨幣,在中國境內既不能兌換任何一種貨幣,也不能用於消費,只是一張廢紙而已。類似上述詐騙活動,一方面會擾亂金融市場,另一方面會給受害者帶來錢財損失。因此,外幣兌換應在指定的銀行辦理,同時應認真學習和掌握外匯的專業知識,避免上當受騙。

[①] 段偉平. 揭穿「外幣」詐騙各種伎倆 [J]. 金融經濟,2011(4):62-67.

[案例7-2] 人民幣成為自由使用的貨幣[①]

2015年12月1日，國際貨幣基金宣布，人民幣納入SDR貨幣籃子，2016年10月1日正式生效，成為可以自由使用的貨幣。

國際貨幣基金組織（IMF）總裁拉加德於2015年9月30日宣布：納入人民幣的特別提款權（SDR）新貨幣籃子於10月1日正式生效。這標誌著人民幣將以全球儲備貨幣的角色開啓新的徵程，凸顯了中國在全球經濟和國際金融體系中的重要性，對中國和國際貨幣體系來說都具有歷史性的里程碑意義。這是SDR歷史上首次擴大貨幣籃子，也是自1999年歐元取代德國馬克和法國法郎以來首次有新貨幣加入籃子，人民幣「入籃」讓SDR的構成更全面地反應當今世界貨幣和全球經濟。

SDR是IMF於1969年創設的一種國際儲備資產，用以彌補成員方官方儲備不足，其價值最初由黃金和美元來確定，布雷頓森林體系崩潰後，改為一籃子貨幣。人民幣加入後，新的貨幣籃子包含美元、歐元、人民幣、日元和英鎊，權重分別為41.73%、30.93%、10.92%、8.33%和8.09%。

人民幣從此躋身國際權威機構認可的國際儲備貨幣和「可自由使用貨幣」俱樂部，這是中國與世界的雙贏，最終會給百姓帶來好處

加入SDR可以增強國際市場對人民幣的信心，擴大人民幣使用，減少中國企業從事外貿、跨境投資時面臨的匯率風險。人民幣「入籃」後將逐步成為國際結算貨幣，自由兌換程度逐步提高，中國資本市場將逐步雙向開放。這些不僅使得居民海外購物、投資可以逐步實現用人民幣結算，而且可以幫助有需要的居民合理配置海外資產，形成資產多元化配置。

第一節　認識外匯

據統計，目前世界上有200多個國家和地區，其中分佈在亞洲的國家和地區就有40多個，這些國家和地區中，絕大多數都有自己的貨幣。據悉，世界流通貨幣共有170餘種，各國或地區在各自的管轄範圍內使用貨幣，完成商品交換和支付等經濟活動。

在世界經濟一體化程度日益加深的今天，貨幣的使用已不再局限於一國之內，而是隨著商品在世界範圍內的交換而在各國間不斷流通。隨著經濟全球化的發展，在全球範圍內進行的政治、經濟、文化往來的全球性經濟活動中，一國的主權貨幣（本幣）未必有跨國

[①] 人民幣納入SDR貨幣籃子正式生效 給百姓帶來啥好處？[EB/OL].（2016-10-02）[2018-07-25]. http://news.cnhubei.com/xw/jj/201610/t3710355.shtml.

自由流通的特性，也就未必能順利地完成上述領域的支付結算。

在國際經濟問題中，常常會涉及交易採用何種貨幣進行支付、本國貨幣和外國貨幣之間按何種比例進行兌換等問題，即外匯和匯率問題。對這些問題的研究，是我們理解和掌握相關國際金融問題最重要的起點之一。

一、外匯的概念

外匯（Foreign Exchange）的概念可以從動態和靜態兩個方面來分析。

（一）動態的外匯

動態外匯是指國際匯兌，即把一個國家的貨幣兌換為另一個國家的貨幣，借以清償國際間的債權債務關係的金融活動。這種國際匯兌過程同國內匯兌道理相似，也是借助仲介機構（通常指銀行）來辦理兩國之間債權債務的清結，避免現金的運送。

世界上的貨幣收付活動並非僅限於在一國境內進行，國際貿易結算業務、國際間的資金借貸以及因此而發生的本息收付業務、國內總部與國外分支機構之間的匯款業務等都需要與境外進行貨幣的交往。這種跨越國境的貨幣交往就叫外匯。

外匯交易的最基本特徵是在某個交易場所進行不同貨幣的「交換」。它與在一國國內收付款截然不同，金融術語將其表述為「以某種貨幣表示的債權同其他貨幣表示的債權的交換」，或者稱其為國際匯兌。

（二）靜態的外匯

如果從「國際匯兌」的角度看，外匯是一種動態的經營過程，但絕大多數人習慣將外匯視為一種具體的、靜態的事物，即僅僅將外匯作為一種國際上清償債權債務的支付手段或工具的統稱。靜態意義的外匯又可在廣義和狹義兩個層次上使用。

1. 狹義外匯

人們日常生活中所說的外匯多指靜態意義上的狹義外匯，是指以外幣表示的用於國際結算的支付手段，包括以外幣表示的匯票、支票、本票、銀行存款憑證和郵政儲蓄憑證等，此概念常在國際商務中使用。

一種外國貨幣要成為外匯，必須同時具有以下特徵：

第一，自由兌換性。外匯必須是可以自由兌換為其他支付手段的外幣資產。如果某種資產在國際間的自由兌換受到限制，則其不是外匯。

第二，可償付性。外匯必須是在國外能夠得到補償的債權，空頭支票和遭到拒付的匯票不能視為外匯。

第三，國際性。任何以本國貨幣表示的信用工具、支付手段、有價證券等對本國人來說都不是外匯。例如，美元資產是國際支付中最為常用的一種外匯資產，但它是針對美國以外的其他國家而言的。

由狹義外匯的定義可知，不能把外匯簡單地理解為外國貨幣，也不能把外國貨幣統統

理解為外匯。只有在國外銀行的存款以及索取這些存款的外幣票據和外幣憑證（如匯票、支票、本票和電匯憑證）等才是外匯。

2. 廣義外匯

廣義外匯泛指一切以外幣表示的金融資產。

國際貨幣基金組織（IMF）對外匯的解釋為：外匯是貨幣行政當局（中央銀行、貨幣管理機構、外匯平準基金組織以及財政部等）以銀行存款、國庫券、長短期政府證券等形式保有的在國際收支逆差時可以使用的債權，而不論其是以債務國貨幣還是以債權國貨幣表示。

中國於 1996 年公布、2008 年修訂通過的《中華人民共和國外匯管理條例》對外匯做了明確規定。外匯是指下列以外幣表示的可以用作國際清償的支付手段和資產：外國貨幣，包括紙幣、鑄幣；外幣支付憑證或支付工具，包括票據、銀行存款憑證、銀行卡等；外幣有價證券，包括債券、股票等；特別提款權；其他外匯資產。

二、外匯的作用

國際經濟的發展和各國貨幣制度的差異引致的世界範圍內統一貨幣的缺乏，客觀上要求產生外匯。反過來，外匯產生後，又成為推動國際經貿關係向縱深發展的重要條件。外匯在國際經濟、政治、文化往來中發揮著重要的橋樑紐帶作用，具體表現在以下幾個方面：

（一）促進國際間的經濟、貿易的發展，方便國際結算

外匯作為國際結算的計價手段和支付工具，能夠轉移國際間的購買力，使國與國之間的貨幣流通成為可能，方便國際結算。在世界經濟交往中，如果沒有自由外匯，那麼所有的交易不得不用黃金來充當「世界貨幣」進行支付結算，這種黃金結算將帶來大量的運費和造成支付結算時間的長期延遲，由此產生的成本和風險都是巨大的。用外匯清償國際間的債權債務，不僅能節省運送現金的費用，降低風險，縮短支付時間，加速資金週轉，而且更重要的是運用這種信用工具，可以擴大國際間的信用交往，拓寬融資渠道，促進國際經貿的發展，同時維持本國匯率的穩定，促進經濟發展與增長。

（二）有利於調劑國際間資金餘缺

世界經濟發展不平衡導致了資金配置不平衡。在一定時點上，總是有的國家資金相對過剩，有的國家資金嚴重短缺，這在客觀上存在著調劑資金餘缺的必要。外匯充當國際間的支付手段，通過國際信貸和投資途徑，可以調劑資金餘缺，促進各國經濟的均衡發展。同時，隨著跨國資金調劑的發展，國際金融市場也日益繁榮，世界經濟的發展也實現了時間上的飛躍。

（三）豐富儲備資產的形式

一國需要一定的國際儲備，以應付各種國際支付的需要。在黃金充當國際支付手段時

期，各國的國際儲備主要是黃金。隨著黃金的非貨幣化，外匯產生後，由於其在交易中使用的便利性，日益成為世界各國國際儲備的重要組成部分，也是清償國際債務的主要支付手段。外匯跟國家黃金儲備一樣，作為國家儲備資產，國際收支發生逆差時可以用來清償債務。

外匯在充當國際儲備手段時，不像黃金那樣必須存放在金庫中成為一種不能帶來收益的暫時閒置資產，它廣泛地以銀行存款和安全性好、流動性強的有價證券為存在形式，給持有國帶來收益。

三、主要外國貨幣概覽

目前，在全世界170多種可流通貨幣中，大約有30種貨幣屬於交易活躍的。按照中國外匯管理的規定，中國銀行只收兌其中的20多種外幣。這20多種外幣中，中國只辦理美元、日元、歐元、英鎊等貨幣的現鈔兌換和匯戶存款。此外，中國還可以辦理加拿大元、瑞士法郎等幣種的匯戶存款。

在國際外匯市場上作為外匯交易的主要品種有美元、歐元、日元、英鎊、港幣等少數貨幣，它們是構成各國儲備資產中的外匯資產的主體，在國際外匯市場上有自己習慣的交易符號和國際標準的交易代碼（具體如表7-1所示）。中國的人民幣雖然目前並不是國際外匯市場上的活躍交易品種，但也有自己的慣用符號，即「RMB￥」，國際標準符號為「CNY」。

（一）世界主要貨幣名稱及符號

常見的自由兌換貨幣名稱及標準代碼如表7-1所示。

表7-1 　　　　　　　常見自由兌換貨幣名稱及標準代碼[①]

國際標準貨幣符號	貨幣名稱	漢譯	習慣寫法
USD	US Dollar	美元	$/US $
EUR	EURO	歐元	€
GBP	Pound Sterling	英鎊	£
JPY	YEN	日元	JP￥
CHF	Swiss France	瑞士法郎	SF
SEK	Swedish Krona	瑞典克朗	SKr
NOK	Norwegian Krone	挪威克朗	NKr
CAD	Canadian Dollar	加拿大元	Can $

---

① 由於外匯買賣是一項國際性的交易行為，因此貨幣的名稱必須統一，為方便電子化運作，各種貨幣的簡稱便有了國際標準，以免不同的地方出現不同的簡稱而產生混亂。國際標準貨幣簡稱是三個英文字母縮寫，為首的兩個字母是國際標準化組織（ISO）制定的貨幣發行國家和地區的代號。

表7-1(續)

國際標準貨幣符號	貨幣名稱	漢譯	習慣寫法
AUD	Australia Dollar	澳大利亞元	A $
SGD	Singapore Dollar	新加坡元	S $
HKD	Hong kong Dollar	香港元	HK $
MOP	Pataca	澳門元	P/Pat
MYR	Malaysian Ringgit	馬來西亞林吉特	M $
THB	Thai Baht	泰國銖	B
KRW	Korea Won	韓國元	W
SDR	Special Drawing Right	特別提款權	SDRs

(二)主要外國貨幣介紹

1. 美元

美元是美國官方貨幣，發行權由美國聯邦儲備體系控制。2001年後，受美國經濟增長放緩的影響，美國財政收入減少，美元也大幅貶值，美國政府出現嚴重的財政赤字，美國政府不得不向外國發行美國國債來增加政府的收入。此外，2008年金融危機以來，作為全球主要結算貨幣的美元再次遭受信任危機。美元貶值導致全球性通貨膨脹的壓力增大，並且導致美元儲備國持有的外匯資產財富縮水。

2. 日元

日本是世界經濟強國，但由於第二次世界大戰時大量印製鈔票，使物價飛漲，日元貶值驚人，令日元貨幣單位很小。20世紀50年代後日本工業發展一日千里，加上日本國際收支常年出現盈餘，美國與西歐諸國為求減輕貿易差額，向日本施加壓力，要求日元升值，而日本則採取長期慢步升值政策。由於日本是多種科技產品的出口地，其國際收支盈餘還是有增無減。美國等國採取進出口政策來改善對日貿易逆差。

3. 英鎊

英鎊曾經在外匯市場中佔有一定地位，英國因多年經濟衰退，失業人數日漸增多，因此以高息來吸引外國資金。結果在1992年9月11日，英國中央銀行宣布退出歐洲匯率機制（ERM），實行單獨浮動，並減息2.5%（由15%減至12.5%），隨後再減2.5%（由12.5%減至10%），最終減至6.75%，令英鎊由1英鎊兌2.01美元跌至1.3美元。

4. 瑞士法郎

瑞士法郎是瑞士和列支敦士登的貨幣。瑞士本身是中立國家，加上本國通貨膨脹率低，黃金儲備多，當世界政治、金融出現不穩定，瑞士法郎便成為資金的避難所。在投資界中有句話叫「不安定，有繁榮」。由於瑞士發展穩定，本身匯率變化須取決於熱錢進出

情況及美元方向，週期較為明顯，因此瑞士法郎被認為是「短線投資之皇」。

5. 歐元

歐元於 1999 年 1 月正式在外匯市場進行買賣，而貨幣則在 2002 年 1 月正式流通。歐元現在大多數歐盟成員國中使用，這些成員國包括德國、法國、義大利、荷蘭、西班牙、葡萄牙、比利時、愛爾蘭、芬蘭、奧地利、盧森堡、希臘立陶宛、拉脫維亞、愛沙尼亞、斯洛伐克、斯洛文尼亞、馬耳他、塞浦路斯。

6. 澳大利亞元

澳大利亞屬於南半球國家，在 20 世紀 80 年代初期，由於澳大利亞經濟發展緩慢，因此用高息來吸引投資者。到 20 世紀 90 年代，高息政策推行約十年後，澳大利亞的經濟發展具備一定的基礎後，高息政策開始逐步降低，澳大利亞元從 1992 年的 1 澳大利亞元兌 0.82 美元一直跌至 1 澳大利亞元兌 0.47 美元的歷史低位。

[案例 7-3] 現鈔和現匯的不同

現鈔指外幣現金或以外幣現金存入銀行的款項，主要指的是由境外攜入或個人持有的可自由兌換的外國貨幣，簡單地說就是指個人持有的外國鈔票，包括紙幣和鑄幣，如美元、日元、英鎊等。現鈔是具體的，實實在在的外國紙幣和硬幣。

現匯是帳面上的外匯，是以外幣表示的可以用作國際清償的支付手段，指由國外匯入或由境外攜入、寄入的外幣票據和憑證，通過轉帳的形式，入到個人在銀行的帳戶中。在我們日常生活中能夠經常接觸到的主要有境外匯款和旅行支票等。

在外匯指定銀行公布的外匯牌價中，買入價要做現匯和現鈔的區別，通常現鈔買入價小於現匯買入價，而賣出價兩者相同。因為當客戶要把一定金額範圍內的現鈔轉移出境時，既可以攜帶，也可以匯出。但當客戶採取「匯出」時，由於現鈔具有實物形態，銀行必須從客戶手中收取外幣現鈔清點、打捆、運送至貨幣發行地等過程所支付的必要費用，具體包括現鈔管理費、運輸費、保險費、包裝費等。俗話說「羊毛出在羊身上」，這些費用由客戶承擔。此外，現鈔需要累積到足夠數量，銀行才能把這些外幣現鈔運送到國外並存入國外銀行，這些做完之後才能獲得外匯存款利息。

而現匯作為帳面上的外匯，它的轉移出境只需進行帳面上的劃撥就可以了。因此，銀行購入客戶的現匯時，支付的本幣數量較多，銀行買入客戶現鈔使用的現鈔買入價在直接標價法下要低於現匯買入價。外匯戶與外鈔戶本息支取同種貨幣現鈔時，均按 1：1 支取；而外鈔戶轉為外匯戶時銀行要收取一定比例的手續費。在銀行賣出外匯給客戶的時候，不論客戶支取現鈔還是以現匯的形式存入外匯帳戶中，均按照比較高的價格收取客戶的本幣，因此並沒有區分現鈔和現匯，只報出統一的賣出價。

此外，在外匯買賣交易中，一般買賣的是現匯，即外匯存款帳戶中的「頭寸」。特別是外匯實盤交易中，報出的都是現匯的價格。

[案例 7-4] 日元作為避險貨幣之謎[1]

近期，在金融市場波動之際，不時看到財經媒體指日元成為避險貨幣，這當然是指日元匯率（無論是兌美元還是歐元）在全球經濟和市場出現不安情緒時的升值情況。事實上，日元作為避險貨幣並非只是近況，而是多年以來的一個慣常現象。這似乎與日本經濟長期低迷、「雙赤」問題嚴重、日本央行零利率和超級量化寬鬆的情況相矛盾。事實上，日元作為避險貨幣並非只是近況，而是多年以來的慣常現象。這主要是因為日本仍是可觀的經常帳戶盈餘國和全球最大的債權國。因此，每當全球非日本的風險提升時，日元就會成為避險貨幣。

日本是全球最早實施零利率的經濟體，在全球風險不高的時期，日元會是流行的套息交易貨幣，但外部風險提升，也往往是日元套息交易平倉，資金返還的時期。另外，日本如果發生重大自然災害，日資保險公司往往會出售海外資產，把資金調回以應付索賠。這兩種行為在匯市投資者當中已經形成共識，類似事件一出，可能未必需要真的有套息交易平倉或資金掉返，就可以把日元炒高，形成自我實現的預言。

第二節　理解匯率

匯率看不見，也摸不著，但是匯率不僅可以影響個人的生活，還可以影響公司，尤其是跨國公司的發展，甚至影響世界各國的經濟。一直以來，世界各主要經濟體都在共同合作、博弈，尋找一條通往公平與穩定的匯率之路。直到今天，人們的探索仍未停止。

一、匯率的概念和作用

（一）匯率的概念

外匯匯率（Foreign Exchange Rate）又稱匯價、外匯行市，是指兩種貨幣的折算比例，是用一國貨幣表示的另一國貨幣的數量或價格。

匯率作為一種交換或兌換比例，實質上反應的是不同國家貨幣價值的對比關係。[2]

（二）匯率的作用

匯率作為外匯的價格，其作用主要表現在以下幾個方面：

第一，匯率是外匯買賣的必不可少的折算標準，缺少了匯率，外匯交易無從談起。

第二，匯率架起了聯繫國內外貨幣價格的橋樑。有了匯率，人們可以輕而易舉地將國

---

[1] 戴道華．日元作為避險貨幣之謎［J］．金融博覽，2016（4）：56-57.
[2] 美國國際經濟學家英格拉姆對匯率做了如下比喻：「人們對於外國貨幣似乎像對外國語言一樣陌生，一部字典能將外語譯成本國語言，而匯率則能將外幣表示的商品價格換算成本國貨幣表示的價格。」

內商品、勞務的本幣價格轉化為外幣價格,反之亦然。其實,追溯匯率產生和發展的歷史,我們可以清楚地發現,匯率正是早期地中海沿岸的商人們為了便利海上跨國貿易而發明的不同主權國家之間貨幣兌換的價格。

第三,匯率是調節國內經濟的重要槓桿,國內有關宏觀管理部門可以通過匯率的適時、適當調整達成特定經濟條件和經濟目標。

第四,匯率是經濟決策的重要指示燈,決策部門通常選擇將匯率作為經濟決策的重要參考指標,為本國經濟發展、貿易以及資本往來等方面提供參考。

二、匯率的標價方法

與實物商品的標價不同,描述兩國貨幣的比例首要的是選擇以哪國貨幣作為基準,這正是匯率標價方法所要解決的問題,確定的標準不同,匯率的標價方法就不同。根據作為基準貨幣的標準是外幣、本幣還是美元,匯率的標價方法可以分為直接標價法、間接標價法和美元標價法。

人們將各種標價法下數量固定不變的貨幣叫做基準貨幣(Based Currency)或被報價貨幣(Reference Currency),把數量變化的貨幣叫做報價貨幣或標價貨幣(Quoted Currency)。

(一)直接標價法

直接標價法(Direct Quotation)又稱應付標價法,是以一定單位的外國貨幣作為標準,折算為一定數額的本國貨幣來表示其匯率,即「外幣固定本幣變」。我們可以簡單地理解為以本幣表示的外幣的價格,此時,是將外幣視為「商品」。

例如,100 美元 = 632.21 元人民幣。

匯率變動分析:一定單位的外幣折合本幣數額增加→外匯匯率上升→外幣升值,本幣貶值;反之亦然。

(二)間接標價法

間接標價法(Indirect Quotation)又稱為應收報價法。與直接報價法相反,間接報價法是以一定單位的本國貨幣為標準,折算為一定數額的外國貨幣來表示其匯率,即「本幣固定外幣變」。此時,是將本幣理解為待售商品,等待外國人持幣來購買。

例如,紐約外匯市場:1 美元 = 0.813,7 歐元。

匯率變動分析:一定單位的本幣折合外幣數額上升→匯率上升→外幣貶值,本幣升值;反之亦然。

(三)美元標價法(US Dollar Quotation)

各國外匯市場上公布的外匯牌價均以美元為標準,表示折合多少單位的其他貨幣,目的是為了簡化報價並廣泛地比較各種貨幣的匯價。

例如,蘇黎世外匯市場:1 美元 = 12 盧布。

匯率變動分析:匯率上升→美元升值,其他貨幣貶值;反之亦然。

在直接標價法下，基準貨幣為外幣，標價貨幣為本幣；在間接標價法下，基準貨幣為本幣，標價貨幣為外幣；在美元標價法下，基準貨幣可能是美元，也可能是其他各國貨幣。

在直接標價法下，一定單位以外幣折算的本國貨幣越多，說明本國貨幣的幣值越低，而外國貨幣的幣值越高；反之則說明本國貨幣幣值越高，而外國貨幣幣值越低。同理，一定單位以外幣折算的本國貨幣增多，說明外幣匯率上漲，即外國貨幣幣值上升或本國貨幣幣值下降；反之則說明外國貨幣幣值下降或本國貨幣幣值上升。在間接標價法下，此種關係正好與直接標價法下的情形相反。

三、匯率的種類

外匯匯率的種類很多，在實際使用、理論研究和分析中，不同場合會選擇從不同的角度對其劃分，劃分標準不同，匯率就不同。

（一）買入匯率、賣出匯率、現鈔匯率和中間匯率

從銀行買賣外匯的角度出發，匯率可分為買入匯率（Buying Rate）、賣出匯率（Selling Rate）、現鈔匯率（Cash Rate）與中間匯率（Middle Rate）。

外匯是一種特殊的金融商品，銀行經營外匯買賣業務需要一定的成本，也需要一定的利潤空間。因此，任何經銀行進行的外匯交易在匯率報價時，都採用雙向報價方式，即報價者（通常是銀行）同時報出買入價格（Bid Price）和（Offer Price），如表7-2所示。

表7-2　　　中國銀行即期外匯牌價（2018年3月10日 05:51:45）

交易單位：人民幣/100外幣

貨幣名稱	現匯買入價	現鈔買入價	現匯賣出價	現鈔賣出價	中行折算價
阿聯酋迪拉姆		166.41		178.49	172.75
澳大利亞元	495.53	480.13	499.17	500.27	494.11
巴西里亞爾		186.8		204.31	194.24
加拿大元	492.76	477.2	496.39	497.48	492.02
瑞士法郎	663.43	642.96	668.09	669.75	666.97
丹麥克朗	104.2	100.98	105.04	105.25	104.85
歐元	776.9	752.76	782.63	784.19	780.89
英鎊	874.32	847.16	880.76	882.69	876.03
港幣	80.67	80.03	80.99	80.99	80.92
印尼盧比		0.044,4		0.047,6	0.046
印度盧比		9.142,3		10.309,5	9.748,9
日元	5.911,8	5.728,2	5.955,3	5.955,3	5.964,1

表7-2(續)

貨幣名稱	現匯買入價	現鈔買入價	現匯賣出價	現鈔賣出價	中行折算價
韓元	0.592,1	0.571,3	0.596,9	0.618,6	0.592,6
澳門元	78.44	75.81	78.75	81.28	78.7
林吉特	163.1		164.24		162.34
挪威克朗	81.09	78.59	81.75	81.91	80.92
新西蘭元	460	445.81	463.24	468.91	460.64
菲律賓比索	12.14	11.77	12.24	12.81	12.18
盧布	11.14	10.45	11.22	11.65	11.12
沙特里亞爾		164.19		172.74	169.18
瑞典克朗	76.48	74.12	77.1	77.25	76.75
新加坡元	479.59	464.79	482.95	484.16	481.56
泰銖	20.15	19.53	20.31	20.93	20.23
土耳其里拉	165.54	157.42	166.86	174.98	165.95
新臺幣		20.89		22.52	21.65
美元	632.21	627.07	634.89	634.89	634.51
南非蘭特	53.42	49.32	53.78	57.88	53.29

1. 買入匯率

買入匯率又稱買入價，指銀行從同業或客戶買入外匯票據時使用的匯率。在中國官方公布的外匯牌價中，根據銀行從客戶手中買入的是外匯現鈔還是外匯現匯的不同，買入價進一步分為現匯買入價和現鈔買入價。通常現鈔買入價小於現匯買入價，如表7-2所示。

2. 賣出匯率

賣出匯率又稱賣出價，是指銀行向同業或客戶賣出外匯時使用的匯率。買入匯率和賣出匯率都是從銀行買賣外匯的角度來看的，銀行買賣外匯遵循的原則是「賤買貴賣」。目的是賺取中間差價，這一差價一般為1‰~5‰（買賣匯價差額/賣出價×100%），買賣差價即為銀行的手續費收入，這種差價收入代表銀行承擔風險的報酬。該差價越小，說明外匯銀行經營得越有競爭性，即外匯市場的發達程度越高。

因此，外匯交易中往往會同時報出買入價和賣出價。在不同的標價方式下，買入匯率與賣出匯率的位置是不同的。在直接標價法下，前面一個小數字為買入匯率，後面的大數字為賣出匯率；而在間接標價法下，前面一個小數字為賣出匯率，後面的大數字為買入匯率。

例如，某日紐約外匯市場和倫敦外匯市場的報價如下：

紐約：USD1=SF 1.750,5~1.753,5

倫敦：GBP1＝USD　1.887,0～1.889,0

需要注意以下幾點：

（1）買入或賣出都是站在報價銀行的立場來說的，而不是站在進出口商或詢價銀行的角度。

（2）按照國際慣例，外匯交易在報價時通常可以只報出小數（如上例中的05/35或70/90），大數省略不報（如上例中的1.75或1.88），在交易成交後再確定全部的匯率1.750,5或1.887,0。

（3）買價與賣價之間的差額，是銀行買賣外匯的收益。

由上述可知，在實際外匯買賣業務操作中，一定要清楚，買入價和賣出價都是從銀行的角度而言的。

3. 現鈔匯率

現鈔匯率是指銀行買賣外幣現鈔時使用的匯率，包括現鈔買入價和現鈔賣出價。

4. 中間匯率

中間匯率（Middle Rate）又稱中間價，指銀行買入價和銀行賣出價的算術平均數，即兩者之和再除以2。中間匯率主要用於新聞報導和經濟分析。

（二）基本匯率和套算匯率

按照制定匯率的方法不同，匯率分為基本匯率和套算匯率。

1. 基本匯率

基本匯率又被稱為基礎匯率，是指一國貨幣對某種關鍵貨幣的匯率。選擇某一貨幣為關鍵貨幣（Key Currency），並制定出本幣對關鍵貨幣的匯率，這一匯率就稱為基本匯率（Basic Rate）。通常關鍵貨幣是指一國貿易和收支中使用最多、在一國儲備中占比最大，同時又可自由兌換、匯率行情穩定且被國際社會普遍接受的貨幣。例如，中國的關鍵貨幣一般是美元。但必須注意，一國的關鍵貨幣並不是一成不變的，可以隨時在不同時期針對本國經濟貿易變化情況做出最適當的調整。目前，在國際市場上進行外匯交易時，銀行之間的報價一般都採用以美元為標準，只報出美元對各國貨幣的匯價，也就是我們前面所說的「美元標價法」。各國均以美元為關鍵貨幣，報出本國貨幣與美元的匯率，即基本匯率。

2. 套算匯率

套算匯率在基礎匯率的基礎上套算出的本幣與非關鍵貨幣間的匯率。

例如：

基礎貨幣：100美元＝872元人民幣

基礎貨幣：1美元＝1.526,5瑞士法郎

套算匯率：1瑞士法郎＝5.420,3元人民幣

兩種匯率的標價法相同，即其標價的被報價貨幣相同時，要將豎號左右的相應數字交叉相除。

兩種匯率的標價法不同，即其標價的被報價貨幣不同時，要將豎號左右的數字同邊相乘。

（1）關鍵貨幣同在一側，交叉相除

例如，已知某日外匯市場行情為 EUR/USD：1.101,0/1.102,0。GBP/USD：1.601,0/1.602,0，求 EUR/GBP。

EUR/USD：1.101,0——1.102,0

GBP/USD：1.601,0——1.602,0（交叉相除）

EUR/GBP = 0.687,3/0.688,3

（2）關鍵貨幣一個在左一個在右，同邊相乘。

例如，已知某日外匯市場行情為 USD/JPY：120.10/120.20。EUR/USD：1.100,5/1.101,5，求 EUR/JPY。

USD/JPY：120.10——120.20

EUR/USD：1.100,5——1.101,5

EUR/JPY = 132.17/132.40

（三）即期匯率和遠期匯率

按外匯買賣交割的期限不同，匯率分為即期匯率和遠期匯率。

交割（Delivery）是指雙方各自按照對方的要求，將賣出的貨幣解入對方指定的帳戶的處理過程。

即期匯率（Spot Exchange Rate）也叫現匯匯率，是指外匯買賣的雙方在成交後，在當天或兩個營業日以內進行交割的匯率。一般外匯匯率沒有明確標明遠期字樣的都是即期匯率，實際交易中，即期匯率往往是遠期匯率確定的基礎。

遠期匯率（Forward Exchange Rate）又稱期匯匯率，是指外匯買賣的雙方事先約定，據以在未來約定的期限辦理交割時使用的匯率。遠期匯率是遠期價格，屬於預約性交易，遠期匯率與即期匯率的差額成為遠期差價，如果遠期匯率高於即期匯率，就是升水（At Premium），反之則是貼水（At Discount），遠期匯率可以在即期匯率的基礎上加升水或減貼水計算出來。升水表示遠期匯率比即期匯率貴，貼水表示遠期匯率比即期匯率便宜，平價（At Par）表示兩者相等。升水和貼水的幅度一般用點數來表示，每點（Point）為萬分之一，即 0.000,1。

升水和貼水舉例如下：

判斷在以下外匯市場上，哪種貨幣在升值或貶值？升水或貼水點數是多少？

直接標價法下：

多倫多市場　即期匯率：　　　＄1 = CAD 1.453,0/40

　　　　　　一個月遠期匯率：＄1 = CAD 1.457,0/90

　　　　　　美元升水，升水點數為 40/50。

香港市場　　即期匯率：　　　　＄1＝HKD 7.792,0/25，

三個月遠期匯率：　＄1＝HKD 7.786,0/75，

美元貼水，貼水點數為 60/50。

間接標價法下：

紐約市場　　即期匯率：　　　　＄1＝SF 1.817,0/80

一個月遠期匯率：　＄1＝SF 1.811,0/30

瑞士法郎升水，升水點數為 60/50。

倫敦市場　　即期匯率：　　　　£1＝＄1.830,5/15

一個月遠期匯率：　£1＝＄1.832,5/50

美元貼水，貼水點數為 20/35。

　　在實際外匯交易中，遠期匯率總報出遠期外匯的買入價和賣出價。這樣遠期差價的升水值或貼水值也都有一大一小兩個數字。

　　直接標價法下，遠期點數按「小/大」排列則為升水，按「大/小」排列則為貼水；間接標價法下剛好相反，按「小/大」排列為貼水，按「大/小」排列則為升水。

　　此外，匯率按外匯交易工具和收付時間的不同，分為電匯匯率、信匯匯率和票匯匯率；按衡量貨幣價值的角度不同，分為名義匯率和實際匯率；按不同的匯率制度，分為固定匯率和浮動匯率；按國家對匯率管制的程度，分為官方匯率和市場匯率；按國家制定匯率種類的多少，分為單一匯率和多重匯率；按交易對象劃分，分為同業匯率和商人匯率。

[案例 7-5] 中美兩國金融合作邁出新步伐[①]

　　中國人民銀行與美國聯邦儲備委員會簽署了在美國建立人民幣清算安排的合作備忘錄。中國人民銀行同意將人民幣合格境外機構投資者（RQFII）試點地區擴大到美國，投資額度為 2,500 億元人民幣。上述安排標誌著中美兩國金融合作邁出新步伐，有利於中美兩國企業和金融機構使用人民幣進行跨境交易，促進雙邊貿易、投資便利化。

第三節　外匯市場

一、外匯市場的概念

　　外匯市場（Foreign Exchange Market）是金融市場的重要組成部分，是指個人、企業以及銀行等金融機構買賣外匯的場所，或者說是各種不同貨幣彼此進行交換的場所。在外匯市場上，外匯的買賣有兩種類型：一是本幣與外幣之間的相互買賣，即需要外匯者按匯

[①] 李國輝. 中美兩國金融合作邁出新步伐 [N]. 金融時報，2016-06-09.

率用本幣購買外匯，持有外匯者按匯率賣出外匯換回本幣；二是不同幣種的外匯之間的相互買賣。

由於傳統習慣，外匯市場的形成有兩種模式。一種模式是大陸式外匯市場，具有具體的交易場所，表現為外匯交易所這樣有固定場所的有形市場，歐洲大陸的德、法、荷、意等國的外匯市場就屬於此類；另一種模式是英美式外匯市場，沒有固定的交易場所，絕大部分交易是在無形、抽象的市場上進行的，參加外匯交易的經紀人、銀行以及客戶通過電話、網絡，有的根據協議進行外匯買賣和借貸，其典型代表是英、美、日等國的外匯市場。20世紀八九十年代以來，國際上一些大型商業銀行和其他金融機構專門設立獨立的外匯交易室或外匯交易部，外匯交易員通過交易室中的計算機終端、專用電話、電傳等高技術的通信設備直接進行外匯的報價、詢價、獲取最新信息，並與外匯經紀人、顧客談判成交，使全球外匯市場形成了緊密聯繫的電子通信網絡。

最初，外匯市場的產生主要是為了滿足貿易結算的需要。後來，隨著交易手段的現代化和國際資本流動的巨大發展，外匯市場的發展已經遠遠超越了最初的貿易結算的附屬地位，目前外匯市場已經成為世界上規模最大、最有影響的國際金融市場。

二、外匯市場的參與者

外匯市場的參與者眾多，可以劃分為以下六類：

（一）外匯銀行

外匯銀行（Foreign Exchange Bank）是指各國中央銀行指定或授權經營外匯業務的商業銀行。就某一國的外匯銀行而言，它不但包括專營或兼營外匯業務的本國商業銀行，還要包括經營外匯業務的在本國的外國銀行的分行。外匯銀行是外匯市場上最重要的參加者，是外匯市場上交易的中心。

外匯銀行進行外匯交易主要有三個目的：一是代客買賣外匯，獲取手續費和佣金收入；二是調整外匯頭寸，規避外匯風險；三是出於保值或投機目的進行同業間外匯交易。

（二）外匯經紀商

外匯經紀商（Foreign Exchange Broker）是指專門在外匯交易中介紹成交，充當仲介，從中收取佣金的中間商。外匯經紀商分為一般經紀商和跑街經紀商兩類。其熟悉外匯供求情況和市場行情，本身並不買賣外匯，而是在可能的買主和賣主之間活動，促成交易，從中獲取手續費（佣金）。

（三）外匯交易商

外匯交易商是指運用自有外匯經營外匯買賣業務的機構。這類機構多數是信託公司、銀行的兼營機構或票據貼現公司。其利用自己的資金，根據外匯市場的行情，賺取買賣中的差價。外匯交易商可以自己直接買賣外匯，也可以通過經紀人交易。

(四) 進出口商及其他外匯供求者

進出口商在經營進出口業務時需要用外匯支付運費、保險費、差旅費、手續費等，出口商是外匯市場上外匯的主要供給方，進口商是外匯市場上外匯的主要需求方。當然，還有一些其他原因產生的外匯供求。

(五) 中央銀行

中央銀行在外匯市場上一般不進行直接的、經常性的買賣，主要通過經紀人和商業銀行進行交易，當涉及本幣的匯率發生劇烈波動時，中央銀行通過買賣外匯來干預外匯市場，借以緩和外匯市場的波動，穩定匯率，並執行本國的貨幣政策。

(六) 外匯投機者

外匯投機者在外匯市場上興風作浪，預測匯價的漲跌，以買空或賣空的形式，根據匯價的變動低買高賣，賺取差價。這些人往往是活躍外匯交易的重要力量，但過度投機常會帶來匯價的大起大落，擾亂外匯市場的正常秩序。

三、外匯市場的分類

(一) 有形市場和無形市場

根據有無固定場所劃分，外匯市場可以分為有形市場（Visible Market）和無形市場（Invisible Market）兩類。有形市場就是大陸式市場，如巴黎、法蘭克福、阿姆斯特丹等地的外匯市場。無形市場就是英美模式的外匯市場，典型代表就是倫敦、紐約、東京等地的外匯市場，世界主要的外匯市場都屬於此類市場。

(二) 外匯批發市場和外匯零售市場

根據外匯交易主體和交易量劃分，外匯市場可以分為外匯批發市場和外匯零售市場。這一劃分標準涉及外匯市場的層次問題。外匯批發市場包括銀行同業之間的外匯交易、商業銀行與中央銀行之間的外匯交易。外匯零售市場是指銀行與顧客之間的外匯交易。外匯批發市場是擁有最大交易規模的金融市場，持續在線、24小時運轉，因具有信息瞬間傳遞突破空間障礙、極小的買賣價差和匯率的及時反應等特點，是公認的有效市場。

(三) 國內外匯市場和國際外匯市場

根據市場範圍劃分，外匯市場可以劃分為國內外匯市場和國際外匯市場。國內外匯市場是指外匯交易僅僅局限在一國領土範圍內的外匯市場，必須接受市場所在國法律法規的監管，風險較小。國際外匯市場是指在一國領土範圍之外進行外匯交易的市場，管理相對寬鬆，因而風險較大。

(四) 官方外匯市場、自由外匯市場和外匯黑市

根據外匯管制的程度劃分，外匯市場可以分為官方外匯市場、自由外匯市場和外匯黑市。官方外匯市場是在所在國政府控制下，按照官方規定的匯率進行交易的外匯市場，在發展中國家存在比較普遍。自由外匯市場不受市場所在國政府控制，按照市場匯率進行交

易，國際上主要的外匯市場都屬於自由外匯市場。外匯黑市是在外匯管制比較嚴格、不允許外匯自由交易的國家出現的非法外匯市場。

（五）即期市場、遠期市場、期貨市場、期權市場和互換市場

根據交易工具劃分，外匯市場可以分為即期市場、遠期市場、期貨市場、期權市場和互換市場。

四、外匯市場的特點

外匯市場是一個從事外匯買賣、外匯交易和外匯投機活動的系統。其具有以下特徵：

（一）全球外匯市場在時空上已連成一個全球性市場

現代通信設施的迅速發展以及世界性外匯交易網絡系統的形成，已使世界各地的外匯市場相互連成一體，外匯市場參與者可以在世界各地進行交易。從時間上看，由於英國已將傳統的格林尼治時間改為「歐洲標準時間」，英國與西歐原有的時差（1小時）消除了，整個西歐外匯市場統一了營業時間。當西歐從早上開始到下午2點結束營業時，紐約外匯市場剛好開張；而紐約外匯市場結束營業時，正是東京市場開始營業的時間；東京市場收盤時，又與西歐市場相接。如此首尾相接，周而復始，可以使全球範圍內不同市場的外匯交易在一天24小時內都可以成交，世界各地的外匯市場已經變成了一個全球一體化的市場。在24小時交易中，歐洲市場與美國市場交疊的時間是全球外匯交易量的最大時段。首先，最初的24小時交易是指跨時區的不同市場形成的連續交易狀態，即跨市場的相同品種金融產品的交易。其次，某個交易所不斷擴展自己的交易時間，對於在本交易所上市的產品實現24小時不間斷的交易狀態。最後，不同的交易所形成聯盟合作關係，在交易所之間形成通用的交易平臺。各交易所的投資者都可以利用此交易平臺交易各種金融產品，由此形成了跨時區、跨地區、24小時連續不停的交易形式。

（二）以無形交易為主的市場

在外匯交易中，無形市場已經成為當代外匯市場的主要形態。世界上大部分的外匯交易都是通過現代化的電子通信設備進行的，不受場地限制，交易速度很快。目前，一般大銀行都設有專門的外匯交易室，外匯交易十分便利。

（三）價格波動劇烈、投機活動異常猖獗的市場

在世界各國普遍實行浮動匯率制的情況下，匯率直接受到市場供求關係的影響，因而波動相對頻繁、劇烈。尤其是投機性的外匯交易，更是加劇了匯率的不穩定，因而外匯交易的市場價格風險很大，但同時現代通信技術的應用也使各地外匯市場之間的匯率趨於一致。

（四）交易方式多樣化、交易規模最大的市場

外匯市場自產生以來，交易量不斷增長，交易範圍不斷擴大，由此使外匯市場的風險也在不斷地增大。為了減少匯率風險，在外匯的即期交易、遠期交易、期貨交易和期權交

易的基礎上，產生了大量的新的金融衍生工具，而且許多新的外匯交易工具和交易技術還在不斷地湧現。外匯市場呈現多樣化的交易格局，外匯交易活動越來越複雜化。

（五）交易對象相對集中的市場

外匯市場的交易對象相對比較集中，主要是美元、日元、歐元、英鎊、瑞士法郎和加拿大元等貨幣，其他貨幣交易量占的比例較小。

（六）開放的市場

外匯市場實際上是國際資金流動的一個中轉站，無論是國際貿易還是國際投資，都需要通過外匯市場來完成國際間的資金流動。因此，國際金融市場上各個市場資金流動都對外匯市場產生影響，這使外匯市場成為一個開放的市場。

五、外匯市場的作用與功能

（一）實現購買力在國際間的轉移

實現購買力在國際間的轉移是到目前為止外匯市場的首要功能。一個國家對外匯的需求產生於人們到國外旅行、從國外進口商品或到國外投資等經濟活動。一個國家的外匯供給來源於外國人在本國旅遊花費、出口或外國對本國的投資等經濟活動，所有這些經濟活動均需實現購買力在國際間的轉移。這是由於各國（或一些具有特殊地位的地區）均有自己的貨幣這個客觀事實決定的。外匯市場的存在便是貿易、投資的日益國際化而貨幣還是具有強烈的主權特徵這個矛盾的反應。外匯市場的存在對於緩和這個矛盾具有很重要的意義。但是，應該注意到，外匯市場並沒有徹底解決這個矛盾。當外匯市場劇烈動盪時，國際貿易與國際投資活動會受到很大影響。

（二）提供外匯資金融通，為國際經濟交易提供信貸或融資

在國際貿易中，進口方往往需要出口方給予一定的信貸以完成運輸和銷售。實際上，在一般情況下出口方會接受 90 天後付款的條件。但是，這並不意味著出口方在這段時間必須等待。出口方往往到銀行將進口方的付款義務貼現。出口方會馬上獲得支付，銀行等到期後會向進口方收回貨款。在這個過程中，銀行實際上提供了信貸。由於這種做法很普遍，所以提供信貸或融資成了外匯市場的一個重要功能。

（三）提供外匯套期保值與投機活動的場所

套期保值與投資的詳細定義我們後面要涉及，這裡不詳細解釋。從兩個例子可以瞭解外匯市場這一功能。比如說你是一個出口商。現在你出口到美國一筆價值 1,000 萬美元的貨物，並和進口方約定 3 個月以後用美元付款。由於 3 個月期間美元與人民幣的匯率會發生改變，你承擔著匯率風險。如果你想避免匯率風險，你可以馬上到銀行賣出一筆 1,000 萬美元的 3 個月美元期匯。3 個月以後你用你收到的貨款和銀行交割你賣掉的美元。由於你賣出美元期匯時已經約定了交割價格，無論這 3 個月美元與人民幣匯率如何變動均對你最終可收回的人民幣數額無影響。這樣你避免了匯率風險。如果你這樣做了，你就是一個

套期保值者，外匯市場為你提供了便利。

又比如說，假定現在人民幣與美元的匯率為 1 美元兌換 6 元人民幣。如果你預測人民幣與美元的匯率一年後很可能變動為 1 美元兌換 10 元人民幣，並且你想從此匯率變動中獲利，你可以現在用 1 美元兌換 6 元人民幣的價格購入若干單位美元。一年以後，如果人民幣與美元的匯率果真如你所料，你可以將你購入的美元拋出。如果不考慮費用，你買賣 1 美元會有 4 元人民幣的收益。這就是一種簡單的投機活動，同樣利用了外匯市場。

（四）提供宏觀調控機制

這是指外匯市場便於中央銀行進行穩定匯率的操作。由於國際短期資金的大量流動會衝擊外匯市場，造成流入國或流出國的貨幣匯價暴漲或暴跌，需由中央銀行進行干預，中央銀行通過在外圍大量拋出或買進匯價過分漲跌的貨幣，使匯價趨於穩定。

（五）防範匯率風險，提供避免外匯風險的手段

有些公司或銀行，有遠期外匯的收支活動，由於遠期匯率變動而蒙受損失，可以通過外匯市場進行遠期外匯買賣，從而避免外匯風險。

本章小結

1. 如果從「國際匯兌」的角度看，外匯是一種動態的經營過程，但絕大多數人習慣將外匯視為一種具體的、靜態的事物，即僅僅將外匯作為一種國際上清償債權債務的支付手段或工具的統稱。靜態意義的外匯又可以在廣義和狹義兩個層次上使用。狹義的外匯是指以外幣表示的用於國際結算的支付手段，包括以外幣表示的匯票、支票、本票、銀行存款憑證和郵政儲蓄憑證等；廣義的外匯泛指一切以外幣表示的金融資產。

2. 一種外國貨幣要成為外匯，必須同時具有以下特徵：自由兌換性、可償付性和國際性。

3. 外匯的經濟功能主要體現在：促進國際間的經濟、貿易的發展，方便國際結算；有利於調劑國際間資金餘缺；豐富儲備資產的形式。

4. 匯率是國際金融的基本概念，是一種貨幣用另一種貨幣表示的價格，是一國貨幣兌換成另一國貨幣的比率或比價。匯率將同一種商品的國內價格和國外價格聯繫起來，為比較進口商品和出口商品、貿易商品和非貿易商品的成本與價格提供了基礎。

5. 根據作為基準貨幣的標準是外幣、本幣還是美元，匯率的標價方法可以分為直接標價法、間接標價法和美元標價法。

6. 根據不同的分類標準，匯率可以劃分為不同的種類。從銀行買賣外匯的角度出發，匯率可以分為買入匯率、賣出匯率、現鈔匯率與中間匯率；按照制定匯率的方法不同，匯率可以分為基本匯率和套算匯率；按照外匯買賣交割的期限不同，外匯可以分為即期匯率

和遠期匯率。

7. 外匯市場是金融市場的重要組成部分，是指個人、企業以及銀行等金融機構買賣外匯的場所，或者說是各種不同貨幣彼此進行交換的場所。外匯市場的參與者眾多，主要包括外匯銀行、外匯經紀商、外匯交易商、進出口商及其他外匯供求者、中央銀行和外匯投機者。

8. 根據劃分標準的不同，外匯市場有多種分類。根據有無固定場所劃分，外匯市場可以分為有形市場和無形市場兩類；根據外匯交易主體和交易量劃分，外匯市場可分為批發市場和零售市場；根據市場範圍劃分，外匯市場可以分為國內市場和國際市場；根據外匯管制的程度劃分，外匯市場可以分為官方市場、自由市場和外匯黑市；根據交易工具劃分，外匯市場可以分為即期市場、遠期市場、期貨市場、期權市場和互換市場。此外，還有綜合運用上述工具進行交易的其他外匯交易方式，如套匯、套利等。

9. 外匯市場是一個從事外匯買賣、外匯交易和外匯投機活動的系統，具有以下特徵：全球外匯市場在時空上已連成一個全球性市場；以無形交易為主的市場；價格波動劇烈、投機活動異常猖獗的市場；交易方式多樣化、交易規模最大的市場；交易對象相對集中的市場；開放的市場。其作用與功能表現在：實現購買力在國際間的轉移；提供外匯資金融通，為國際經濟交易提供信貸或融資；提供外匯套期保值與投機活動的場所；提供宏觀調控機制；防範匯率風險，提供避免外匯風險的手段。

關鍵概念

1. 外匯　2. 匯率　3. 直接標價法　4. 間接標價法　5. 外匯市場

思考題

1. 請認真分析表7-3給出的2018年3月10日05:51:45北京銀行的人民幣即期外匯牌價表的部分內容，並回答問題。

表7-3　　　北京銀行人民幣即期外匯牌價（2018年3月10日05:51:45）

交易單位：人民幣/100外幣

英文代碼	中文代碼	銀行現匯買入價	銀行現鈔買入價	銀行賣出價	中間價
GBP/CNY	英鎊/人民幣	939.26	916.65	944.91	942.09
HKD/CNY	港幣/人民幣	83.67	83.19	83.96	83.82

表7-3(續)

英文代碼	中文代碼	銀行現匯買入價	銀行現鈔買入價	銀行賣出價	中間價
USD/CNY	美元/人民幣	649.29	646.36	651.89	650.59
CHF/CNY	瑞士法郎/人民幣	669.73	653.61	673.77	671.75
SEK/CNY	瑞典克朗/人民幣	80	78.08	80.49	80.25
JPY/CNY	日元/人民幣	6.057,8	5.912	6.094,3	6.076,1
CAD/CNY	加拿大元/人民幣	503.7	491.57	506.73	505.22
AUD/CNY	澳門元/人民幣	479.54	467.99	482.42	480.98
EUR/CNY	歐元/人民幣	739.71	722.64	744.16	741.94
NZD/CNY	新西蘭元/人民幣	444.74	434.04	447.42	446.08

請問：

(1) 什麼是匯率？從表7-3中數字來看，人民幣對美元的匯率採取什麼樣的標價方式？含義是什麼？

(2) 什麼是匯率的「中間價」？

(3) 表7-3給出的人民幣對美元的匯率是中國的基本匯率還是套算匯率？為什麼？

(4) 比較表7-3中人民幣對各種外幣的外匯牌價中的現鈔匯率、現匯匯率的買入價格和賣出價格有什麼不同，並說明理由。

練習題

一、單項選擇題

1. 各國中央銀行往往通過買賣外匯對匯率進行干預，當外匯匯率（　　）時，賣出外幣，回籠本幣。

    A. 過高　　　　B. 過低　　　　C. 不一定　　　　D. 以上都不是

2. 遠期外匯交易是由於（　　）而產生的。

    A. 金融交易者的投機　　　　B. 為了避免外匯風險

    C. 與即期交易有所差別　　　　D. 銀行的業務需要

3. 遠期匯率高於即期匯率稱為（　　）。

    A. 貼水　　　　B. 升水　　　　C. 平價　　　　D. 議價

4. 以下（　　）是錯誤的。

    A. 外匯是一種金融資產

    B. 外匯必須以外幣表示

C. 用作外匯的貨幣不一定具有充分的可兌換性

D. 用作外匯的貨幣必須具有充分的可兌換性

5. 外匯投機活動會（　　）。

　　A. 使匯率下降　　　　　　　B. 使匯率上升

　　C. 使匯率穩定　　　　　　　D. 加劇匯率的波動

6. 如果人民幣升值，外匯匯率就會降低。下列選項中屬於外匯匯率降低的是（　　）。

　　A. 100 單位的人民幣可以購買更多的商品

　　B. 100 單位的外幣可以購買更多的商品

　　C. 100 單位的人民幣可以兌換更少的外幣

　　D. 100 單位的外幣可以兌換更少的人民幣

7. 在直接標價法下，一定單位的外幣折算的本國貨幣增多，說明本幣匯率（　　）。

　　A. 上升　　　B. 下降　　　C. 不變　　　D. 不確定

8. 在間接標價法下，匯率數值的上下波動與相應外幣的價值變動在方向上（　　），而與本幣的價值變動在方向上（　　）。

　　A. 一致　相反　　B. 相反　一致　　C. 無關係　一致　　D. 不確定　相反

9. 以本幣表示的外匯資產必須是（　　）。

　　A. 自有外匯　　B. 有價憑證　　C. 支付憑證　　D. 協定外匯

10. 在外匯報價中，1 個基點一般為（　　）。

　　A. 0.1　　　B. 0.01　　　C. 0.001　　　D. 0.000,1

11. 在間接標價法下，匯率上升反應了（　　）。

　　A. 外幣幣值上升　　　　　　B. 本幣幣值上升

　　C. 外幣幣值不變　　　　　　D. 無法確定

12. 銀行買入現鈔價格（　　）買入外匯現匯的價格。

　　A. 高於　　　B. 低於　　　C. 等於　　　D. 加 0.5% 為

13. 即期匯率也叫現匯匯率，是指外匯買賣雙方成交後，在當天或（　　）工作日以內進行交割的匯率。

　　A. 1 個　　　　　　　　　　B. 2 個

　　C. 3 個　　　　　　　　　　D. 根據合同確定的

14. 外匯市場的主體是（　　）。

　　A. 外匯銀行　　B. 外匯經紀人　　C. 中央銀行　　D. 客戶

15. 已知某日紐約外匯牌價，即期匯率 USD/CHF＝1.734,0/1.736,0，3 個月遠期匯率 203/205，則瑞士法郎對美元 3 個月遠期匯率為（　　）。

　　A. 0.562,9/0.563,6　　　　　B. 0.563,6/0.562,9

C. 0.570,0/0.569,3　　　　　　　D. 0.569,3/0.570,0

二、計算題

1. 某日外匯市場牌價為 EUR/USD=1.536,4/1.536,7，GBP/USD=1.977,6/1.978,0，計算 EUR/GBP 的匯率。

2. 某日外匯市場行情為 USD/JPY=120.10/120.20，EUR/USD=1.100,5/1.101,5，計算 EUR/JPY 的匯率。

三、簡答題

1. 簡述外匯的含義、特點及作用。
2. 簡述匯率的含義、作用和主要類型。
3. 簡述外匯市場的類型、特點和功能。

(練習題參考答案)

第八章　看懂通貨膨脹

學習目標

知識目標
1. 理解通貨膨脹的內涵、類型及產生原因
2. 理解並衡量通貨膨脹標準
3. 學習通貨膨脹的社會效應及其治理

能力目標
1. 瞭解並正確認識中國經濟發展中出現的有關通貨膨脹的問題
2. 通過中國歷史上曾出現的通貨膨脹事例分析和探索它與經濟效應的關係
3. 結合中國金融現狀，針對通貨膨脹提出相應政策措施

素養目標
1. 通過對通貨膨脹的學習，關注生活中息息相關的物價，洞察它與我們的關係
2. 通過對通貨膨脹的學習，認識到貨幣也需要保值

引導案例

［案例 8-1］一張面值 50 億元的大鈔——我親歷的津巴布韋

2008 年 6 月 20 日在津巴布韋的首都哈拉雷，太陽如往常一樣火辣辣的升起，但生活在一片土地上的人們的心卻是早已經結成冰了。津巴布韋的貨幣經過了無數次的貶值後，今天又貶值了 20%，1 美元可以兌換 9.87 億津巴布韋元，津巴布韋元貶值已超過 1,300 倍。為了盡可能保證生活，你會發現這裡的每間銀行前都站滿了人，排著長長的隊伍，等著取回他們的那一點錢，如果今天取不到，明天就不知還能剩下多少。你知道 5 美元在這裡可以換到多少津巴布韋元嗎？答案是一張 50 億（5,000,000,000）的「大」鈔票，因為匯率是 USD1＝9.87 億津巴布韋元，更令人瞠目結舌的是鈔票上著名的日期：發行日期是 2008 年 5 月 15 日，到期日是 2008 年 12 月 31 日，就是說此日期內沒使用的話，這張鈔票

就作廢了。

我看了一眼賓館餐廳門口的牌子，上面用好多個零標示著早餐、午餐、晚餐的價格，都是100億津巴布韋元。怪不得當地的出租車司機告訴我，2,000萬津巴布韋元一張的鈔票在地上都沒有人去撿。因為鈔票的數字太大，一般的商店都不使用計算器而用筆，對於那些小面額的鈔票就靠用尺子量高度了。由於貨幣急遽貶值，到處都不能刷卡，只能支付現金。

[案例 8-2] 誰吃了我的牛肉面

2007年，牛肉拉面4元一碗，假如你在銀行存了10,000元，相當於存了2,500碗牛肉面。到了2018年，每碗牛肉面的價格是10元，你在銀行存的10,000元連本帶利是13,500元左右，牛肉面只剩下1,350碗了。請問那1,150碗牛肉面哪去了？

第一節　通貨膨脹概述

一、通貨膨脹的定義和衡量

（一）通貨膨脹的定義

通貨膨脹是指在一定時期內，由於貨幣供應量過大，超過流通對貨幣的客觀需求而引起的貨幣貶值、物價總水準持續、普遍和明顯上漲的現象。

（二）通貨膨脹的衡量

通貨膨脹是一種貨幣現象，產生於不兌換的信用貨幣制度。在金屬貨幣制度下，貨幣本身具有內在價值，可以通過發揮貯藏手段的職能自發地調節流通量，從而控制物價的上漲。

貨幣供應量超過流通中所需貨幣量是導致通貨膨脹的直接原因。在現代信用高度發達的社會，貨幣供應量的形式不僅僅是現金還包括了不同形式的貨幣。因此，貨幣供應量增加更多是通過信用擴張的途徑來實現的。

通貨膨脹與物價上漲有著密切的關係。通貨膨脹不是個別商品價格的上漲，而是指總的物價水準，即全部商品的加權平均價格上漲。各種商品間價格上漲具有不均衡性：生活必需品的價格上漲快於非生活必需品、國內商品價格上漲快於出口商品，等等。

衡量通貨膨脹的指標主要包括以下三種：

（1）消費物價指數（CPI）：主要指居民消費物價指數，是一種用來測量一定時期城鄉居民購買的生活消費品和服務項目價格變化程度的指標。

（2）批發物價指數（PPI）：反應不同時期批發市場上多種商品價格平均變化程度的經濟指標，包括生產資料和消費品在內的全部商品批發價格，但勞務價格不包括在內。

國內生產總值平減指數：衡量一國經濟在不同時期內生產和提供的最終產品與勞務的價格總水準變化程度的經濟指標。

二、通貨膨脹的類型

（一）顯性通貨膨脹和隱性通貨膨脹

顯性通貨膨脹也叫公開型通貨膨脹，指商品和勞務價格在物價不受管制的市場機制下出現明顯的、直接的上漲。在這種類型的通貨膨脹過程中，物價總水準明顯地、直接地上漲，通貨膨脹率就等於物價上漲率。

隱性通貨膨脹又稱抑制性通貨膨脹，主要表現為表面上看由於價格被政府管制而不能或不能完全、充分地上漲所以物價變化不大，但經濟社會的物價水準實際上已經上漲。在現行價格水準及相應的購買力條件下，就會出現商品普遍短缺、有價無貨、憑票證供應、黑市猖獗等現象。

（二）溫和型通貨膨脹、快速型通貨膨脹和嚴重型通貨膨脹

溫和型通貨膨脹又稱爬行式通貨膨脹，表現為發展緩慢，在短期內不容易被察覺，但持續的時間相對較長，一般年物價上漲率在4%～9%。快速型通貨膨脹的物價水準上漲幅度在兩位數以上，為10%～50%，而且發展速度很快。嚴重型通貨膨脹又稱惡性通貨膨脹，物價水準上漲在50%以上，無法控制，並伴隨著貨幣的嚴重貶值和正常經濟秩序的紊亂，對經濟社會產生破壞作用，最後導致整個貨幣制度的崩潰。其年物價上漲率可超過600%。

（三）需求拉上型通貨膨脹、成本推動型通貨膨脹和混合推進型通貨膨脹

需求拉上型通貨膨脹又稱超額需求通貨膨脹，是指總需求超過總供給引起的一般價格水準的持續顯著上漲。「需求拉上」通貨膨脹論是較早出現在西方經濟學中的，也是比較重要的一種理論，它認為通貨膨脹是由總需求的過度增長引起的。由於物品和勞務的需求超過按現行價格可以得到的供給，從而引起一般物價水準的上漲。或是說當消費者、企業、政府的總開支超過可得到的總供給時，「需求拉上」的通貨膨脹就會發生。

對物價水準產生拉上作用的因素有兩個方面：實際因素和貨幣因素。根據引起總需求增加的原因，需求拉上型通貨膨脹可以分為以下三種類型：

（1）自發性需求拉上型。其總需求增加是自發性而不是由於預期的成本增加而造成的。

（2）誘發性需求拉上型。其主要是由於成本增加而誘發了總需求增加。

（3）被動性需求拉上型。其是由於政府支出或採用擴張性貨幣政策增加了總需求。

成本推動型通貨膨脹又稱供給通貨膨脹，是指在沒有超額需求的情況下由於供給方面成本的提高引起的一般價格水準持續和顯著的上漲。該理論的流行始於20世紀50年代後的西方經濟學界，認為通貨膨脹根源於總供給而不是總需要，在商品及勞務不變的情況下，因為生產成本不斷提高，最終導致物價上漲。

成本推動型通貨膨脹可以分為以下兩類：

（1）工資推進的通貨膨脹論。該理論認為，物價上漲的原因在於工資率的提高超過了勞動生產率的增長。西方經濟學家認為，在不完全競爭的勞動市場上，由於存在著力量強大的工會，工會可以通過各種形式提高勞動市場的工資水準，並使工資的增長率超過生產的增長率。由於工資提高，引起產品成本增加，導致物價上漲，如此循環往復就造成了工資—物價「螺旋」上升，引起成本推進型通貨膨脹。

（2）利潤推進的通貨膨脹。該理論認為，通貨膨脹產生的原因在於不完全競爭。在不完全競爭市場上，壟斷企業利用它能操縱市場價格的權力，通過削減產量從而導致價格的上漲，使成本推動型通貨膨脹形成。

混合推進型通貨膨脹是由經濟學家薩繆爾遜和索洛提出的，他們認為在現實的經濟生活中，純粹由需求拉上或成本推進引起的通貨膨脹是不常見的。而長期以來大部分的通貨膨脹都是由需求與供給這兩方面的因素共同起作用的結果，即所謂的「拉中有推，推中有拉」。

第二節　通貨膨脹的影響與治理

一、通貨膨脹的影響

（一）通貨膨脹對經濟增長的影響

在短期內，當有效需求不足而社會卻存在閒置生產能力時，通貨膨脹可以刺激政府的投資性支出，並通過擴大總需求刺激經濟增長。但從長期看，通貨膨脹會增加生產性投資風險，提高經營成本，使生產投資下降，從而不利於經濟增長。

（二）通貨膨脹對收入分配的影響

通貨膨脹能夠改變不同人收入的價值，使一部分人的實際收入增長，而另一部分人的實際收入就會減少，這也是社會總收入在進行再分配的效應。例如，對於那些主要依賴固定收入生活的人，如領取退休金和社會保險金的退休人員等，其收入的增長速度一般慢於通貨膨脹率，於是通貨膨脹的發生會使其實際收入減少，導致其生活水準下降。相反，對於那些彈性收入者，即那些能夠根據通脹率變化及時調整貨幣收入者，通貨膨脹的不利影響相對要小得多，甚至會是有益的。因此，當發生未預期通貨膨脹時，有固定貨幣收入的人及債權人遭受損失；相反，非固定收入者及債務人往往都是受益者。

（三）通貨膨脹對國際收支的影響

通貨膨脹的國家，國內市場商品價格上漲，出口商品價格也上漲，從而影響出口商品在國際市場上的競爭能力，進而導致出口減少。本國貨幣貶值，必然導致進口商品價格降

低，進口增加，最終結果是國際收支惡化。

二、通貨膨脹的治理

（一）宏觀經濟政策

緊縮性貨幣政策包括通過公開市場業務出售政府債券，回籠貨幣，減少經濟體系中的存量；提高利率，如提高再貼現率、貼現率、法定存款準備金率、銀行存款利率等。利率的上升促使人們將更多的錢用於儲蓄，從而使消費需求減少，利率的上升使投資成本上升，對投資需求也有抑製作用。緊縮性財政政策可以從增加稅收和壓縮財政支出入手。例如，提高稅率，以壓縮社會可支配收入；壓縮財政支出主要是削減財政投資的公共項目或發行公債替代貨幣，以彌補財政赤字，減少貨幣供應量。

（二）收入緊縮政策

收入政策又稱為工資物價管制政策，是指政府制定一套關於物價和工資的行為準則，由價格決定者共同遵守。其目的在於限制物價和工資的上漲率，以降低通貨膨脹率，同時又不造成大規模的失業。其具體措施一般包括工資管制和利潤管制。

（1）工資管制。工資管制的辦法主要有四種：第一，道義規勸和指導，即政府制定出一個工資增長的指導線，供企業參考，但政府只能規勸、建議，不能直接干預。第二，協商解決，即在政府干預下使工會和企業就工資問題達成協議。第三，開徵工資稅，即政府對增加工資過多的企業徵收特別稅款。第四，凍結工資，即政府強制性地將全社會工資或增長率固定，不能隨便上漲。

（2）利潤管制。利潤管制是指政府以強制手段對可能獲得暴利的企業利潤實行限制措施。利潤管制的辦法有管制利潤率和對超額利潤徵收較高的所得稅等。

管制利潤率，即政府對成本加成方法定價的產品規定一個適當的利潤率，或者對商業企業規定其經營商品的進銷差價。採用這種措施應注意使利潤反應出不同產品的風險差異，並使其建立在企業的合理成本基礎上。

對超額利潤徵收較高的所得稅，這種措施可以將企業不合理的利潤納入國庫，對企業追求超額利潤起到限製作用，但如果企業超額利潤的獲得是通過提高效率或降低成本實現的，則可能會打擊企業的積極性。

此外，有的國家還通過制定一些法規限制壟斷利潤以及對公用事業產品直接實行價格管制等。

（三）收入指數化政策

指數化政策是指運用通貨膨脹指數來調整有關變量的名義價格，使其實際值保持不變。通貨膨脹的出現會導致我們的收入分配發生變化，如實際工資下降，從而使得我們的利潤和實際納稅額都增加。指數化政策就是為了消除這種影響，更有利於總供給和整個經濟的穩定。

（四）供給政策

供給學派認為，通貨膨脹與供給緊密相連，通貨膨脹的主要危害在於損害經濟的供給能力而導致供給不足，需求過剩，這就引發了通貨膨脹。治理通貨膨脹，擺脫滯脹的方法在於提高生產和供給。提高生產意味著經濟增長，這樣可以避免單純依靠緊縮總需求引起衰退的負面效應。增加供給就滿足了過剩的需求，從而克服了通貨膨脹。要增加生產和供給，一個關鍵的措施就是減稅，提高人們的儲蓄和投資能力與積極性，同時限制貨幣增長率，穩定物價，排除對市場機制的干擾，保證人們儲蓄和投資的實際效益，增強其信心與預期的樂觀性，隨著商品和勞務供給的增加徹底消除通貨膨脹。

（五）貨幣規則

現代貨幣主義認為，造成20世紀70年代資本主義國家經濟滯脹的主要原因是不斷擴張的財政政策和貨幣政策，而這些政策導向也給人們帶來通貨膨脹的預期。因此，政府必須首先停止擴張性的總體經濟政策，將貨幣供給的速度牢牢地控制在一個最適當的範圍，以避免貨幣供給的波動對經濟和預期的干擾。在已經產生滯脹的情況下，政府更要嚴格控制貨幣供給量，才能穩定物價，使經濟秩序恢復正常，儘管貨幣供給量降低在短期內會引發失業增多和經濟衰退，但卻可以使通貨膨脹的預期下降。

（六）幣制改革

惡性的通貨膨脹破壞力巨大，會導致資源極度扭曲，如果不進行及時的改革，經濟會面臨徹底的崩潰，在這種嚴重的局面下政府為了治理通貨膨脹不得不進行幣制改革，即政府下令廢除舊幣，發行新幣，變更鈔票面值，對貨幣流通秩序採取一系列強硬的保障措施。

[案例8-3] 津巴布韋「去掉10個零」的幣制改革

由於惡性通貨膨脹率發展迅速，津巴布韋的貨幣急遽貶值，津巴布韋央行被迫不斷發行大面額鈔票與農業無記名支票，導致流通中的農業無記名支票最大面額達到1,000億津元，津巴布韋的通貨膨脹率高達2,200,000%。2008年7月30日，津巴布韋央行宣布將改革農業無記名支票體系，100億津元支票將與「去掉10個零」的1元新農業無記名支票等值。除了發行新的農業無記名支票外，津巴布韋政府還計劃發行硬幣。農業無記名支票與正在流通的津元現鈔一樣可以購買任何商品和服務，在津巴布韋發揮著貨幣的作用。

本章小結

1. 通貨膨脹是指在一定時期內，由於貨幣供應量過大，超過流通中對貨幣的客觀需求而引起的貨幣貶值和物價總水準持續、普遍與明顯上漲的現象。

2. 通貨膨脹是一種貨幣現象，它的產生於不兌換的信用貨幣制度。貨幣供應量超過流通中所需貨幣量是導致通貨膨脹的直接原因，通貨膨脹與物價上漲有著密切的關係。

3. 通貨膨脹的類型分為顯性通貨膨脹和隱性通貨膨脹，按通貨膨脹的程度分為溫和型通貨膨脹、快速型通貨膨脹和嚴重型通貨膨脹，按通脹的成因分為需求拉上型通貨膨脹、成本推動型通貨膨脹和混合推進型通貨膨脹。

4. 短期內，當有效需求不足而社會卻存在閒置生產能力時，通貨膨脹可以刺激政府的投資性支出，並通過擴大總需求刺激經濟增長，但長期則會使生產投資下降，從而不利於經濟增長。通貨膨脹能夠改變不同人的收入，使社會總收入出現再分配。通貨膨脹會導致出口商品價格上漲，從而影響出口商品在國際市場上的競爭能力，進而導致出口減少。

5. 通貨膨脹的可以運用公開市場業務、再貼現率、貼現率、法定存款準備金率、銀行存款利率等貨幣政策進行治理；還可以通過增加稅收和壓縮財政支出等緊縮性財政政策進行遏制；也可以借助收入政策達到工資管制和利潤管制的效果，或是實施收入指數化政策和供給政策。如遭遇惡性通貨膨脹，影響惡劣且難以遏制的話政府可以選擇改革幣制來應對。

關鍵概念

1. 通貨膨脹　2. 顯性通貨膨脹　3. 隱性通貨膨脹

思考題

1. 王先生是一位普通的公司職員，他的月薪為 3,000 元。國家統計局公布的 CPI 同比上漲了 8.5%。請問：如果王先生所在的公司沒有給其漲工資，王先生的利益是否受到損害？

2. 如果你的房東說：「工資、公用事業費以及別的費用都漲了，我也只能提你的房租了。」這屬於需求拉上型通貨膨脹還是成本推進型通貨膨脹呢？如果某店主說：「可以提價，別愁賣不了，店門口排隊爭購的人多著呢。」這又屬於什麼類型的通貨膨脹呢？

3. 選擇一組消費品，調查其連續幾個月價格變化情況，瞭解中國目前物價變動情況。

練習題

一、單項選擇題

1. 如果導致通貨膨脹的原因是「貨幣過多而商品過少」，則此時的通貨膨脹是（　）。
   A. 結構型的　　　　　　　　B. 需求拉上型的
   C. 成本推動型的　　　　　　D. 混合型的

2. 面對通貨膨脹，消費者的合理行為應該是（　）。
   A. 保持原有的消費、儲蓄比例
   B. 減少消費，擴大儲蓄比例
   C. 增加消費，減少儲蓄比例
   D. 只購買生活必需品，不再購買耐用消費品

3. 通貨膨脹對收入和財富進行再分配的影響是指（　）。
   A. 造成收入結構的變化　　　B. 使收入普遍上升
   C. 使債權人收入上升　　　　D. 使收入普遍下降

4. 收入政策主要是用來對付（　）。
   A. 需求拉上型通貨膨脹　　　B. 成本推動型通貨膨脹
   C. 結構型通貨膨脹　　　　　D. 以上各類型通貨膨脹

5. 通貨膨脹會（　）。
   A. 使國民收入上升
   B. 使國民收入下降
   C. 與國民收入沒有必然聯繫
   D. 在經濟處於潛在的產出水準時，促進國民收入的增長

6. （　）兩種情況不會同時產生。
   A. 結構性失業和成本推動型通貨膨脹
   B. 結構性失業和結構型通貨膨脹
   C. 摩擦性失業和需求拉上型通貨膨脹
   D. 需求不足的失業和需求拉上型通貨膨脹

7. 如果實際通貨膨脹率低於預期的水準，則（　）。
   A. 債務人和債權人都受損　　B. 債務人和債權人都受益
   C. 債務人受損，債權人受益　D. 債權人受損，債務人受益

8. 通貨膨脹的主要負效應是（　　）。
   A. 收入再分配　　　　　　　　B. 破壞效率標準
   C. 政治動盪　　　　　　　　　D. 以上各項
9. 正確地預期到貨幣供給增長率增加，將引起（　　）。
   A. 名義利率下降、實際利率下降
   B. 名義利率下降、實際利率不變
   C. 名義利率上升、實際利率上升
   D. 名義利率上升、實際利率不變
10. 如果經濟已形成通貨膨脹壓力，但因價格管制沒有物價的上漲，則此時經濟（　　）。
    A. 不存在通貨膨脹　　　　　　B. 存在抑制性的通貨膨脹
    C. 存在惡性的通貨膨脹　　　　D. 存在溫和的通貨膨脹
11. 某一經濟在3年中，貨幣增長速度為8%，而實際國民收入增長速度為10%，貨幣流通速度不變，這3年期間價格水準將（　　）。
    A. 上升　　　　　　　　　　　B. 下降
    C. 不變　　　　　　　　　　　D. 上下波動
12. 在充分就業的情況下，（　　）最可能導致通貨膨脹。
    A. 出口減少　　　　　　　　　B. 進口增加
    C. 工資不變但勞動生產率提高　D. 稅收不變但政府支出擴大

二、多項選擇題

1. 治理需求拉上型通貨膨脹，應該採用的經濟政策是（　　）。
   A. 降低工資　　　　　　　　　B. 增稅
   C. 控制貨幣供給量　　　　　　D. 解除托拉斯
2. 從成本推動的角度分析，引起通貨膨脹的原因有（　　）。
   A. 世界性商品價格上漲　　　　B. 銀行貸款的擴張
   C. 工資率上升　　　　　　　　D. 投資率下降
3. 緊縮通貨膨脹的需求管理政策要求（　　）。
   A. 實現較低通貨膨脹，但不引起產量下降
   B. 政府支出減少
   C. 降低名義貨幣增長率
   D. 政府提高稅率
4. 如果通貨膨脹沒有被預料到，受益者是（　　）。
   A. 股東　　　　　　　　　　　B. 債權人

　　　　C. 債務　　　　　　　　　　D. 工薪收入者

5. 如果經濟中由於價格的變化使人們拒絕接受貨幣，則存在（　　）。

　　　A. 真正的通貨膨脹　　　　　　B. 隱蔽的通貨膨脹

　　　C. 溫和的通貨膨脹　　　　　　D. 惡性的通貨膨脹

三、簡答題

1. 通貨膨脹有哪些類型？
2. 請解釋一下通貨膨脹是怎樣實現財富再分配的？
3. 度量通貨膨脹有哪幾項指標？
4. 通貨膨脹對經濟有何影響？
5. 通貨膨脹促進論的依據是什麼？

（練習題參考答案）

第九章　明白中央銀行與貨幣政策

學習目標

知識目標
1. 理解貨幣政策的含義及其類型
2. 瞭解貨幣政策的仲介目標和最終目標
3. 理解一般性貨幣政策、選擇性貨幣政策和其他貨幣政策工具
4. 掌握貨幣政策傳導機制的含義和過程

能力目標
1. 運用課本知識，聯繫實際分析中國如何與時俱進地採取貨幣政策
2. 通過對政策工具的學習，認識其利弊和對現實經濟的作用
3. 分析中國貨幣政策傳導機制存在的問題與對策
4. 從中國的實際國情出發，學習和探索影響中國貨幣政策的因素

素養目標
1. 通過對貨幣政策的認識，明白政府當局實施政策的用意以及預測可能出現的影響
2. 通過對貨幣政策的認識，把握自己下一步的投資方向

引導案例

[案例 9-1]

法定準備金率是指一國中央銀行規定的商業銀行和存款機構必須繳存到中央銀行的法定準備金占其存款總額的比率。

假設法定準備率是10%，假設銀行吸收到了1,000萬元存款，那麼銀行能向外界貸款的金額是多少呢？如果中央銀行把法定存款準備金率提到20%，那麼銀行只能向外界貸款多少錢呢？

[案例 9-2]

在世界金融危機日趨嚴峻、中國經濟遭受衝擊日益顯現的背景下，中國宏觀調控政策做出了重大調整，將實行積極的財政政策和適度寬鬆的貨幣政策，並在兩年多時間內安排4萬億元資金強力啟動內需，促進經濟穩定增長。在2008年11月5日召開的國務院常務會議提出，為抵禦國際經濟環境對中國的不利影響，必須採取靈活審慎的宏觀經濟政策，以應對複雜多變的形勢。要實行積極的財政政策和適度寬鬆的貨幣政策，確定出抬進一步擴大內需的十項措施，涉及加快民生工程、基礎設施、生態環境建設和災後重建，提高城鄉居民特別是低收入群體的收入水準，促進經濟平穩較快增長。在隨後的2008年11月9日公布的十大舉措力度大、出手快，發出了保持經濟平穩較快發展的強烈政策信號。國務院發展研究中心研究員張立群認為，以投資為例，中國2007年的固定資產投資總規模為13.7萬億元，而這次新安排的擴大內需投資規模到2010年年底僅兩年多時間內達4萬億元，對經濟的拉動作用將十分明顯。

由於2008年席捲全球的國際金融危機對中國經濟造成的不利影響導致了中國外需減弱，一些企業甚至出現經營困難，投資下滑，內需不振，如不及時採取有力措施，中國經濟存在下滑的風險。因此，重新啟用積極的財政政策，配合實施適度寬鬆的貨幣政策，擴大投資規模，啟動國內需求是應時之需、必要之策。

積極的財政政策，就是通過擴大財政支出，使財政政策在啟動經濟增長、優化經濟結構中發揮更直接、更有效的作用。1998年，亞洲金融危機衝擊中國經濟，中國國內遭遇特大洪災，經濟發展和人民生活受到較大影響，積極的財政政策發揮了重要的作用，有效拉動了經濟增長。但在2005年，鑒於國內社會投資明顯加快，經濟活力充沛，積極的財政政策在實施7年後正式退場，轉為穩健的財政政策。2008年，時隔10年後「寬鬆」一詞又再次出現在貨幣政策中。適度寬鬆的貨幣政策意在增加貨幣供給，並在繼續穩定價格總水準的同時促進經濟增長。早在2007年下半年，中國針對經濟中呈現的物價上漲過快、投資信貸高增等現象，曾將貨幣政策由「穩健」轉為「從緊」。但由於時局的變化，貨幣政策又轉為「適度寬鬆」，這意味在貨幣供給取向上進行重大轉變。

第一節　中央銀行的性質和職能

一、中央銀行的性質

中央銀行是代表政府進行金融管理和調控的金融機構，在一國金融體系中居於核心地位。其主要職責是制定和執行貨幣政策，防範和化解金融風險，維護金融穩定。中央銀行

的基本特徵主要表現在以下幾個方面：

第一，不以營利為目的。中央銀行以金融管理和調控為目的，其宗旨是穩定貨幣，促進經濟增長，不以利潤為導向。

第二，不經營普通銀行業務。中央銀行的業務對象是政府和商業銀行等金融機構，不辦理一般企業單位和個人存貸款、結算業務。

第三，資產流動性高。中央銀行持有具有較高流動性的資產，旨在靈活調節貨幣供求，確保經濟金融運行的相對穩定。

第四，不在國外設立分支機構。根據國際法的有關規定，一國中央銀行在他國只能設置代表處而不能設立分行，不能在他國發行貨幣、經營商業銀行業務，不能與各國商業銀行發生聯繫。

二、中央銀行的職能

（一）發行的銀行

中央銀行是發行的銀行。中央銀行壟斷貨幣發行權，具有貨幣發行的特權、獨占權，是一國唯一的貨幣發行機構。因此，中央銀行要根據經濟發展的客觀情況，適時適度發行貨幣，調節貨幣供給量，為經濟穩定增長提供良好的金融環境。同時，中央銀行應根據貨幣流通的需要，適時印刷、鑄造、銷毀貨幣，調劑地區間貨幣分佈、貨幣面額比例，滿足流通中貨幣支取的不同要求。

（二）銀行的銀行

中央銀行是銀行的銀行。中央銀行通過對商業銀行及其他金融機構辦理存、放、匯等業務，對其業務經營實施有效的影響。這一職能集中體現為中央銀行的以下職責：第一，集中保管存款準備金。商業銀行及有關金融機構必須按照吸收的存款和法定的比例向中央銀行繳存款準備金。因此，集中統一保管商業銀行的存款準備金是現代中央銀行的一項極其重要的業務。第二，充當最後貸款人。所謂最後貸款人，是指中央銀行為穩定經濟、金融運行，向面臨資金週轉困難的商業銀行及其他金融機構及時提供貸款，幫助其渡過難關。中央銀行作為最後貸款人提供貸款，因此也成為一國商業銀行及其他金融機構的信貸中心。第三，組織全國銀行間的清算。因為商業銀行都在中央銀行開立存款帳戶，商業銀行之間因業務辦理產生的債權債務關係，就可以通過中央銀行採用非現金結算辦法予以清算，從而也使得中央銀行成為一國銀行業的清算中心。

（三）國家的銀行

中央銀行是國家的銀行。中央銀行為政府提供服務，是政府進行金融管理的專門機構。中央銀行的這一職能主要體現在以下幾個方面：第一，代理國庫，即經辦政府的財政收支，充當政府的出納。第二，充當政府的金融代理人，代辦各種金融事務，如代理國債的發行及到期國債的還本付息事宜。第三，對政府提供融資支持，如向財政提供貸款，或

者直接購買政府債券。第四，代表政府參加國際金融活動，進行金融事務的協調、磋商等。第五，制定和執行貨幣政策。

三、貨幣需求和貨幣供給

（一）貨幣需求的概念

貨幣需求是指社會各部門在既定的收入或財富範圍內能夠且願意以貨幣形式持有的數量。貨幣需求分為交易性貨幣需求、預防性貨幣需求和投機性貨幣需求。

交易性貨幣需求是居民和企業為了交易的目的而形成的對貨幣的需求。居民和企業為了順利進行交易活動就必須持有一定的貨幣量。交易性貨幣需求是由收入水準和利率水準共同作用的。

預防性貨幣需求是指為了應付意外的事件而形成的貨幣需求。

投機性貨幣需求是由於未來利息率的不確定，人們為了避免資本損失或增加資本利息，及時調整資產結構而形成的貨幣需求。

（二）馬克思的貨幣需求理論

馬克思在《資本論》中這樣提到：任何一個期間內當做流通手段發生作用的貨幣的總量，都一方面由流通商品界的價格總額決定，另一方面由互相對立的流通過程繼續進行的速度決定。同量貨幣能實現那個價格總額多大的部分，就是取決於這種速度。但商品價格總額又視商品的數量和價格而定。

貨幣需求量＝商品價格總額×貨幣流通數量

$M = PQ \times V$

貨幣的需要量與貨幣流通速度成正比，與商品數量和商品的價格水準成反比。

（三）貨幣供給的概念

貨幣供給是指某一國或貨幣區的銀行系統向經濟體中投入、創造、擴張（或收縮）貨幣的金融過程。

（四）貨幣供給模型

1. 基礎貨幣（強力貨幣）

從基礎貨幣的計量範圍來看，基礎貨幣是指處於流通中為社會公眾所持有的通貨及商業銀行存於中央銀行的存款準備金的總和。從基礎貨幣的來源看，基礎貨幣是指貨幣當局的負債，即由貨幣當局投放並為貨幣當局所能直接控制的那部分貨幣。從基礎貨幣組成來看，其由兩部分組成：一是商業銀行存款準備金（包括法定存款準備金和超額存款準備金，超額準備金中包括庫存現金），二是通貨。

由於貨幣供給量＝基礎貨幣×貨幣乘數，但這是貨幣供給量的最大值理論。實際上，貨幣供給量等於基礎貨幣中商業銀行實際用於進行貨幣創造的部分與貨幣乘數之積加上中央銀行對社會公眾直接投放的基礎貨幣所形成的貨幣供給量，即 $M = B \times m$。其中，M 代表

貨幣供給量，m 代表貨幣乘數。在乘數一定時，基礎貨幣增加，貨幣供給量將成倍擴張；基礎貨幣減少，貨幣供給量將成倍縮減。因此，基礎貨幣能為貨幣當局所直接控制，在貨幣乘數不變的條件下，貨幣當局可以通過控制基礎貨幣來控制整個貨幣供給量。

2. 貨幣乘數

貨幣乘數也稱貨幣擴張系數或貨幣擴張乘數，是貨幣供給量與基礎貨幣之比，是指在現代中央銀行體制下，商業銀行體系將一定量的基礎貨幣放大的倍數或實現貨幣供應量的放大倍數。貨幣乘數一般用 m 來表示，即 $m = \triangle M / \triangle B$，其中 $\triangle M$ 代表貨幣供給變化量，$\triangle B$ 代表基礎貨幣變化量。

設 R 為金融機構在中央銀行的存款，C 為商業銀行和社會公眾持有的現金，D 為銀行活期存款，則貨幣乘數 m 表示為：

$m = (C+D) / (C+R)$

其中，C+D 是貨幣供給量，C+R 是基礎貨幣。在基礎貨幣的構成中，通貨 C 雖然能成為創造存款的根據，但其本身的數量是由中央銀行來決定的，中央銀行發行多少就是多少，不可能成倍增加，引起倍數增加的只能是存款準備金 R。

貨幣乘數的大小取決於現金比率、超額準備金比率、定期存款準備金率、活期存款準備金率以及定期存款與活期存款之間的比率等因素，都是負相關。

貨幣供給量 = 基礎貨幣 × 貨幣乘數，在基礎貨幣一定的條件下，貨幣乘數與貨幣供給成正比。

第二節　貨幣政策及其目標

一、貨幣政策概述

(一) 貨幣政策的概念

貨幣政策的範圍包括了廣義範圍和狹義範圍。從廣義上講，貨幣政策包括了中央銀行和其他相關部門所有有關貨幣方面的規定和所採取的影響貨幣數量的一切措施。從這個範圍來講，貨幣政策既包括了建立貨幣制度的規定，也包括了影響金融系統的發展和效率的措施，甚至包括了政府稅收、國債管理等影響貨幣支出的行為。從狹義上講，多數情況下貨幣政策是指中央銀行為實現既定的經濟目標，運用各種工具調節貨幣供給和利率，進而影響宏觀經濟的方針和措施的總和。

(二) 貨幣政策的特徵

貨幣政策的特徵是公共性、統一性、有效性、均衡性、公信力和透明度。

(三) 貨幣政策的類型

積極的貨幣政策是通過提高貨幣供應增長速度來刺激總需求，在這種政策下，利息率

會降低，取得信貸會更為容易。因此，當總需求與經濟的生產能力相比很低時，使用擴張性的貨幣政策最合適。

消極的貨幣政策是通過削減貨幣供應的增長率來降低總需求水準，在這種政策下，取得信貸較為困難，利息率也隨之提高。因此，在通貨膨脹較嚴重時，採用消極的貨幣政策較合適。

目前中國根據實際經濟狀況實行的是穩健的貨幣政策和積極的財政政策。貨幣政策調節的對象是貨幣供應量，即全社會總的購買力，具體是指流通中的現金和個人、企事業單位在銀行的存款。流通中的現金是最活躍的貨幣，與消費物價水準變動有著密切的關係，因此一直是中央銀行關注和調節的重要目標。

二、貨幣政策的最終目標

(一) 貨幣政策的最終目標的內容

1. 物價穩定

物價穩定一般是指通過實行適當的貨幣政策，保持物價水準的相對穩定，以避免出現通貨膨脹或通貨緊縮。物價穩定目標一直都是中央銀行貨幣政策的首要目標，而物價穩定的實質是幣值的穩定。在以往的金屬貨幣制度下，幣值指的是單位貨幣的含金量，而在現代信用貨幣流通條件下，衡量幣值穩定性已經不再是根據單位貨幣的含金量，而是根據單位貨幣的購買力，即在一定條件下單位貨幣購買商品的能力，通常用綜合物價指數來表示。物價指數上升，表示貨幣貶值；物價指數下降，表示貨幣升值。

2. 充分就業

充分就業是針對所有可利用資源的利用程度而言的，並不意味著每個人都有工作。實際上，充分就業是同某些數量的失業同時存在的，並使失業率維持在一個較低的、合理的限度之內。所謂充分就業目標，就是要保持一個較高的、穩定的水準。在充分就業的情況下，凡是有能力並自願參加工作者，都能在較合理的條件下隨時找到適當的工作。

3. 經濟增長

經濟增長是指一國人力和物質資源的增長，通常用民生生產總值、國民收入的增長率或其人均值衡量。目前各國衡量經濟增長的指標一般採用人均實際國民生產總值的年增長率，即用人均名義國民生產總值年增長率剔除物價上漲率後的人均實際國民生產總值年增長率來衡量。政府一般對計劃期的實際國民生產總值增長幅度定出指標，用百分比表示，中央銀行以此作為貨幣政策的目標。

4. 國際收支平衡

國際收支是指一定時期內（通常是一年），一國對其他國家或地區的全部貨幣收支保持平衡。一國國際收支會出現三種情況：國際收支逆差、國際收支順差、國際收支平衡。一般情況下，國際收支很難實現絕對的平衡，短期的逆差和順差卻是很常見的。經濟學家

普遍認為，國際收支平衡應當是一種動態平衡，只要在若干年的時間內一國國際收支平衡表主要項目的變動接近於平衡，大致上就可以認定為國際收支平衡。

從各國平衡國際收支目標的歷史發展來看，一般都與該國國際收支出現問題有關。例如，在 20 世紀 60 年代初之前，美國並未將平衡國際收支列入政策目標。1969—1971 年三年期間，美國國際收支逆差累計達到 400 億美元，黃金儲備大量流失，在此關頭美國才將國際收支平衡作為貨幣政策的第四個目標。日本的情況與美國類似，日本對外貿易和國際收支經常出現逆差的狀況出現在 20 世紀 50 年代以後，嚴重影響日本國內經濟的發展，因此日本將國際收支平衡列為政策目標之一。在 1965 年以前，日本銀行在國際收支方面主要解決逆差問題，在政策的作用下日本國際收支呈現出順差的趨勢。但由於當時日本因致力於國內物價穩定而忽視了對順差的關注，結果順差的進一步擴大引發了 1971 年的日元升值。隨後，日本銀行轉而進入瞭解決國際收支順差的長期化努力中。由此也可以看出，在一定條件下，適當的逆差並不是壞事。英國的情況有別於美國和日本，英國因為國內資源比較缺乏，所以對外經濟在整個國民經濟中佔有較大的比重，國際收支狀況對國內經濟發展影響很大，特別是國際收支失衡會使國內經濟和貨幣流通產生較大的波動。二戰後英國一直把國際收支平衡列為貨幣政策的重要目標。

綜上所述，各國中央銀行貨幣政策中國際收支平衡的目標，就是努力實現一國對外經濟往來中的全部貨幣收入和支出大體平衡或略有順差、略有逆差，避免長期的大量順差或逆差，使國際收支經常處於大體平衡。

（二）貨幣政策的最終目標之間的關係

貨幣政策的四個目標之間存在一致性，如經濟增長和充分就業，但更多的是相互衝突。通常情況下，為實現某一貨幣政策目標所採用的貨幣政策措施很可能阻撓另一貨幣政策目標的實現。因此，各國的政策制定者在承認若干目標間的互補性同時，也應注意貨幣政策目標間的衝突性。主要衝突體現在以下四個方面：

1. 物價穩定與充分就業的衝突

如果要降低失業率，就必須增加貨幣工資，但若貨幣工資增加過少，對充分就業目標就無明顯的促進作用；若貨幣工資增加過多，甚至是上漲率超過勞動生產率的增長，那就形成了成本推進型通貨膨脹，必然造成物價與就業兩項目標的衝突。因此物價穩定與充分就業兩個目標之間存在著衝突。例如，在 20 世紀 70 年代以前，西方國家推行的貨幣擴張政策不僅無助於實現充分就業和刺激經濟增長，反而造成「滯脹」局面。

我們可以借菲利普斯曲線來說明物價穩定與充分就業之間的矛盾。菲利普斯是英國經濟學家，他在 20 世紀 50 年代末根據自己的研究，指出了失業率與貨幣工資變動率之間存在著相互交替的關係，即當失業率高時，經濟處於蕭條階段，這時工資和物價水準較低，從而通貨膨脹率也較低；反之，失業率低時，經濟處於繁榮階段，這時工資和物價水準較高，從而通貨膨脹率也較高。失業率和通貨膨脹率之間存在反方向變動關係。因此，菲利

普斯曲線的出現受到了西方國家政府的歡迎，並為政府採取反經濟危機和反通貨膨脹政策提供了理論依據。

菲利普斯曲線說明了以下幾個重要的觀點：

(1) 通貨膨脹是由於工資成本推動的，這就是成本推動型通貨膨脹理論。正是根據這一理論把貨幣工資變動率與通貨膨脹率聯繫了起來。

(2) 承認了通貨膨脹與失業間的交替關係，這否定了凱恩斯關於失業與通貨膨脹不會並存的觀點。

(3) 當失業率為自然失業率時通貨膨脹率為零。

2. 物價穩定與經濟增長的衝突

關於物價穩定與促進經濟增長之間是否存在著矛盾，理論界主要有以下幾種觀點：

(1) 輕微的物價上漲能對經濟增長起積極作用。這是凱恩斯學派的觀點，即認為在充分就業沒有達到之前，增加貨幣供應，增加社會總需求，主要是促進生產發展和經濟增長，而物價上漲比較緩慢。凱恩斯學派認定資本主義經濟只能在非充分就業的均衡中運行，因此輕微的物價上漲會促進整個經濟的發展。凱恩斯學派也指出了價格的上漲通常能帶來較充分的就業，在輕微的通貨膨脹之中，工業發展甚好，其產量接近於最高水準，整個社會的私人投資活躍，因此就業機會增多。

(2) 物價穩定能維持經濟增長。該觀點認為，只有物價穩定才能維持經濟的長期增長勢頭。一般而言，勞動力增加，資本形成並增加，加上技術進步等因素促進生產的發展和產量的增加，隨之而來的是貨幣總支出的增加。由於生產率是隨時間的進程而不斷發展的，貨幣工資和實際工資也是隨生產率而增加的。只要物價穩定，整個經濟就能正常運轉，維持其長期增長的勢頭。

(3) 經濟增長能使物價穩定。該觀點實際上是源於馬克思分析金本位制度下資本主義經濟的情況時論述的觀點。該觀點認為，隨著經濟的增長，價格應趨於下降，或者趨於穩定。因為經濟的增長主要取決於勞動生產率的提高和新生產要素的投入，在勞動生產率提高的前提下，生產的增長，一方面意味著產品的增加，另一方面意味著單位產品生產成本的降低。因此，物價穩定目標與經濟增長目標並不矛盾。

實際上，從歷史發展的實踐中分析發現，每個一個國家在經濟增長時期，物價水準都是呈上漲趨勢的。就中國而言，幾十年的社會主義經濟建設的現實也說明了這一點。由此可見，要使物價穩定與經濟增長齊頭並進並不容易。主要原因在於政府往往較多地考慮經濟發展，刻意追求經濟增長的高速度。如採用擴張信用和增加投資的辦法，其結果必然造成貨幣發行量增加和物價上漲，使物價穩定與經濟增長之間出現矛盾。

3. 物價穩定與平衡國際收支的衝突

在一個開放型的經濟中，國家為了促進本國經濟發展，一般會遇到如下問題：

(1) 經濟增長引起進口增加，隨著國內經濟的增長，國民收入增加及支付能力的增

加，必然會引起對進口商品需要的增加。如果該國的出口貿易不能隨進口貿易的增加而相應增加，必然會使得貿易收支狀況變壞。

（2）引進外資可能形成資本項目逆差，在國內儲蓄不足的情況下，要促進國內經濟增長，就要增加投資，提高投資率，借助於外資，引進外國的先進技術，以此促進本國經濟。這種外資的流入，必然帶來國際收支中資本項目的差額。儘管這種外資的流入在一定程度上可以彌補由於貿易逆差而造成的國際收支失衡，但不一定就能確保經濟增長與國際收支平衡的齊頭並進。其原因在於：第一，任何一個國家，在特定的社會經濟環境中，能夠引進技術、設備、管理方法等，一方面決定於一國的吸收、掌握和創新能力；另一方面決定於國產商品的出口競爭能力和外匯還款能力。因此，在一定條件下，一國所能引進和利用的外資是有限的。如果把外資的引進完全置於平衡貿易收支上，那麼外資對經濟的增長就不能發揮應有的作用。此外，如果只是追求利用外資促進經濟增長，而忽視國內資金的配置能力和外匯還款能力，那麼必然會導致國際收支狀況的嚴重惡化，最終使經濟失衡，難以維持長久的經濟增長。第二，在其他因素引起的國際收支失衡或國內經濟衰退的條件下，用於矯正這種失衡經濟形態的貨幣政策，通常是在平衡國際收支和促進經濟增長兩個目標之間做合理的選擇。國際收支出現逆差，通常要壓縮國內的總需求，隨著總需求的下降，國際收支逆差可能被消除，但同時會帶來經濟衰退。而國內經濟衰退，通常採用擴張性的貨幣政策。隨著貨幣供給量增加，社會總需求增加，可能刺激經濟的增長，但也可能由於輸入的增加及通貨膨脹而導致國際收支失衡。

4. 經濟增長與國際收支平衡的衝突

在正常情況下，隨著國內經濟的增長，就業增加，收入水準提高，國民收入的增加及支付能力的增加，通常會增加對進口產品的需求。此時，如果出口貿易不能隨進口貿易增加而增加，就會使貿易收支情況惡化，發生大量的貿易逆差。儘管有時候由於經濟繁榮而吸納若干外國資本，外資的注入在某種程度上彌補了貿易逆差造成的國際收支失衡，但並不一定就能確保經濟增長與國際收支平衡目標能夠同時達到。尤其是在國際收支出現失衡、國內經濟出現衰退時，貨幣政策很難在兩者之間做出合理的選擇，通常必須壓抑國內有效需求，其結果可能消除逆差，但同時也帶來經濟衰退；面對經濟衰退，通常採用擴張性貨幣政策，其結果可能刺激經濟增長，但也可能因輸入增加導致國際收支逆差。

三、貨幣政策的仲介目標

貨幣政策的仲介目標是貨幣政策作用傳導的橋樑，是貨幣政策最終目標相關聯的、能有效測定貨幣政策效果的金融變量。中央銀行選擇仲介目標時既要與其政策工具密切相關，又必須與貨幣政策最終目標緊密相連。仲介目標能有效發揮作用，必須具備四個標準，即可測性、可控性、相關性和抗干擾性。

可測性是指中央銀行選擇的金融控制變量必須具備明確且合理的內涵和外延。中央銀

行能迅速而準確地獲得有關變量指標的統計數據，並且易於定量分析和理解。

可控性是指中央銀行通過各種貨幣政策工具的運用，能比較準確、及時、有效地對金融變量進行控制和調節，即能較準確地控制該金融變量的變動狀況及變動趨勢。

相關性是指中央銀行選擇的仲介目標必須與貨幣政策最終目標有極為密切的聯繫，仲介目標的變動能對最終目標起到牽製作用，中央銀行通過對仲介目標的控制和調節，能夠促使貨幣政策最終目標的實現。

抗干擾性是指貨幣政策在實施過程中常會受到許多外來因素的干擾。中央銀行在選擇仲介目標時，必須加以考慮，使之不受這些因素的影響，使貨幣政策能在干擾度較低的情況下對社會經濟發生影響，避免對經濟形勢形成錯誤的判斷，造成決策失誤。

（一）貨幣政策的近期仲介目標

近期仲介目標也叫操作目標，在貨幣政策實施過程中為中央銀行提供直接的和連續的反饋信息，借以衡量貨幣政策的初步影響。

（二）貨幣政策的遠期仲介目標

遠期仲介目標也叫效果指標，在貨幣政策實施的後期為中央銀行提供進一步的反饋信息，衡量貨幣政策達到最終目標的效果。

（三）貨幣政策的仲介目標選擇

1. 短期利率

短期利率通常指市場利率，即能夠反應市場資金供求狀況、變動靈活的利率。短期利率能對社會的貨幣需求與貨幣供給、銀行信貸總量產生影響，也是中央銀行用以控制貨幣供應量、調節市場貨幣供求、實現貨幣政策目的的一個重要的政策性指標，如西方國家中央銀行的貼現率、倫敦同業拆放利率等。作為操作目標，中央銀行通常只能選用其中一種利率。過去美聯儲主要採用國庫券利率，近年來轉為採用聯邦基金利率。日本採用的是銀行同業拆借利率。英國的情況較特殊，英格蘭銀行的長、短期利率均以一組利率為標準，其用作操作目標的短期利率有隔夜拆借利率、3個月期的銀行拆借利率、3個月期的國庫券利率；用作仲介目標的長期利率有5年期公債利率、10年期公債利率、20年期公債利率。

2. 基礎貨幣

基礎貨幣是中央銀行經常使用的一個操作指標，也稱為「強力貨幣」。從基礎貨幣的計量範圍來看，它是商業銀行準備金和流通中通貨的總和，包括商業銀行在中央銀行的存款、銀行庫存現金、向中央銀行借款、社會公眾持有的現金等。通貨與準備金之間的轉換不改變基礎貨幣總量，基礎貨幣的變化來自那些提高或降低基礎貨幣的因素。

中央銀行有時還運用「已調整基礎貨幣」這一指標，或者稱為擴張的基礎貨幣，它是針對法定準備的變化調整後的基礎貨幣。單憑基礎貨幣總量的變化還無法說明和衡量貨幣政策，必須對基礎貨幣的內部構成加以考慮。因為在基礎貨幣總量不變的條件下，如果法

定準備率下降，銀行法定準備減少而超額準備增加，這時的貨幣政策仍呈擴張性；如果存款從準備比率較高的存款機構轉到準備比率較低的存款機構，即使中央銀行沒有降低準備比率，但平均準備比率也會有某種程度的降低，這就必須對基礎貨幣進行調整。具體做法是，假定法定準備比率已下降，放出 1 億元的法定準備金，這 1 億元就要加到基礎貨幣上，從而得到已調整的基礎貨幣。

多數學者認為基礎貨幣是較理想的操作目標。因為基礎貨幣是中央銀行的負債，中央銀行對已發行的現金和其持有的存款準備金都掌握著相當及時的信息，因此中央銀行對基礎貨幣是能夠直接控制的。基礎貨幣比銀行準備金更為有利，因為基礎貨幣考慮到社會公眾的通貨持有量，而銀行準備金卻忽略了這一重要因素。

3. 商業銀行的存款準備金

中央銀行以準備金作為貨幣政策的操作目標，其主要原因是，無論中央銀行運用何種政策工具，都會先行改變商業銀行的準備金，然後對仲介目標和最終目標產生影響。因此，可以說變動準備金是貨幣政策傳導的必經之路，商業銀行準備金越多，銀行貸款與投資的能力就越大，從而派生存款和貨幣供應量也就越多。銀行準備金增加被認為是貨幣市場銀根放鬆，準備金減少則意味著市場銀根緊縮。

但準備金在準確性方面的缺點有如利率。作為內生變量，準備金與需求負相關。借貸需求上升，銀行體系便減少準備金以擴張信貸；反之則增加準備金而縮減信貸。作為政策變量，準備金與需求正相關。中央銀行要抑制需求，一定會設法減少商業銀行的準備金。因此，準備金作為金融指標也有誤導中央銀行的缺點。

4. 長期利率

西方傳統的貨幣政策均以利率為仲介目標。利率能夠作為中央銀行貨幣政策的仲介目標，是因為：

（1）利率不但能夠反應貨幣與信用的供給狀態，而且能夠表現供給與需求的相對變化。利率水準趨高被認為是銀根緊縮，利率水準趨低則被認為是銀根鬆弛。

（2）利率屬於中央銀行影響可及的範圍，中央銀行能夠運用政策工具設法提高或降低利率。

（3）利率資料易於獲得並能夠經常匯集。

5. 貨幣供應量

以弗里德曼為代表的現代貨幣數量論者認為，應以貨幣供應量或其變動率為主要仲介目標。他們的主要理由如下：

（1）貨幣供應量的變動能夠直接影響經濟活動。

（2）貨幣供應量及其增減變動能夠為中央銀行所直接控制。

（3）與貨幣政策聯繫最為直接。貨幣供應量增加，表示貨幣政策鬆弛，反之則表示貨幣政策緊縮。

(4) 貨幣供應量作為指標不易將政策性效果與非政策性效果相混淆，因此具有準確性的優點。

但是以貨幣供應量為指標也有幾個問題需要考慮：一是中央銀行對貨幣供應量的控制能力。貨幣供應量的變動主要取決於基礎貨幣的改變，但還要受其他種種非政策性因素的影響，如現金漏損率、商業銀行超額準備比率、定期存款比率等，非中央銀行所能完全控制。二是貨幣供應量傳導的時滯問題。中央銀行通過變動準備金以期達到一定的貨幣量變動率，但卻存在著較長的時滯。三是貨幣供應量與最終目標的關係。對此有些學者尚持懷疑態度，但從衡量的結果來看，貨幣供應量仍不失為一個性能較為良好的指標。

6. 貸款量

以貸款量作為中間目標在具體實施中各國情況也有差異。政府對貸款控制較嚴的國家通過頒布一系列關於商業銀行貸款的政策及種種限制，自然便於中央銀行控制貸款規模。反之則不然。對於貸款量指標，各國採用的計量口徑也不一致，有的用貸款餘額，有的則用貸款增量。

隨著中國經濟體制的轉變，在逐漸向市場經濟轉軌的同時貨幣政策仲介目標也從信貸規模轉向貨幣供給量。然而，近年來卻有不少國家相繼放棄了貨幣供給量目標，轉向了利率、通貨膨脹等目標。由此也引發了一輪關於中國是否應該繼續選用貨幣供給量充當貨幣政策仲介目標的爭論。

貨幣供給量一般由通貨和存款貨幣構成。貨幣供給量的作用體現在：第一，作為負債，貨幣供給量能反應在中央銀行、商業銀行和其他金融機構的資產負債表內，便於被測算和分析。第二，中央銀行可以通過貨幣政策工具來對貨幣供給量的影響從而達到對整個宏觀經濟政策的影響。也正是上述優點使得 20 世紀六七十年代許多國家普遍使用貨幣供給量作為貨幣政策的仲介目標。然而，隨著世界經濟和金融形勢的發展變化，貨幣供給量作為仲介目標的缺陷與不足也逐漸表現出來。首先，中國貨幣政策是以貨幣供給量 M2 為仲介目標。按照國際慣例，中國現有的貨幣供給量 M2 統計中缺少了兩項內容：外資金融機構存款和國內金融機構外匯存款。可偏偏這兩項內容涉及的金融業務量卻占據了國內全部金融業務量的 14%左右，因此對作為仲介目標的貨幣供給量產生了一定的影響。同時，隨著外資銀行的進駐，中央銀行在法定存款準備金率這方面的作用也逐漸降低，再貼現率的被動性增強但是作用範圍卻減小了，這使得中央銀行對貨幣供給量的可控性大為削弱。其次，仲介目標的可測性降低。隨著信息技術的發展，緊隨而來的金融產品如信用卡的出現，使現金交易的作用面臨被替代的風險越來越大。第三，仲介目標相關性降低。中國加入世貿組織後，外資銀行使作為仲介目標的貨幣供給量與貨幣政策最終目標之間的關係變得鬆散和不穩定，仲介目標與其他宏觀經濟指標的相關性有所減弱。一方面，外資銀行將促進國內的金融創新，致使國內企業和居民的貨幣需求發生變化，貨幣需求與其他宏觀經濟指標之間的相關性趨於減弱；另一方面，隨著外資銀行業務的擴展，利率市場化的壓

力將進一步增大，貨幣供給量與通貨膨脹的高度相關性，將被利率與通貨膨脹之間的高度相關性替代。

此外，作為金融市場核心價格的利率與經濟的各方面都有密切的聯繫。它既可以影響居民的儲蓄意向，又可以影響居民的消費選擇；既可以作用於實際產業的投資，又可以影響金融部門的資金流動方向、規模和頻率；既可以調節一國國內的資源配置，又可以調度全球範圍的資本流動。因此，利率的作用範圍遠大於貨幣供給量，是一個重要經濟變量。但在目前階段上，由於中國利率還沒有完全市場化，可行的辦法也只能是發揮用利率來調節經濟的功能，但作為仲介目標的反應功能可以在利率市場化完全放開以後發揮其應有的作用。

第三節　貨幣政策工具

一、一般貨幣政策工具

(一) 存款準備金政策

各國中央銀行都以法律形式規定商業銀行按一定比率提取存款準備金繳存中央銀行，這也是中央銀行借以改變貨幣乘數從而控制商業銀行的信用創造力，間接地控制社會貨幣供應量的活動。存款準備金制度是在中央銀行體制下建立起來的，世界上美國最早以法律形式規定商業銀行向中央銀行繳存存款準備金。存款準備金的初始作用是保證存款的支付和清算，之後才逐漸演變成為貨幣政策工具。中央銀行通過調整存款準備金率，影響金融機構的信貸資金供應能力，從而間接調控貨幣供應量。中央銀行通過降低法定準備金率從而放鬆銀根，增加貨幣供應量，擴大經濟；如果提高法定準備金率則會收緊銀根，減少貨幣供應量，收縮經濟。

存款準備金率包括兩部分，中央銀行規定的存款準備金率被稱為法定存款準備率，與法定存款準備率對應的準備金就是法定準備金。超過法定準備金的準備金稱為超額準備金，超額準備金與存款總額的比例是超額準備率。超額準備金的大小和超額準備率的高低由商業銀行根據具體情況自行掌握。

該工具的優點是操作簡單，對於信用制度不完善的發展中國家來說較簡便。但該工具容易產生負面影響，中央銀行難以確定其時機和幅度；同時，許多商業銀行難以迅速調整準備金來符合新規定的法定額度。

(二) 再貼現政策

再貼現政策指金融機構為了取得資金，將未到期的已貼現商業匯票再以貼現方式向中央銀行轉讓的票據行為，是中央銀行的一種貨幣政策工具。再貼現政策的調整不僅可以影

響到市場中貨幣的數量，更重要的是再貼現利率的調整會影響市場的利率水準，從而對經濟產生重大影響。

(1) 通過改變貼現率可以限制或鼓勵銀行的借款，從而達到調節銀行存款和利率的目的。一方面，當中央銀行提高再貼現率來收緊銀根時，商業銀行取得資金的成本提高，從而減少貸款；另一方面，商業銀行向企業發放貸款的利率也會隨之提高，最終導致企業限制資金需求。

(2) 在一定程度上能影響人們的預期。社會公眾把貼現率的變化視為中央銀行對經濟的預測及其政策立場的指示器。一旦中央銀行提高再貼現率，社會公眾可以將其視為抑制過度擴張的一個跡象。於是，人們會改變自己的消費和儲蓄決策。

再貼現率這一貨幣政策工具具有一定的局限性。中央銀行在行使該工具時處於被動地位，因此較難取得預期效果。「被動地位」的原因是商業銀行獲得資金的渠道是多樣化的，而向中央銀行借款也只是其中的一種。

(三) 公開市場業務

公開市場業務是指中央銀行在金融市場上公開買賣有價證券（主要是政府債券、國庫券）的業務活動。公開市場業務是當代西方國家特別是美國實施貨幣政策的主要工具。公開市場業務的運作原理在於通過調節信用和貨幣供應量來影響生產、就業和物價水準。例如，為了刺激經濟，放鬆銀根，美聯儲下設的聯邦公開市場委員會將在證券市場買進財政部門發行的政府債券，首先增加銀行系統的基礎貨幣，通過銀行系統的存款創造，使得貨幣供應量的多倍擴大、就業增加和物價上漲。同時，債券價格因需求增加而上升，利率下降，因此促進了投資和消費，帶動生產擴大、就業增加和物價上漲。反之，在公開市場業務賣出政府債券可以抑制經濟過熱和防止通貨膨脹。

(1) 公開市場業務可以直接左右市場貨幣供應量，並將它控制在期望的規模內。

(2) 作為一項控制手段，公開市場業務富於彈性並可以根據不同情況和需要，隨時主動出擊並調整買賣債券的數量。

(3) 中央銀行可以根據金融市場的信息不斷調節業務，一旦經濟形勢發生變化，能迅速做反向調節，從而糾正其在貨幣政策中的錯誤。

由於公開市場業務的開展需要具備一定的條件，包括在流通中必須有足夠數量的且多樣化的有價證券，有保證各種金融工具順利流通的發達金融市場。因此，公開市場業務不是所有國家，特別是發展中國家能運用的。

二、選擇性貨幣政策工具

(一) 消費信用控制

消費信用控制主要是規定以分期付款的方式購買耐用消費品時首期付款的最低金額；規定分期付款的最長期限；規定以分期付款購買的耐用消費品的種類，並就不同的耐用消

費品規定不同的信貸條件以避免通貨膨脹。

耐用消費品需求很容易追隨經濟週期變動，而消費信用往往進一步加劇經濟的不穩定。在經濟繁榮階段，消費信用會大量增加，從而使消費需求上升，刺激生產和銷售的進一步發展；而在經濟衰退時期，由於繼續償還貸款，消費者購買力下降，造成耐用消費品銷售額銳減，經濟更加蕭條。如果中央銀行僅採用一般性的貨幣政策工具，則對這種週期性的變動不能施加迅速而有力的影響。

消費信用急遽增加的結果會使一部分負擔過重的消費者由於收入中相當部分用於償還貸款，造成當前生活的困難，影響經濟的穩定。

消費信用的擴張在一定條件下會相對減少用於企業投資的信用，從而影響社會資源的有效分配，對經濟發展產生不利的影響。

(二) 證券市場信用控制

證券市場信用控制是中央銀行通過規定和調節信用交易、期貨交易和期權交易中的最低保證金率，以刺激或抑制證券交易活動的貨幣政策手段。

中央銀行規定保證金限額的目的，一方面是為了控制證券市場的信貸資金的需求，穩定證券市場價格；另一方面是為了調節信貸供給結構，通過限制大量資金流入證券市場，使較多的資金用於生產和流通領域。證券市場信用控制是對證券市場的貸款量實施控制的一項特殊措施，在美國貨幣政策史上最早出現，目前仍繼續使用，也有一些國家效仿此法。

(三) 不動產信用控制

不動產信用控制是指中央銀行對商業銀行辦理不動產抵押貸款的管理措施。其主要是規定貸款的最高限額、貸款的最長期限以及第一次付現的最低金額等。其主要內容有規定不動產貸款的最高額度、分期付款的期限、首次付款的金額及還款條件等。

當經濟過熱，不動產信用膨脹時，中央銀行可以通過規定和加強各種限制措施減少不動產信貸，進而抑制不動產的盲目生產或投機，減輕通貨膨脹壓力，防止經濟泡沫的形成。當經濟衰退時期，中央銀行可以通過放鬆管制，擴大不動產信貸，刺激社會對不動產的需求，進而以不動產的擴大生產和交易活躍帶動其他經濟部門的生產發展，從而促使經濟復甦。

三、其他貨幣政策工具

(一) 直接信用控制

直接信用控制是指以行政命令或其他方式，直接對金融機構的信用活動進行控制。其主要手段如下：

(1) 利率限額，主要是規定貸款利率的下限和存款利率的上限，在經濟自由化程度很高的國家較為常用，其目的是為了防止金融機構為謀求高利潤而進行風險存貸或過度

競爭。

(2) 貸款規模限額及信用配額，即中央銀行直接對商業銀行的信用規模和貸款額度加以限制，多用於發展中國家。

(3) 規定機構流動性比率，即商業銀行的流動資產與流動負債的比率，是保證金融機構安全的手段。一般來說，流動性比率與收益率成反比。為保證中央銀行規定的流動性比率，商業銀行必須採取縮減長期放貸、擴大短期放貸和增加應付提現的流動性資產等措施。

(4) 直接干預，即中央銀行直接對商業銀行的信貸活動、放貸範圍等加以干預，具體措施包括了高於一般利率的懲罰利率，或者是中央銀行直接拒絕對商業銀行再貼現等。

(二) 間接信用控制

這類工具的作用過程是間接的，要通過市場供求關係或資產組合的調整途徑才能實現。其主要手段如下：

(1) 控制證券市場信用，即中央銀行對有關證券交易的各種貸款、保證金等進行控制。例如，作為客戶現金支付交易額中一部分的保證金的比率一旦提高了，證券公司需要的墊資就少了，中央銀行借此壓縮證券市場信用。

(2) 控制不動產信用，即中央銀行對商業銀行提供給公眾的房地產貸款進行限制。當房地產市場過熱時，銀行可以提高貸款首付最低額度或最高限度等。

(3) 控制消費信用，即中央銀行對不動產以外的各種耐用消費品的銷售融資予以控制。在消費信用膨脹或通貨膨脹時，銀行可以採取規定用消費信用購買耐用消費品的種類、縮短消費貸款的年限等措施。

(4) 預繳進口保證金，即中央銀行要求進口商預繳相當於進口商品總值一定比例的存款，以抑制進口過快增長。

(5) 優惠利率，即中央銀行對國家重點發展的經濟部門或產業，如出口、農業等採取鼓勵性措施。優惠利潤措施不僅被用於發展中國家，發達國家也普遍採用。

四、五大新型貨幣政策操作工具

(一) 信貸資產質押再貸款

信貸資產質押再貸款指的是商業銀行可以用現有的信貸資產（即已經放出去的貸款），到中央銀行去質押，獲得新的資金。之前中國人民銀行提供的再貸款基本上為信用貸款，即沒有抵押物和質押物。在2015年10月10日，中國人民銀行又在貨幣政策工具箱中放進新的一款操作工具，即擴大信貸資產質押再貸款試點範圍，由2014年山東、廣東兩省試點擴大到上海、天津等9個省（市）。

（二）抵押補充貸款

抵押補充貸款（PSL）作為中央銀行推行的一種新貨幣政策操作工具，包含兩層含義：一是從量的角度講，其是基礎貨幣投放的新渠道；二是從價的角度講，通過商業銀行抵押資產從中央銀行獲得融資的利率（根據抵押資產的優劣來決定融資利率，抵押資產的質量越好，融資利率越低），直接為商業銀行提供一部分低成本資金，引導中期利率。目前為止僅公開為國家開發銀行的棚改項目提供資金，根據棚改貸款進度，2015年9月中國人民銀行向國家開發銀行提供抵押補充貸款521億元，利率為2.85%，期末抵押補充貸款餘額為9,589億元。

（三）中期借貸便利

中期借貸便利（MLF）指中央銀行採取抵押方式，通過商業銀行向市場提供中期基礎貨幣的貨幣政策工具，定向利率引導以及補充流動性缺口。中國人民銀行在2014年9月創設中期借貸便利，對象包括符合宏觀審慎管理要求的商業銀行、政策性銀行。中期借貸便利要求各銀行投放「三農」和小微貸款，期限一般為3個月，到期後可以申請展期，也可以和中央銀行重新協商確定新的利率。

（四）常備借貸便利

常備借貸便利（SLF）是金融機構通過資產抵押的方式向中央銀行申請授信額度的一種更加直接的融資方式。其主要是為了滿足金融機構期限較長的大額流動性需求。中央銀行與金融機構「一對一」交易，這種貨幣操作方式更像是定制化融資和結構化融資，針對性更強。常備借貸便利期限為1~3個月，主要目的是短期利率引導。常備借貸便利的交易對手覆蓋面廣，部分政策性銀行和全國性商業銀行均可以參與其中，資產抵押物為高信用評價的債券類資產、優惠信貸資產。

（五）短期流動性調節工具

短期流動性調節（SLO）工具以7天期以內短期回購為主，遇節假日可適當延長操作期限，採用市場化利率招標方式開展操作，在銀行體系流動性出現臨時性波動時相機使用。其常規操作為每週二、周四定期操作，目前共有12家商業銀行參與其中。短期流動性調節資金回收方式包括逆回購或正回購，額度一般不大，如果配合期限相對長一點的正（逆）回購就可以讓公開市場操作銜接更好。

本章小結

1. 中央銀行是代表政府進行金融管理和調控的金融機構，其主要職責是制定和執行貨幣政策，防範和化解金融風險，維護金融穩定。

2. 中央銀行的職能體現在它是發行的銀行、銀行的銀行、國家的銀行。

3. 貨幣需求是指社會各部門在既定的收入或財富範圍內能夠而且願意以貨幣形式持有的數量。貨幣需求量＝商品價格總額×貨幣流通數量，即 $M = PQ \times V$。

4. 貨幣供給是指某一國或貨幣區的銀行系統向經濟體中投入、創造、擴張（或收縮）貨幣的金融過程。貨幣供給量，即 $M = B \times m$，其中 M 代表貨幣供給量，m 代表貨幣乘數，B 是基礎貨幣，在基礎貨幣一定的條件下，貨幣乘數與貨幣供給成正比。

5. 貨幣政策是指中央銀行為實現既定的經濟目標，運用各種工具調節貨幣供給和利率，進而影響宏觀經濟的方針和措施的總和，積極的貨幣政策可以刺激總需求，相反消極的貨幣政策通過削減貨幣供應的增長率來降低總需求水準。

6. 貨幣政策的最終目標包括了物價穩定、充分就業、經濟增長、國際收支平衡，四個目標既存在一致性，也會相互矛盾。

7. 貨幣政策的仲介目標分為遠期和近期兩種，具體目標有短期利率、基礎貨幣、商業銀行的存款準備金、長期利率、幣供應量、貸款量等。

8. 一般貨幣政策工具有準備金政策（包括法定準備金和超額準備金）、貼現政策和公開市場業務。選擇性貨幣政策工具有消費信用控制、市場信用控制、動產信用控制。除此之外還有直接和間接的信用控制，具體有利率限額、規定機構流動性比率、控制證券市場信用、預繳進口保證金和優惠利率。

關鍵概念

1. 中央銀行　2. 貨幣供給　3. 貨幣政策仲介目標　4. 貨幣政策最終目標
5. 一般貨幣政策工具

思考題

2007 年，牛肉面 4 元一碗，假如你在銀行存了 10,000 元，相當於存了 2,500 碗牛肉面。到了 2018 年，每碗牛肉面的價格是 10 元，你在銀行存的 10,000 元連本帶利是 13,500 元左右，牛肉面只剩下 1,350 碗了。請問：那 1,150 碗牛肉面哪去了？

練習題

一、單項選擇題

1. 在生產過程中由於難以避免的因素造成的短期的、局部性的失業叫做（　　）。
   A. 摩擦性失業　　　　　　　　B. 季節性失業
   C. 結構性失業　　　　　　　　D. 週期性失業

2. 由於產業升級造成的失業屬於（　　）。
   A. 摩擦性失業　　　　　　　　B. 季節性失業
   C. 結構性失業　　　　　　　　D. 週期性失業

3. 北戴河冬季旅遊處於淡季，大量第三產業人員失業，這屬於（　　）。
   A. 摩擦性失業　　　　　　　　B. 季節性失業
   C. 結構性失業　　　　　　　　D. 週期性失業

4. 由於經濟衰退和蕭條導致需求不足而引致的失業叫做（　　）。
   A. 摩擦性失業　　　　　　　　B. 季節性失業
   C. 結構性失業　　　　　　　　D. 週期性失業

5. 一般認為經濟中存在（　　）的失業率是正常的。
   A. 1%～3%　　　　　　　　　　B. 4%～6%
   C. 7%～8%　　　　　　　　　　D. 8%～10%

6. 當經濟出現較大的負缺口，即經濟蕭條、通貨緊縮、失業嚴重的經濟過冷時，國家應採取的政策組合為（　　）。
   A. 擴張性財政政策和擴張性貨幣政策組合
   B. 緊縮性財政政策和緊縮性貨幣政策組合
   C. 擴張性財政政策和緊縮性貨幣政策組合
   D. 緊縮性財政政策和擴張性貨幣政策組合

7. 當經濟出現較大正缺口，即各種資源嚴重短缺，通貨膨脹嚴重的經濟過熱時，國家應採取的政策組合為（　　）。
   A. 擴張性財政政策和擴張性貨幣政策組合
   B. 緊縮性財政政策和緊縮性貨幣政策組合
   C. 擴張性財政政策和緊縮性貨幣政策組合
   D. 緊縮性財政政策和擴張性貨幣政策組合

8. 當經濟出現停滯同時又存在通貨膨脹，即滯脹時，國家應採取的政策組合為（　　）。

A. 擴張性財政政策和擴張性貨幣政策組合
B. 緊縮性財政政策和緊縮性貨幣政策組合
C. 擴張性財政政策和緊縮性貨幣政策組合
D. 緊縮性財政政策和擴張性貨幣政策組合

9. 在經濟出現過熱，但通貨膨脹又不很嚴重的時候，國家應採取的政策組合為（　　）。

A. 擴張性財政政策和擴張性貨幣政策組合
B. 緊縮性財政政策和緊縮性貨幣政策組合
C. 擴張性財政政策和緊縮性貨幣政策組合
D. 緊縮性財政政策和擴張性貨幣政策組合

二、多項選擇題

1. 宏觀經濟政策目標包括（　　）。
    A. 經濟增長   B. 充分就業
    C. 穩定價格   D. 平衡國際收支
2. 宏觀經濟政策目標中的經濟增長應具有的特點包括（　　）。
    A. 持續增長   B. 穩定增長
    C. 均衡增長   D. 高速增長
3. 擴張性財政政策的主要內容包括（　　）。
    A. 增加政府支出   B. 減少政府支出
    C. 增加稅收   D. 減少稅收
4. 緊縮性財政政策的主要內容包括（　　）。
    A. 增加政府支出   B. 減少政府支出
    C. 增加稅收   D. 減少稅收
5. 擴張性財政政策的適用條件包括（　　）。
    A. 經濟出現「熱」   B. 經濟出現「冷」
    C. 產出出現正缺口   D. 產出出現負缺口
6. 緊縮性財政政策的適用條件包括（　　）。
    A. 經濟出現「熱」   B. 經濟出現「冷」
    C. 產出出現正缺口   D. 產出出現負缺口
7. 財政政策中的內在穩定器的作用方面包括（　　）。
    A. 稅收制度   B. 政府轉移支付制度
    C. 農產品價格維持制度   D. 工業品價格維持制度
8. 擴張性貨幣政策適用的條件包括（　　）。

A. GDP 負缺口　　　　　　　　B. GDP 正缺口
C. 失業增加　　　　　　　　　D. 通貨膨脹嚴重

9. 緊縮性貨幣政策的適用條件包括（　　）。
A. GDP 負缺口　　　　　　　　B. GDP 正缺口
C. 失業增加　　　　　　　　　D. 通貨膨脹嚴重

10. 貨幣政策的主要工具有（　　）。
A. 法定存款準備金率　　　　　B. 再貼現率
C. 公開市場業務　　　　　　　D. 貨幣發行

11. 中央銀行降低存款準備金率的直接效應包括（　　）。
A. 存款準備金減少　　　　　　B. 存款準備金增多
C. 貨幣乘數變大　　　　　　　D. 貨幣乘數變小

12. 擴張性貨幣政策包括（　　）。
A. 降低存款準備金率　　　　　B. 降低再貼現率
C. 買進有價證券　　　　　　　D. 擴大貨幣發行量

13. 緊縮性貨幣政策包括（　　）。
A. 提高存款準備金率　　　　　B. 提高再貼現率
C. 賣出有價證券　　　　　　　D. 減少貨幣發行量

三、簡答題

1. 簡述貨幣政策的目標及其相互關係。
2. 試述貨幣政策仲介指標的特徵和選擇。
3. 中國人民銀行常用的貨幣政策工具有哪些？
4. 簡述貨幣政策與財政政策調控側重點的差異有哪些？
5. 什麼是公開市場業務？它有哪些優缺點？

(練習題參考答案)

國家圖書館出版品預行編目（CIP）資料

貨幣金融學基礎 / 廖旗平, 劉良煒, 王祺 主編. -- 第一版.
-- 臺北市：崧博出版：崧燁文化發行, 2019.05
　　面；　公分
POD版

ISBN 978-957-735-831-8(平裝)

1.金融市場 2.金融貨幣 3.貨幣學

561.7　　　　　　　　　　　　　　　108006279

書　　名：貨幣金融學基礎
作　　者：廖旗平、劉良煒、王祺 主編
發 行 人：黃振庭
出 版 者：崧博出版事業有限公司
發 行 者：崧燁文化事業有限公司
E-mail：sonbookservice@gmail.com
粉 絲 頁：　　　　　　網　址：
地　　址：台北市中正區重慶南路一段六十一號八樓 815 室
8F.-815, No.61, Sec. 1, Chongqing S. Rd., Zhongzheng Dist., Taipei City 100, Taiwan (R.O.C.)
電　　話：(02)2370-3310　傳　真：(02) 2370-3210
總 經 銷：紅螞蟻圖書有限公司
地　　址：台北市內湖區舊宗路二段 121 巷 19 號
電　　話：02-2795-3656 傳真：02-2795-4100　網址：
印　　刷：京峯彩色印刷有限公司（京峰數位）

本書版權為西南財經大學出版社所有授權崧博出版事業股份有限公司獨家發行電子書及繁體書繁體字版。若有其他相關權利及授權需求請與本公司聯繫。

定　　價：450 元
發行日期：2019 年 05 月第一版
◎ 本書以 POD 印製發行